U0937776

贸大法學

UIBE LEGAL SCIENCE

第 4 卷 · 2019

对外经济贸易大学法学院《贸大法学》编委会

石静霞 主编

• 卷首语

《贸大法学》第四卷与大家如期见面了，一如既往，首先感谢编委会诸位同学的努力和法律出版社各位编辑的帮助！

本卷基本延续了前三卷设置的各个栏目。“主题研讨”栏目关注的是“明星逃税案”，由青岛黄海学院讲师薛铁成和对外经济贸易大学法学院吴若蘅分别撰写的《逃税罪法律适用异化之法解释学释疑——以“范某某逃税案”为视角的展开》和《逃税罪中关于“免于刑事处罚”的理解与适用》组成，从法解释学和实证研究的角度对“明星逃税案”的法律问题进行反思和分析。在“各科专论”栏目中，我们登载了不同专业的代表性论文。在法理学方面，首都经济贸易大学法学院博士研究生阳李通过《成本收益分析：基本理论与制度确立》探究了经济学方法在中国行政规则方面的切入路径。在民商法方面，山西财经大学法学院讲师宋方明和硕士研究生王成共同撰写了《交付之于要物合同效力探究——以〈民法典合同编(草案)〉为分析对象》，南京大学法学院硕士研究生尹竹撰写了《合同责任与侵权行为责任竞合分析——从损害赔偿责任的视角》，对外经济贸易大学本科生张文博撰写了《美国侵权法近因关系中可预见性之理解与分解——一个美国侵权法的视角》，华东政法大学硕士研究生蔡卓瞳以交易费用理论为核心探究《重访公司机会原则——以交易费用理论为视角》。在经济法方面，比利时根特大学法学院博士研究生荣真真撰写了《自然资源公共信托制度探析》，为我国环境公益诉讼制度的完善提供了智慧见解。在行政法方面，安徽财经大学法学院硕士研究生孙玲俐撰写了《我国行刑衔接证据准入问题分析》，中央财经大学法学院硕士研究生王艺玶撰写了《行政协议相对人违约之救济路径选择——行政处理先行模式的证成》。在刑法方面，对外经济贸易大学法学院法学本科生郑少杰和厦门大学法学院硕士研究生陈梦婷分别撰写了《“宽严相济”刑事司法政策下对我国当前“正当防卫”制度的反思》和《网络诽谤行为刑法解释立场的调和》,为我国当下刑事热点问题的分析及解决提供了思路。“国际法论坛”栏目收纳了4篇文章,对外经济贸易大学法学院的副教授刘彤和硕士研究生周昕共同撰写了《论CFIUS的第四次改革及中国的应对》,清华大学法学院本科生汤文菡、王双慧、李念共同撰写了《法律的胜利——在美国法院和WTO挑战“双重救济”》,北京师范大学法学院的本科生袁正和博士研究生张志国撰写了《RCEP规则体系推进的影响因素与进路分析》,中央财经大学法学院硕士研究生吴昊以私营军事安保公司为视角撰写了《论对非国家行为体行使自卫权的正当性与合法性——以私营军事安保公司为视角》。此外,本卷设置了“个人信息法研究专栏”,收录了中南财经政法大学法学院硕士研究生甘文强和厦门大学法学院硕士生许素敏撰写的两篇文章——《个人信息权网络侵权的归责原则探究》与《个人信息保护的权利基础——兼评〈民法典人格权编(草案三次审议稿)〉》,对大数据时代下个人信息保护等热点问题进行了探讨。“实务论坛”栏目刊发了西南政法大学法学院硕士研究生杜崇撰写的《ADR视角下中国律师调解制度的自治性构建》和武汉大学法学院硕士研究生陆静怡撰写的《从美国诉微软案管窥数据管辖冲突》两篇文章。在“学术动态”栏目,刊发了首都经济贸易大学法学院博士研究生佀连涛撰写的《人类命运共同体与新时代的中国法学》一文。最后,“贸大法学院学生法律沙龙综述”照例刊发了本年度举行的5期法律沙龙。

时光荏苒,《贸大法学》转眼也已经走到了第四个年头。从来稿数量、作者类型及学校来源、论文质量等各个层面比较,《贸大法学》都展现出越来越好的状态和势头,这一点殊为不易。最后的感谢依然送给本卷论文的各位作者,也希望各位同人继续对《贸大法学》予以大力支持!

石静霞*

2019年9月28日

* 对外经济贸易大学法学院院长,教授,法学博士(武汉大学、耶鲁大学)。

目 录

• 主题研讨:“明星逃税案”的法律分析

• 各科专论

• 国际法论坛

• 个人信息法研究专栏

• 实务论坛

• 学术动态

• 贸大法学院学生法律沙龙综述

• 主题研讨:“明星逃税案”的法律分析

逃税罪法律适用异化之法解释学释疑

——以"范某某逃税案"为视角的展开*

薛铁成**

摘　要:国家税务机关对范某某逃税案的处理结果,引发了"正反两种发声"。审视网络中关涉范某某逃税案的发声:第一,现有法律之解释忽视了形式理性(法律)与实体理性(社会实践)的关系,我们用形式理性与实体理性二元对立的法律观点审视不同于西方的形式理性与实体理性的现实。第二,误释了刑法与税法的关系。第三,错误地厘定了在刑法功能转变的过程中,一元违法性与处罚手段多样的关系。功能性刑法在坚守违法性的统一性与处罚手段的多元性共生的前提下,也要坚守刑法的谦抑性原则。

关键词:形式理性;实体理性;违法性一元论

The Legal Hermeneutics of Alienation of the Legal Application of Tax Evasion

—From the Perspective of Fan's Case

Xue Tiecheng

Abstract: The result of the state tax authorities' handling of fan's tax evasion case has triggered "both positive and negative opinions". First, the existing interpretation ignores the form of law (law) and the real reason (social practice). Second, the relationship between criminal law and tax law is misinterpreted. Thirdly,

* 本文系国家社会科学基金一般项目"法治视野下的刑事合议庭研究"(15XFX011)阶段性成果。

** 青岛黄海学院讲师。

the relationship between the illegality and the various means of punishment is wrongly determined in the process of the transformation of the function of criminal law. Under the premise of adhering to the unity of illegality and the multi-symbiosis of punishment means, the functional criminal law adheres to the principle of modesty and suppression of criminal law.

Keywords: formal rationality; substantial rationality; illegality monism

一、范某某逃税案相关事实交代

(一)范某某逃税案的事实

范某某阴阳合同案经过群众举报和国家税务总局责成江苏等地税务机关依法开展调查核实等程序,最终查明,范某某在某电影剧组拍摄过程中以拆分合同方式偷逃个人所得税618万元,少缴营业税及附加112万元,合计730万元。同时,查出范某某及其担任法定代表人的企业少缴税款2.48亿元,其中偷逃税款1.34亿元。根据我国《税收征收管理法》第32条、第52条对范某某及其担任法定代表人的企业追缴税款2.55亿元,加收滞纳金0.33亿元;依据我国《税收征收管理法》第63条的规定,对范某某采取拆分合同手段隐瞒真实收入偷逃税款处4倍罚款计2.4亿元,对其利用工作室账户隐匿个人报酬的真实性质偷逃税款处3倍罚款计2.39亿元;对其担任法定代表人的企业少计收入偷逃税款处1倍罚款计94.6万元;依据我国《税收征收管理法》第69条和我国《税收征收管理法实施细则》第93条的规定,对其担任法定代表人的两户企业未代扣代缴个人所得税和非法提供便利协助少缴税款各处0.5倍罚款,分别计0.51亿元、0.65亿元。最终税务机关依法责令范某某按期缴纳税款、滞纳金、罚款合计8.84亿元。同时依据我国《刑法》第201条第3款"有第一款行为,①经税务机关依法下达追缴通知后,补缴应纳税款,缴纳滞纳金,已受行政处罚的,不予追究刑事责任;但是,五年内因逃避缴纳税款受过刑事处罚或者被税务机关给予二次以上行政处罚的除外"的规定,决定对范某某免于刑事处罚。

---

① 《刑法》第201条第1款规定:"纳税人采取欺骗、隐瞒手段进行虚假纳税申报或者不申报,逃避缴纳税款数额较大并且占应纳税额百分之十以上的,处三年以下有期徒刑或者拘役,并处罚金;数额巨大并且占应纳税额百分之三十以上的,处三年以上七年以下有期徒刑,并处罚金。"

(二)范某某逃税案牵涉的部门法:刑法与税法

鉴于上述对范某某逃税案的事实描述,范某某逃税的行为触犯我国《税收征收管理法》第32条、第52条、第63条、第69条之规定和我国《刑法》第201条的规定。范某某在某电影剧组拍摄过程中实际取得片酬3000万元,其中1000万元已经申报纳税,其余2000万元以拆分合同方式偷逃个人所得税618万元,少缴营业税及附加112万元,合计730万元。江苏省税务局依据《税收征收管理法》第63条对范某某采取拆分合同手段隐瞒真实收入偷逃税款处4倍罚款计2.4亿元。针对其利用工作室账户隐匿个人报酬的真实性质偷逃税款,依据《税收征收管理法》第63条处3倍罚款计2.39亿元;依据《税收征收管理法》第32条、第52条的规定,对范某某及其担任法定代表人的企业追缴税款2.55亿元,加收滞纳金0.33亿元。

江苏省税务局依据《税收征收管理法》对范某某的逃税行为施以行政处罚,说明范某某的逃税行为是具有行政违法性的。但是其行为是否符合我国《刑法》第201条的规定,应当依据《刑法》第201条的构成要件进行分析。在这里笔者主要从理论的角度解释范某某逃税案不施与刑罚的原因,即运用刑法教义学的方法对范某某逃税案予以解释。同时发现现有对范某某未施与刑罚的解释——"存在《刑法》第201条第4款"之规定的理由,不仅忽视了法秩序的统一性,即行政违法性与刑事违法性的统一性,其法律解释方法也欠缺统一性,即存在刑法教义学方法思维的欠缺。

二、形式理性与实体理性二元对立观点的重新审视

(一)形式理性与实体非理性二元对立非此即彼的中国法学思维习惯

1. 形式理性与实体非理性二元对立的法律观

马克斯·韦伯(Max Weber)把不同的法律制度归类为几个主要类型来做比较分析。他以形式主义、相对实体主义以及理性与非理性两对二元建构来区别四种理想类型(形式非理性、实体非理性、形式理性和实体理性),其中的两个关键类型是,他认为西方现代化朝向的主要类型——形式理性和与其对立的实体非理性。前者是从抽象的司法定理中逻辑演绎出来的。在该制度中,法律具有

自律性,独立于统治者的意志和外在环境的反复无常。马克斯·韦伯认为,现代法律的关键在于"理性化",而"理性"主要是形式化演进逻辑,现代最佳的政治体制和法律乃是最高度的形式理性化的体系。西方现代大陆形式主义法律传统的出发点是有关权利和权利保护的普遍原则,它要求所有的法庭判决都必须通过"法律逻辑",从权利原则推导出来;"每个具体的司法判决"都应当是"一个抽象的法律前提向一个具体的'事实情形'适用";而且"借助于法律的逻辑体系,任何具体的案件的判决都必定可以从抽象的法律前提推导出来"。其中关键在于凭逻辑而自成体系,其传承主要来自掌握逻辑的法学家,其运作主要是(形式逻辑所主宰)官僚科层制和形式理性法律。①

2. 形式理性与实体非理性二元对立非此即彼的刑法学发展思维

2000年陈兴良教授在《法学研究》发表《社会危害性:一个反思性检讨》②和2003年《法商研究》发表关于"阶层犯罪论与构成要件论"③的系列文章之后,中国刑法学迎来了第四次转型。围绕前者形成了形式主义刑法观与实质主义刑法观的争论,围绕后者形成了教义刑法学与非教义刑法学的争论。形式主义刑法观和教义刑法学全盘否定了中国自1979年发展起来的刑法理论,以全面引进西方形式主义法律观为特征;实质主义刑法观和非教义刑法学以肯定中国1979年发展起来的实质主义刑法理论、全面否定西方实质主义刑法观为特征。二者建立在形式理性与实质非理性的二元对立的西方法学研究思维范式之上,且马克斯·韦伯的二元对立的非此即彼的学术研究之思维习惯在刑法学研究中占据了支配性地位。

---

① 黄宗智:《清代的法律、社会与文化:民法的表达与实践》,法律出版社2014年版,第1~123页。

② 陈兴良:《社会危害性理论:一个反思性检讨》,载《法学研究》2000年第1期。

③ 2003年《法商研究》发表的关于"阶层犯罪论与构成要件论"的系列文章主要有:王志祥、曾粤兴:《修正的犯罪构成理论之辩正》,载《法商研究》2003年第1期;夏勇:《我国犯罪构成理论研究视角疏议》,载《法商研究》2003年第2期;马克昌:《改进中国刑法学研究之我见》,载《法商研究》2003年第3期;周光权:《刑法理论应在对抗、论争中求发展》,载《法商研究》2003年第3期;陈兴良:《犯罪构成:法与理之间的对应与紧张关系》,载《法商研究》2003年第3期;刘明祥:《德、日刑法学的动向与我国刑法学的展望》,载《法商研究》2003年第3期;苏彩霞:《我国急需加强外向型刑法学的研究》,载《法商研究》2003年第3期。

(二)对中国现有形式理性与实体理性二元对立法律观点的摒弃

从实践和适用角度看,法律不可能存在于简单抽象和理想的空间,必须适应社会现实。也就是说,马克斯·韦伯型的形式理性理想类型和跨时空的(形式理性)普世法律不仅是对实际的过度抽象,更是脱离实际的理想化。抽象固然重要,但是脱离实际的抽象是不必要的抽象。简单地把法律的发展进程理解为非西方化至西方化,那可能是违反实际的。研究中国的法律,必须在条文之上考虑实际的运作。近现代中国的一个给定前提条件是,中国与西方、历史与现实、习俗与条文的并存。我们不可能也不应该简单地进行西化主义或本土主义的非此即彼抉择,而必须从历史传统和社会实际来考虑中国的立法抉择及实际运作。

三、范某某逃税之行为出罪的合理解释
——以法律的体系性为基准

(一)范某某逃税案处罚结果现有解释之反思

关于范某某逃税行为免于刑事处罚的解释主要集中于刑法目的的解释:将我国《刑法》第 201 条第 4 款解释为国家刑法规定逃税罪的目的不仅仅在于制裁逃税者,更在于保证国家的税收及时收缴;同时将《刑法》第 201 条第 4 款解释为一种“双赢”,即税务机关没有履行法律赋予的征税义务与纳税人没有履行纳税义务之间的平衡。笔者认为,上述对范某某逃税之行为免于刑事处罚的解释是不理性的。我们应当运用法律的眼光审视法律,而不应该更多地从立法目的和立法机关应该如何完善现有立法目的的角度解释法律。

(二)范某某逃税之行为出罪的法教义学解释

1. 违反我国《税收征收管理法》行为之行政违法性与刑事违法性的相对独立性

江苏省税务局依法责令范某某按期缴纳税款、滞纳金、罚款合计 8.84 亿元和依据我国《刑法》第 201 条第 4 款对范某某免于刑事处罚之结果的免于刑事处罚的程序合法性是存疑的。根据我国《刑事诉讼法》第 12 条之规定“未经人民法院依法判决,对任何人都不得确定有罪”可知“人民法院定罪的唯一性”,所以江

苏省税务局依法责令范某某按期缴纳税款、滞纳金、罚款和依据我国《刑法》决定对范某某免于刑事处罚的程序和结果都是没有法律依据的。①

2.《刑法》第201条之逻辑解读:义务的平衡与再平衡和司法适用的独立性

我国《刑法》第201条第1款"纳税人采取欺骗、隐瞒手段进行虚假纳税申报或者不申报,逃避缴纳税款数额较大并且占应纳税额百分之十以上的,处三年以下有期徒刑或者拘役,并处罚金;数额巨大并且占应纳税额百分之三十以上的,处三年以上七年以下有期徒刑,并处罚金",对逃税罪的相关构成要件做了规定,即纳税人基于逃缴税款的目的,采取欺骗、隐瞒或者其他手段向税务机关进行虚假申报或者不申报税款,数额较大并且占应纳税额10%以上的行为。第2款规定如果扣缴义务人采取欺骗、隐瞒或者其他手段不缴或者少缴已扣、已收的税款数额较大的,依照《刑法》第201条第2款规定处罚。第4款规定如果纳税人基于逃缴税款的目的,采取欺骗、隐瞒或者其他手段向税务机关进行虚假申报或者不申报税款,数额较大并且占应纳税额百分之十以上,纳税人在税务机关下达追缴通知后补缴应纳税款、缴纳滞纳金,已受行政处罚的,不予追究刑事责任。我国《刑法》第201条第1款规定了对应缴纳税款主体的虚假申报或者不申报行为的犯罪构成要件;第2款规定了税务机关尽到征税义务时,应纳税人采取欺骗、隐瞒方式不缴或者少缴税款行为的犯罪构成要件;第4款规定了应纳税款主体采取虚假申报或者不申报的行为后,在纳税机关下发补缴通知后,积极缴纳税款、滞纳金的免于刑事处罚的出罪构成要件。

3. 义务的二次平衡与司法适用的独立性对范某某逃税行为出罪的合理解释

鉴于上述对《刑法》第201条第4款的逻辑解读,即第2款是对第1款的例外规定,同时也是应缴纳税务的义务人和税务机关应征缴税务义务的双重平衡;第4款是对第1款和第2款的例外规定,即是在应缴纳税务的义务人和税务机关应征缴税务义务的双重平衡之后的再次义务分配。范某某的逃税行为符合了《税收征管法》第32条、第52条、第63条、第69条之规定,同时逃税金额巨大。同时也符合《刑法》第201条第1款规定的逃税罪的构成要件。根据《刑法》第201条第1款可知,逃税行为是否达到逃税罪的构成要件,主要看其逃税的数额是否已

① 关于范某某免于刑事处罚之结果的免于刑事处罚的程序和结果都是没有法律依据的,可以参见中国国际政法研究院院长陈中华所作的《范某某案法理要害》一文,此文刊载于《环球时事论坛》。

经达到数额巨大和逃税数额是否已经达到应纳税额的10%以上。范某某的逃税数额已经达到了《刑法》第201条第1款规定的数额较大且占到应缴纳税额的10%以上,甚至已经达到了数额巨大且应缴税额已经达到应缴纳税额的30%以上,所以应当对范某某之逃税行为定罪处刑。但是其不缴纳税款的行为也有税务机关的责任。所以应当适用《刑法》第201条第4款的规定。根据《刑法》第201条第4款的规定,可知,行为人采取虚构或者隐瞒手段申报或者不申报应缴纳税款,税务机关履行其责任查清应缴纳税额,应缴纳税款的行为人范某某积极缴纳税款后,可以免于刑事处罚。即适用《刑法》第201条第4款,在应缴纳税款之纳税人义务和应征税税务机关双方都履行了义务后,使所规定的义务再次得到平衡。江苏省税务局依据税法责令范某某按期缴纳税款、滞纳金、罚款合计8.84亿元和依据《刑法》第201条第4款对范某某免于刑事处罚的结果是合理的,虽然其程序违反了审判独立的原则。

四、违法性一元论原则下刑事处罚与行政处罚的关系

判断某一行为的违法性与行为处罚条款的违法性,应该区别开来。首先,某种行为是否违法,亦即法是否评价为善行,必须通过法秩序整体进行统一的评价。因为如果不这样的话,即使刑法之外的法令允许的行为,也有可能在刑法中被评价为违法而被处以刑罚。其次,违法性与某一行为的违法性判断是两个不同的问题。例如,已婚者同配偶以外的人性交,被视为通奸的行为、对妻子(或丈夫)不贞的行为或者可以成为申请赔偿请求权的依据,但并不能因此将“为了实施对妻子不贞的行为而侵入他人住宅行为”的这种事实认定为侵入他人住宅罪的违法性根据。同样,即便是犯罪,但处罚较轻的侵入他人田地的行为,较之于侵入住宅罪的行为的违法性更小。亦即某一法条或者构成要件预定的质与量的违法性,不仅只是刑法或者民法等法领域的差别,而且在各个刑罚法条中也是相对的。例如,日本前田雅英教授在论述违法性一元论与多元性论时,认为区分“在全体法领域完全不是违法的行为”和“并非完全不是违法的行为”是可能的。在刑法的违法性判断中,完全不反映在其他法律领域中的被认定为违法是不合理的,也应该考虑其他法律领域中的处理情况,所以我们在对某一行为是否触犯刑事法律作出判断时,应该考虑该行为是否触犯了其他法律规范之规定。但是

在考虑某一行为是否应该受刑事处罚时,应当考虑的是该行为是否受到处罚,而不是考虑违法性的问题。因此,在对某一行为是否应该受刑事处罚进行刑法解释时,更应该在违法性之外单独地考虑刑事处罚手段。在完全没有违法性唯有正当性之外,还承认违法阻却可罚性会使犯罪论过度复杂化,前述违法性的判断会招致犯罪论无意义的混乱。即在全体法秩序之范围内考虑其特殊的法秩序,并在一般违法性与特殊违法性之间做出抉择后,根据违法性判断应受的处罚种类和处罚程度。采取前述违法性判断的程式的原因,在于在刑法上的违法性判断中,完全不反映在其他法律领域中被认定为违法的情况很不合理,也应该考虑其他法律领域中的处理情况。①

我国《刑法》第三章第六节规定了危害税收征管的犯罪,《税收征管法》和《税收征收管理法实施细则》是关于国家行使征税权力和履行征税义务、公民依法纳税的权利和义务的规定,其中不乏对国家、公民不履行相应义务时的惩罚规定。没有《税收征管法》和《税收征收管理法实施细则》规定的纳税人具体缴纳税款的规则和征缴税务机关依法征缴税务的规则,也就不会有危害税收征管的刑法条文,也就不会出现关于税收方面的犯罪。所以相对于《刑法》中关于税收征管的犯罪之规定,《税收征管法》和《税收征收管理法实施细则》关于纳税人具体缴纳税款的规则和征缴税务机关依法征缴税务的规则之规定是一般性的规定,而《刑法》中关于税收征管的犯罪之规定是关于税收征管秩序管理的特殊性规定。对于违反《税收征管法》的行为,应当依据《税收征管法》看其有没有特殊性规定《刑法》第三章第六节规定的相关构成要件,若没有相关构成要件,则适用《税收征管法》中关于违反税收征管秩序的规定处以行政处罚。同理,根据《税收征管法》之一般性规定,可知某种行为已经触犯了特殊性规定关于税收犯罪的相关构成要件时,则应适用《刑法》关于税收犯罪的刑法条文定罪处罚。在适用《刑法》相关条文定罪处罚时,要再次审查有没有特殊性规定,即实施了逃税犯罪的行为是否存在处罚阻却事由的特殊性判断。具体到《刑法》第201条可知,判断某一逃税行为,是否存在处罚阻却事由,首先取决于对《刑法》第201条第4款前段的理解。在对行为人之逃税行为入罪时,首先应考虑税务机关的处理,如果税

① [日]前田雅英:《刑法总论讲义》,曾文科译,北京大学出版社2017年版,第25页。

务机关没有处理的,司法机关不得直接追究行为人的刑事责任。① 同理在没有经过司法机关处理逃税行为时,税务机关不得援引《刑法》和《刑事诉讼法》对逃税人作出任何入罪与出罪的决定。根据张明楷老师在《逃税罪的处罚阻却事由》提出的"任何逃税案件,首先必须经过税务机关的处理,税务机关没有处理的,司法机关不得直接追究行为人的刑事责任"的观点和本文坚持的"违法性的统一性"和"刑事处罚与行政处罚的共生性和独立性"可知,对某一逃税行为施以《税收征管法》所规定的处罚,并不会影响根据《刑法》所规定的逃税之相关罪刑规范的运行。

五、结　　语

范某某逃税案为税法制度的改革提供了素材,同时为审视我们现有规范(立法)与实践(执法与司法)之间的关系提供了契机。不同法律规范在形式上是一回事,在实践中又是一回事,但是前述一回事(法律之既有规定)和现实中的一回事(法律实际运行之间)又往往掺杂着互动和某种隐隐约约的规律性。所以,我们在对某一违法问题进行解释时,要善于运用法律之既有规定和法律实际运行之间隐隐约约的规律性,去解释现有的法律适用。

① 参见张明楷:《逃税罪的处罚阻却事由》,载《法律适用》2011 年第 8 期。

逃税罪中关于"免于刑事处罚"的理解与适用

吴若蘅*

摘　要:我国当下对于逃税罪"免于刑事处罚"的理解与适用,主要基于《刑法》第201条第4款的规定。就司法实践的角度而言,"已受行政处罚"的客观要件和主观要件的构成、标准及立法价值,仍存在诸多争议或问题。其中,行政程序前置问题、行政程序中有关瑕疵证据的证据效力问题,以及主观犯意,成为实务争议焦点,也是本文重点探讨的对象。

关键词:逃税罪;免于刑事处罚;理解与适用

The Understanding and Application of "Exemption from Criminal Punishment" in Tax Evasion

Wu Ruoheng

Abstract: The current understanding and application of "free criminal punishment" for tax evasion in China is mainly based on the provisions of the fourth paragraph of Article 201 of the Criminal Law. From the perspective of judicial practice, there are still many disputes or problems in the objective elements and subjective elements of the "administrative punishment", standards and legislative values. Among them, the pre-problem of administrative procedures, the validity of the evidence on the evidence in administrative procedures, and the subjective intentions have become the focus of practical controversy, and are also the focus of

* 对外经济贸易大学法学院本科生。

this article.

Keywords: tax evasion; immunity from criminal punishment; understanding and application

一、引　　言

我国现行《刑法》中关于逃税罪中“免予刑事处罚”的新规，也是这次“明星逃税门”中范某某得以全身而退的缘由，即《刑法修正案(七)》修改后的《刑法》第201条第4款规定：“有第一款行为，经税务机关依法下达追缴通知后，补缴应纳税款，缴纳滞纳金，已受行政处罚的，不予追究刑事责任；但是，五年内因逃避缴纳税款受过刑事处罚或者被税务机关给予二次以上行政处罚的除外。”上述条款，即本文所指的逃税罪中豁免刑事责任的核心条款——“免责条款”(以下简称免责条款)。那么，“免予刑事处罚”的条件、范围及标准等，究竟应该如何理解和适用，将有待进一步分析探讨。

二、实证分析标本

(一)选取范围、方式和数量

截至2019年4月8日23时31分，通过“中国裁判文书网”以“逃税罪”“行政处罚”“刑事案由”3个关键词进行全文检索，共得到308个检索结果。其中，有16个案件因网站系统原因重复出现，予以排除，故最终的样本数量为292个。另，截至2019年4月8日23时12分，通过“中国裁判文书网”以“逃税罪”“最高人民法院关于审理偷税抗税刑事案件具体应用法律若干问题的解释”两个关键词进行全文检索，共得到5个检索结果。故最终样本数量为5个。[①]

(二)“免于刑事处罚”的适用

292个案件中，共有39个案件实质性涉及了“免于刑事处罚”的适用

① 以上5个案件包含在第一次检索的292个案件中。

争议。[①] 其中,法院实质性地讨论了“免于刑事处罚”的适用问题的,共有36个案件;辩护人对行政程序产生质疑并提出适用免责条款,但法院未理会的,共有3个案件。在分类、归纳的基础上,笔者拟从行政程序前置、行政程序中的证据效力、主观犯意及整体的法律适用4个争议焦点分别进行论述。

三、客观要件:对“已受行政处罚”的理解[②]

(一)行政程序中的证据效力不明

在“免责条款”的表述中,“已受行政处罚”除了要求当事人客观上能够接受行政处罚、并在公安机关立案前实际接受了行政处罚外,对税务机关的具体行政行为也应有所规制。这些具体行政行为作出的针对特定人不具有普遍约束力的书面文件,如《税务处理决定书》《税务行政处罚决定书》,即形成了行政程序中的“证据”。[③] 就学理的角度而言,作为认定事实的根据,证据效力对裁判结果的法律效果至关重要。而证据本身是否能够得到法律的承认,即成为证据法学下的“适格”证据,则是证据效力的核心之一。[④] 因此,关于行政行为作为证据使用是否应具有绝对效力,引起了该类证据在引入后续刑事诉讼时关于证明能力、适格性的争议。行政行为的先决效力究竟如何,笔者认为,可以从两个方面加以理解。其一,是行政行为所代表的国家权威性。由于行政行为本身具备为公共利益、社会价值服务的基本特征,维护其运行秩序,从而产生对当事人一定的拘束力,有利于行政机制发挥引导秩序的效能;其二,则是行政权与公民权利救济与保障的潜在冲突。由于刑罚制裁的严厉性远重于行政处罚,刑事诉讼对证据的

---

① 这里由法院是否探讨免于刑事处罚、辩护人是否就行政程序中存在的任何问题提出免责要求为判断标准。由于实践中诸多辩护人为尽可能多提出辩护理由,列举此类免责要求却未说明理由(或仅以“税务机关下达文书程序瑕疵”“未满行政复议诉讼期限”为由,无相关证据佐证),除非法院在此时仍做相关回应、讨论的,一律排除。也就是说,在辩护人提出免责要求时,需指向具体的行政行为,且有一定充足的证据。

② 本文采用张明楷教授的“二阶层犯罪构成理论”,即分为客观阶层、主观阶层。参见张明楷:《刑法学》(第4版),法律出版社2011年版,第105~108页。

③ 参见崔小峰:《行政行为在刑事诉讼中的证据效力研究》,载《徐州师范大学学报》2005年第4期。

④ 参见裴苍龄:《关于证据效力的研究》,载《现代法学》1995年第1期。

适格性要求也相应更高。[①] 笔者认为,这既成就了行政程序中的证据的一般先决效力,也为逃税罪刑事裁判中拟定证据标准提出了更严格细致的要求。

在纳入统计的39个标本案件中,实质涉及行政证据效力对刑法定罪产生影响的,共有8个;而其中的6个案件,法院或未对当事人的诉求予以回应,或直接以效力瑕疵/过错不影响定罪为由驳回;仅有2个案件,实现了免于刑事处罚的法律效果。具体可分为以下三类观点:(1)未予理会;(2)证据无效,但不影响定罪;(3)证据无效,影响定罪(免于刑事处罚)。

1. 法院未予理会。此类案件共有2个。它们的共同特点是,当事人或辩护人针对具体的行政行为提出了合理质疑,有一定的说服力,法院却没有回应。[②]

2. 证据无效,但不影响定罪。此类案件中(共4个),法院审查了有权机关的具体行政行为,并认定其存在一定的瑕疵或过错,故认定证据无效。但是,法院同样认为,前置行政程序的问题并不影响,或不足以影响后续刑事案件的定罪。[③] 如在“朱某某逃税二审判决书20份”一案中,法院对被告的上诉意见予以支持,认为“无证据证明朱某丁签收该通知书,故不应将该证据作为定案依据”,但仍然坚持“该证据不影响原审法院对朱良淮未进行纳税申报的认定”。[④]

3. 证据无效,影响定罪。此类案件(共2个),法院针对具体行政行为的瑕疵或过错,免除了当事人的刑事责任。[⑤]

由上可知,实务中对瑕疵证据效力的处理,存在明显分歧。作为取得程序上具有轻微违法性的一类证据,“瑕疵证据”与“合法证据”“非法证据”形成了证据类型的“三分法”,分别适用不同的程序处理规则。[⑥] 因此,三类证据的区分标准尤为重要。

---

① 参见吕保春、王小光:《行政执法证据在刑事诉讼中的有效运用途径分析——兼论行政执法与刑事司法程序的衔接》,载《上海公安高等专科学校学报》2012年第5期。

② 参见白某逃税罪一审刑事判决书[(2014)中刑初字第61号];陈某某逃税罪一审刑事判决书[(2015)灵刑一初字第00002号]。

③ 参见宋某逃税罪一审刑事判决书[(2012)高刑初字第126号];龚某犯逃税罪一审刑事判决书[(2015)六裕刑初字第00161号];被告单位河北健泰公司山东分公司、被告人王某某逃税罪一审刑事判决[(2017)鲁1722刑初158号]。

④ 参见朱某某逃税罪二审判决书20份[(2014)常刑二终字第53号]。

⑤ 参见王某甲逃税罪一审刑事判决书[(2013)相刑初字第00437号];陈某某、杨某某、崔某某逃税罪一审刑事判决书[(2014)达刑初字第40号]。

⑥ 参见万毅:《论瑕疵证据——以“两个〈证据规定〉”为分析对象》,载《法商研究》2011年第5期。

第一类问题可概括为“模糊的证据标准界限”。其一,未针对征收方式是否对当事人的救济权利造成实质性影响而加以区分。在笔者看来,如“文书错误使用‘欠税’字样”属于瑕疵证据的类型,[①]而“未依法将限期缴纳税款的通知书送达给被告人”“催缴税款通知内容前后不一致”情况下的证据则属于非法证据的类型。[②] 其二,未在裁判文书表述中指出有权机关的具体过错。[③] 各法院没有严格区分瑕疵证据和非法证据,是导致是否免除刑事处罚标准混乱的主要原因之一。

第二类问题表现为“瑕疵证据制度在庭审中的持续弱化”。[④] 这种弱化的趋势,直接表现于法庭对违法程度较轻证据,仅进行“表面化”“流程化”的处理,如对当事人的相关诉求不予理会,或不经论证草率得出瑕疵/过错证据不影响定罪的结论。而且,即使被认定为瑕疵证据,缺乏相应的有权机关的补正和解释,反而由法院“自动修复”的情况也屡见不鲜。诚然,瑕疵证据因未对当事人的利益造成严重侵害,或违反涉及国家基本法律秩序的实质性程序规范,不适用强制性排除的程序规则,但对于“补正不能”的情况,是有权机关的办案人员未尽职履行程序补正的义务,应当承担相应不利的法律后果,对相关证据予以排除。[⑤]

(二)结论:“程序正义”

追溯立法者和执法者的本意,以及通过法理分析,税务机关的追缴处罚程序是追究逃税罪刑事责任的前置程序。然而,就样本结果而言,有一半以上的法院忽视了行政责任前置的必要性,而仅仅凭自身对刑法条文的理解加以解释,错误地违背了法意。笔者认为,行政处罚和刑事处罚的关系,其本质在于地位上的孰优孰劣,而非简单的时间先后的区分。也就是说,即使面对特殊情况,仍应当以行政处罚为先,坚持“程序正义”。而对于行政程序中存在的瑕疵/过错是否会影

---

① 参见被告单位河北健泰公司山东分公司、被告人王某某逃税案。

② 参见陈某某逃税案;朱某某逃税案;龚某犯逃税罪案。

③ 宋某逃税罪一审案中,法院认为“税收机关在征收方式、征收程序上存在一定过错”,但“此不能作为被告人免责的依据”。陈某某、杨某某、崔某某逃税罪案中,法院仅指出“税务机关向纳税人下达相关文书有瑕疵”。

④ 参见谢纲、熊心、党睿:《检视与突破:庭审实质化改革中瑕疵证据裁判规则缺失形成的制度漏洞与完善路径——以全国涉及瑕疵证据的94份判决书为样本进行分析》,载《法律适用》2018年第19期。

⑤ 参见陈瑞华:《论瑕疵证据补正规则》,载《法学家》2012年第2期。

响定罪的争议，目前的司法实践缺乏统一、精确的标准。“模糊的证据标准界限”及“瑕疵证据制度在庭审中的持续弱化”两类问题，亟待解决。

四、主观要件：对主观犯意的理解

除却以上客观要件对免于刑事处罚的影响，主观要件也关系行为人最终需承担的法律后果。关于逃税罪中主观过错的认定，学界主要有以下三类观点：一是“否定说”，强调执法和司法效率，认为无须探究逃税行为人的主观心理，根据其客观行为即可认定。二是“肯定说”，认为应当获取相应证据认定逃税是否存在主观故意。三是“推定说”，承认逃税需有主观故意，但实行过错推定，即对客观上满足法律规定的逃税行为，要求行为人自己证明没有故意。① 笔者认为，“推定说”对主客观要件的统一，有利于权利和权力之间的平衡，最符合刑法两阶层体系的设计原意。

（一）“一掷千金”？

对 292 个案件进行整体统计后，部分典型案件的逃税数额、罚金、量刑情况如表 1 所示：

表 1　典型案件的逃税数额、罚金、量刑等情况（部分）

案件（案号）	理由	逃税数额（元）	罚金、量刑	理由是否对法律后果产生影响
何某逃税罪一审刑事判决书（2012）深福法刑初字第 323 号	经营状况不佳（破产）	16,239,846.57	有期徒刑 3 年，缓刑 5 年，罚金 1700 万元	否
吴某某逃税一审刑事判决书（2014）罗刑初字第 169 号	经营状况不佳（破产）	1,175,439.55	有期徒刑 2 年，缓刑 3 年，罚金 4 万元	否

① 参见江西省国家税务局课题组，刘江敬、冷报德、章明宇：《税收行政执法与刑事司法程序的衔接》，载《税务研究》2006 年第 10 期。

续表

案件(案号)	理由	逃税数额(元)	罚金、量刑	理由是否对法律后果产生影响
蔡某甲、中山市某电池有限公司逃税一审刑事判决书(2015)中二法刑二初字第18号	经营状况不佳(破产)	889,815.31	有期徒刑2年,缓刑4年,罚金10万元	否
邱某、陈某犯逃税罪二审刑事裁定书(2014)东二法刑初字第1935号	经营状况不佳(破产);查封财产	6,856,503.36	拘役6个月,缓刑10个月,罚金5万元	否
马某某逃税罪二审刑事裁定书(2015)韶中法刑二终字第19号	经营状况不佳(破产)	847,789.24	有期徒刑3年6个月,罚金10万元	否(累犯加重)
被告人程某某犯逃税罪一审刑事判决书(2015)仪刑初字第211号	经营状况不佳(破产)	166,548.01	有期徒刑2年,缓刑2年6个月,罚金5000元	否
佛山市三水区永辉染整有限公司、苏某立逃税一审刑事判决书(2017)粤0607刑初812号	经营状况不佳(破产)	14,823,884.75	苏某立:有期徒刑3年,缓刑4年,罚金5万元; 苏某涛:有期徒刑2年,罚金3万元	否
章某虚开增值税专用发票、逃税一审刑事判决书(2014)南刑初字第339号	查封财产	6,491,203.69	有期徒刑4年6个月,罚金20万元	否(竞合择一重罪)
安徽国盛啤酒有限公司、黄某犯逃税罪一审刑事判决书(2014)固刑初字第00240-3号	逃逸	342,946.25	有期徒刑1年,缓刑1年6个月,罚金5万元	是(加重)

笔者认为，由于免责条款本身缺乏主观方面的认定条件，实践中推定行为人是否具有主观故意只流于形式，出现了“客观代替主观”的消极现象。一方面，在行为人需自己证明没有故意的前提下，若认定标准不明，可能导致行为人的举证责任过高。实践中常见的辩护理由，一定程度地反映了当事人逃避缴纳税款时的主观恶性大小，若能得到举证，完全具备被法院采纳的合理性，而法官一概采取否定态度，导致举证责任的门槛过高，实属遗憾。另一方面，也是笔者认为目前最大的问题，在于现行免责条款中对主观意思的衡量，是基于行为人的客观履行情况，反映的是行为人的客观履行能力，却几乎与逃税时行为人的主观心态无直接关联。范某某签订“阴阳合同”、利用个人工作室逃避税款，其犯意明确，若对比普通刑事案件和“范某某偷逃税”一案，当事人的主观恶性孰轻孰重，实难以分说。然而，仅仅因为范某某在舆论压力且事先知情的情况下有接受行政处罚的能力并实际履行，便可免于刑事处罚，[①]难免令人心生“免责条款为有钱人服务”的不满。免责条款若完全以客观履行能力为主观心态的衡量尺度，恐成为社会财富不公的延伸产物，无论是刑法的谦抑性还是惩罚性价值，都将无法得以体现。

（二）结论：增加主观犯意考量

免责条款作为免于刑事处罚的核心条款，需慎重考虑其法律和社会效果。明确当事人的举证责任标准，并适当增加“免责条款”对主观意思的考量，这对于逃税类型案件的法律权威性、社会示范性，都将产生深远影响。

五、法律适用：“免于刑事处罚”的路径选择

（一）自由裁量权设限不足

“免于刑事处罚”的整体法律适用，除了本文重点探讨的免责条款，还有“情节轻微”“自首”等免罚情形。虽然此三类情形所处的判罚阶段不同，即分别处于

① 新华社：《范冰冰案教育警示文艺影视从业者遵纪守法》，载国家税务总局江苏省税务局官网，http://jiangsu.chinatax.gov.cn/art/2018/10/3/art_8268_215129.html，最后访问日期：2020年1月8日。

定罪(免责条款)、量刑("情节轻微""自首")环节,[①]但实际的法律效果是相似的,即都免于了逃税罪的刑事处罚。通过检索、分析标本情况,在免于刑事处罚的相关案件中,有以下三类适用路径:(1)"免责条款";(2)《刑法》第37条"情节轻微可免于刑事处罚";(3)《刑法》第67条"自首可免除处罚"。

1."免责条款"

适用免责条款且在实际案件中豁免刑事责任的,共计5个案件。[②] 此类案件与行政程序的前置问题、瑕疵/过错问题,以及在限期内缴清款项(符合免责条款所有必备要求)有关。较为特殊的是,在"曹某某等5人逃税"一案中,法院虽然否认了行政责任前置原则,最终却因行政机关没有处罚而免除了被告的刑事责任。另一类特殊情况是对条文的解释路径有所不同。共计5个案件采用了《最高人民法院关于审理偷税抗税刑事案件具体应用法律若干问题的解释》中针对偷税罪的司法解释,[③]如"芜湖市兴泰置业有限责任公司、徐某犯逃税罪"一案中法院对刑事责任豁免的探讨。[④]

2.《刑法》第37条

只有一个案件采用"自首+犯罪情节轻微"的模式决定对被告"免除处罚"。[⑤]

3.《刑法》第67条

此类案件占实际达成免于刑事处罚判决中的大多数。这些案件中的法院认为,当事人即使在公安机关立案以后补缴税款、滞纳金和罚款的,在补缴齐全且系初犯的前提下,也可免予刑事处罚。他们主要的判决理由是"未实际给国家造

---

① 此处采用张明楷教授的观点,认定"免责条款"为违法阻却事由,参见张明楷:《逃税罪的处罚阻却事由》,载《法律适用》2011年第8期。

② 参见陈某某、杨某某、崔某某逃税罪一审刑事判决书[(2014)达刑初字第40号];赵某某逃税罪一审刑事判决书[(2014)灵刑二初字第00094号](部分适用);王某生、薛某顺、彭某辉逃税罪二审刑事裁定书[(2015)深中法刑二终字第500号];曹某某等5人逃税罪一审刑事判决书[(2016)甘0503刑初168号];(2017)湘0524刑初206号。

③ 刑法修订前,逃税罪即偷税罪。

④ 参见芜湖市兴泰置业有限责任公司、徐某犯逃税罪二审刑事判决书[(2014)芜中刑终字第00026号]。

⑤ 参见陶某某、白某某逃税罪一审刑事判决书[(2016)晋1122刑初125号]。

成税收损失”“主观恶性不大”，故犯罪情节轻微。[①] 而在其他同类案件中，法院对于当事人立案后补缴的情形，一概不予认可为满足免于刑事处罚的必要条件。

由上可知，法院在面对相似案情时，裁判理由和裁判结果可能大相径庭。其中，自由裁量空间之大，恐已造成了司法裁判的显著不公。与英美法系所普遍认同的法官具有的“无可争议的、不可辩驳的绝对的自由裁量权”不同，我国的裁量权是对法律进行一种有限的校正，即使受法官主观意识的支配，针对类似案件、同类案件，仍需“争取最大限度的同类裁判”。[②] 而在逃税罪免于刑事处罚一类案件的法律适用问题上，可以看到，法官的能动性是非常强的。他们运用自由裁量的权力选择《刑法》第 37 条、第 67 条，在量刑的空间内决定当事人是否承担刑事犯罪的法律后果，使实际的法律效果不仅做不到“一碗水端平”，甚至出现了“南辕北辙”的负面效果。在笔者看来，这是不可取的。若缺乏可控的量刑幅度，而一味地强调司法能动性，呈现在人们面前的自由裁量的结果，往往会因无法合理预期而欠缺说服力；与此同时，一两句带过的裁判说理，弱化了证据与结论之间的逻辑关系，更因此损害了司法权威。此外，《刑法》第 37 条、第 67 条和第 201 条形成的“竞争”关系，使免于刑事处罚的标准难以统一，这成为法院面临的难题，也造成了司法资源的浪费。

（二）结论：最佳选择？

关于“免于刑事处罚”法律适用的路径选择争议，由于各法院的法律适用路径不同、基于自由裁量权而判罚不同，出现了一定程度的系统性混乱。其一，适用法律多重选择，弱化了《刑法》逃税罪条款下“免责条款”的适用范围，出现了相似事实（如均为初犯、均在公安机关立案后缴纳税款、滞纳金和罚款）而判罚结

---

① 参见厦门市思明区天骄外语培训中心、詹某某逃税罪一审刑事判决书［（2017）闽 02 刑初 61 号］；宋某逃税罪一审刑事判决书［（2012）高刑初字第 126 号］；湖北洁达环境工程有限公司、李某某逃税罪审判监督刑事裁定书［（2014）鄂荆州中刑再终字第 00001 号］；被告人张某某犯逃税罪一案一审刑事判决书［（2015）双刑初字第 121 号］；被告单位武威市浙江村实业有限责任公司、被告人钱某某逃税罪一案二审［（2015）武中刑终字第 115 号］；龚某犯逃税罪一审刑事判决书［（2015）六裕刑初字第 00161 号］；岳某甲逃税罪一审刑事判决书［（2017）冀 0402 刑初 240 号］；（2017）湘 0524 刑初 206 号；被告人单某某逃税罪一案刑事判决书［（2018）湘 1126 刑初 433 号］。

② 张军：《法官的自由裁量权与司法正义》，载《法律科学》（西北政法大学学报）2015 年第 4 期。

果截然不同的局面。其二,法官对如何认定“犯罪情节轻微”的自由裁量权过大,即使事实情节相似、逃税税款相当,判决结果却差异极大,甚至出现了相似事实、多逃税反而免责的情况。

• 各科专论

成本收益分析:基本理论与制度确立

阳 李*

摘　要:成本收益分析法以功利主义、卡尔多—希克斯效率等作为理论基础,并构建了丰富的货币化评估技术;相较绝对性分析法、可行性分析法,以及包含多重标准以应对复杂情势的综合规制分析方法而言,成本收益分析法具有明显优势。目前,成本收益分析作为行政规制分析工具在我国虽已起步,但基本处于探索阶段,实践中的运用凤毛麟角。具体而言,成本收益分析在我国的切入路径有三个层面,即从概念性意涵到程序性约束、从刚性标准到软性标准以及从管理约束理念到服务至上理念的转变。

关键词:成本收益分析;行政规制;制度确立

Cost-benefit Analysis:Basic Theory and Institutional Establishment

—An Investigation Based on Administrative Regulation

Yang Li

Abstract: The cost-benefit analysis is based on utilitarianism, Caldo-Hicks efficiency, and builds a rich monetization assessment technique; more than absolute analysis, feasibility analysis, and more standards to deal with complex situations. In terms of comprehensive regulatory analysis methods, the cost-benefit analysis method has obvious advantages. At present, cost-benefit analysis, as an administrative regulation analysis tool, has started in China, but it is basically in the exploration

* 首都经济贸易大学法学院博士研究生。

stage, and its application in practice is rare. Specifically, the cost-benefit analysis has three levels in China's cut-in path, from conceptual meaning to procedural constraints, from rigid standards to soft standards, and from management constraints to service-oriented concepts.

Keywords: cost-benefit analysis; administrative regulation; system establishment

一、成本收益分析的起源及理论基础

(一)成本收益分析的起源

成本收益分析法(Cost-Benefit Analysis)以资源的有限性及稀缺性为逻辑前提,系经济学对特定问题展开的较为常用的论证法,其进路及逻辑推演在社会诸多领域展现出良好的应用方略,因而逐步在法律领域得到广泛运用。但是,20世纪80年代以前,成本收益分析法虽然被美国诸多法令所提及,但并非行政规制机构的必要分析工具。直到《联邦规制》(Federal Regulation)的出炉,使成本收益分析法全面进入社会生活诸领域。1981年2月,里根总统发布第12291号行政命令——《联邦规制》,法案要求,颁布新法规、审查现行法规和制定有关法规的立法建议时,所有机构在法律允许的范围内,应遵守成本收益分析的一系列程序性规定。① 此后,历届总统几乎都制定了要求行政规制机构进行成本收益分析的专门行政法令,如克林顿总统12866号行政命令《规制计划与审查》(Regulatory Planning and Review)(1993)、奥巴马总统13563号行政命令《改进规制和规制审查》(Improving Regulation and Regulatory Review)(2011)等。

(二)成本收益分析的理论基础

以宏观视角观之,杰瑞米·边沁(Jeremy Bentham)的功利主义理论(utilitarianism)系成本收益分析法在广义上的哲学理论基础。边沁认为,作为个体的人存在之目的在于追求最大幸福(Maximum Happiness),作为人之集合的社会群体之目的则在于增加幸福总量。幸福总量的计算是每个个体之幸福和痛苦之和的总和,每个个体的幸福和痛苦在相同条件下具有相同分量,"最大多数人

---

① Exec. Order No. 12291, 46 Fed. Reg. 13193(Fed. 17, 1981).

的最大幸福”是功利主义理论的最高目标。福利经济学(welfare economics)汲取了功利主义的营养成分。作为研究社会经济福利的经济学理论体系,福利经济学从福利观点和最大化原则出发,以特定的价值判断为逻辑起点,根据确定的社会目标建立相应理论体系;以边际效用基数论或边际效用序数论为基础,建立福利概念;以社会目标和福利理论为依据,制定经济政策方案,并对经济体系的运行做出社会评价。边沁的功利主义理论与福利经济学理论的系统整合使成本收益分析方法在理论上得以自洽。①

福利经济学的发展尤其是卡尔多—希克斯效率(Karldor Hicks efficiency)对帕累托最优理论(Pareto Optimality)的改进,使成本收益分析法在行政规制领域的广泛应用成为可能。根据帕累托最优理论,政府通过的法规、政策或其他行政规制措施需在使至少一个个体的福利得以改善的同时,没有使其他个体的福利变得更差。② 显然,帕累托最优原则所要求的“不能损害任何个体的福利”的条件在现实中几乎无法得到满足,因而对行政规制决策的优化几乎没有指导意义。卡尔多—希克斯标准放宽了帕累托最优原则的约束条件,认为法规、行政规制措施只要受益者的收益在补偿受损者的损失后仍有剩余即可,而受益者对受损者的补偿可以通过希克斯需求曲线加以估算。③ 卡尔多—希克斯标准更为符合社会现实生活走向,其着眼于行政规制措施的阶段时效性和社会主体与规制措施之间沟通的频率性,对于具体的被规制主体而言,单次规制措施产生的具体影响可能是不利的,但长期的不同的规制措施所累积的总效果却会趋于稳定且均衡的形态。

20世纪70年代,以罗纳德·科斯(Ronald Coase)和理查德·A.波斯纳(Richard Allen Posner)为代表人物的经济学与法学交叉的边缘学科——法律经济学(Economics of Law)的兴起,扩展了成本收益分析在法律领域的挥洒空间。科斯定理(Coase theorem)指出,在交易成本为零或非常小的前提下,只要产权归属清晰,市场便会自动实现资源的合理与优化配置,从而实现社会财富的最大

---

① John D. Graham, Saving Lives Through Administrative Law and Economics, 157 U. Pa. L. Rev. 395, 405(2008).

② Pareto, Manual of Political Economy 1906(Augustus M. Kelley Publishers. 1971).

③ Anthony E. Boardman et al., Cost-Benefit Analysis: Concepts and Practice 29 (Upper Saddle River, NJ: Prentice Hall. 2001).

化。但是,现实生活中的交易成本并不为零,甚至十分高昂,因而政府有必要通过立法对之进行干涉,从而尽可能地减小交易成本,实现资源的优化配置。① 科斯定理为政府介入社会生活进而实施行政规制提供了更为直接的理论支持。波斯纳认为法律原则仍需经济学的效率概念加以指引,他的经济分析进路强调一切交易应当以实现财富的最大化为唯一目标,法律所欲实现的目标亦是财富的最大化。② 如果说传统的功利主义理论以及福利经济学的发展为成本收益分析提供了理论奠基,那么法律经济学的蓬勃兴起则为成本收益分析方法的发展壮大提供了适宜的理论与现实土壤。

二、成本收益分析方法的构成要件及货币化评估技术

(一)成本收益分析方法的构成要件

作为成本收益分析方法应用最早、理论研究最成熟和使用范围最广泛的国家,美国发展出了一套日趋成熟(但并非完美无缺)的理论指导与实践应用体系。概言之,成本收益分析法系通过全面衡量拟采取行政规制措施的总成本和总收益,在总收益减去总成本后的净收益为正时方可采取相关规制措施的分析方法。对行政规制机构而言,成本收益分析意味着需要收集大量的关联讯息,同时要将所有的成本与收益以量化的货币形式予以表现并分析,只有在净效益为正时方能采取相应的规制措施;同时,在多项规制措施均符合收益大于成本时,规制机构应采纳净效益最高或净成本最低的规制措施。

在成本收益分析过程中,拟分析的可能产生的成本与收益进行判断与量化的起点或曰基准线、参考线,通常为未采取规制措施的当下状态;以此为参照,拟采取规制措施对经济、社会、环境等产生的变化都属于相应的成本与收益。

(二)基于直接市场交易性的货币化评估技术

以定量化的货币形式对各关联因素进行测量与表示系成本收益分析法得以

① Nicholas L. Georgakopoulos, Principles and Methods of Law and Economics: Basic Tools for Normative Reasoning 30(Cambridge University Press. 2005).

② Richard A. Posner, *Cost-Benefit Analysis: Definition, Justification, and Comment on Conference Papers*, 29 J. Legal Stud. 1153, 1154(2000).

运转的逻辑前提。因此,将关联因素定量货币化的技术方法就成为成本收益分析法的关键技术。对货币化评估的三要素做一简介。机会成本(opportunity cost)是因资源的有限性和稀缺性决定了任何一种资源的选择都意味着他种资源的放弃;支付意愿(willingness to pay)和接受意愿(willingness to accept)是衡量被规制主体追逐目标时在多种可选择方式中做出选择时所愿意接受或付出的机会成本。市场价格(market price)则是为机会成本、支付意愿和接受意愿提供直接数据的基础数据。

具备市场交易性的被评估单元可以通过市场价格换算确定货币化值,不过,由于市场不完全性、非对称性以及外部性等非纯粹性特征的客观存在,市场价格通常不能直接反映市场价值,所以可以直接作为量化数据使用的市场价格数据为数较少。然而现实中情形往往更为复杂。

(三)非直接市场交易性的货币化评估技术

显示性偏好评估法(Revealed preference theory)由美国经济学家保罗·萨缪尔森(Paul Samuelson)首创,是一种分析个体选择的评估方法,主要用于比较不同政策对消费者行为的影响。由于消费者需求理论是以边际替代率(Marginal Rate of Substitution,MRS)递减为基础,所以显示性偏好评估可以通过消费者的购买习惯来建立模型以揭示消费者的喜好。显示性偏好评估法获得评估价值需要通过大量的调查资料和统计分析,往往需要耗费极高的成本,而高度依赖于被调查者主观判断的统计思路使其准确性(inaccuracy)和连贯性(inconsistency)备受质疑。学者对环保署经常采用显示性偏好评估法予以批判,认为其具有极大的误导性。① 此外,支付意愿和接受意愿并不能完全等量替代,显示性偏好评估法所获得的货币化估值存在一定的误差。②

声明性偏好评估法系指在指定条件下,通过衡量多个不同主体的支付意愿来判断被评估对象的价值。声明性偏好评估法同显示性偏好评估法在评估方法和具体指向上具有一定的类似性。不过,前者的适用范围和应用对象更为广泛。此外运用该方法的较为典型与知名的案例是美国学者以死亡概率为切入点,基

① Victor B. Flatt, Saving the Lost Sheep: Bringing Environmental Values Back Into the Fold with a New Epa Decision-making Paradigm, 74 Wash. L. Rev. 1, 5 - 6(1999).

② Cass R. Sunstein, *Social Norms and Social Roles*, 96 Colum. L. Rev. 1, 45 - 48(1996).

于支付意愿与接受意愿而开展的系列实证研究,并得出结论认为人的生命价值大致介于400万~900万美元。① 另外,声明性偏好评估法的技术性条件更为复杂,往往需要多个领域的大量专业人员的衔接与配合,在具体的成本收益分析运用中,该法的具体操作亦会因所评估对象的性质、条件等因素的不同而存在不同的操作方法。

显示性偏好评估法与声明性偏好评估法均为复杂的系统评估法,高昂的财力、物力和时间成本使简易性和低成本的成本收益评估方法有所发展,收益转移评估法(Benefit Transfer Methods)即为此种评估方法,通过将某一项规制措施对经济、社会、环境、安全等领域特定化的货币量化估值推广类比到其他类似领域,从而极大地提升估值效率。收益转移评估法最早在20世纪60年代被用于环境监管领域,随后被推广到其他规制领域。② 收益转移方法通常分为两种:第一种是对确定价值的转移或未经修正的估计价值均值的转移;第二种是估计模型或效益函数的转移。③

三、成本收益分析方法的相关评析及修正

(一)成本收益分析可能导致整体分配失衡

成本收益分析的货币化评估主要依赖于相关联被评估主体的支付意愿或接受意愿来定性化和定量化,鉴于不同主体的收入和持有财富存在巨大差距,因而被评估主体的支付意愿和接受意愿大相径庭,此种意愿的非均质化分布往往随着拟开展规制措施影响力和覆盖面的增加而扩大。因此,即便符合成本收益分析基本原则的规制措施亦可能对不同规制主体和关联主体产生截然不同的规制法律效果。单一规制措施产生的监管效果可能会导致相应人群的收入和财富分配失衡,而全局性的、多样化的规制措施则可能使规制所产生的资源分配对穷人

---

① Viscusi, W. Kip, Joseph E. Aldy, The Value of A Statistical Life: A Critical Review of Market Estinates Throughout The World(Ma:National Bureau of Economic Research. 2003).

② Glejser H., *A New Test for Hetero Skedasticity*, 64 Journal of the American Statistical Association. 3163(1969).

③ 赵敏华、李国平:《效益转移法评估石油开发中跨区域环境价值损失的实证研究》,载《系统工程》2006年第10期。

更不利。①

卡尔多—希克斯标准认为,只要受益者的收益在补偿受损者的损失后仍有剩余,那么相应的法规、行政规制措施就是有效率的。卡尔多—希克斯理论在现实社会中的成立以规制措施的阶段性及补偿性为前提,以此为基础的成本收益分析方法造成分配不公的现实问题在一定程度上可能存在,但并不一定必然存在。② 有两种理论进路可以对此做出回应。一种是假定成本收益分析之应用所致的资源分配不公可能存在,那么针对可能受损的这一群体展开成本收益分析;另一种是若拟规制措施确实使其受损,那么则以对此类群体被施以足额补偿作为规制措施得以通过的前提,通过双重的成本收益分析来避免可能导致的分配失衡。此外,针对相同规制措施可能对穷人和富人产生的不同支付意愿或接受意愿,可以对不同群体的收入、财富水准作不同区分,对相应穷人的货币化评估做加权处理,亦可以在一定程度上有效避免局部的成本收益分析可能导致整体分配失衡。③

(二)货币化定量评估的精确性

如前所述,不同阶层在收入和持有财富等方面存在巨大差距,因而其支付意愿和接受意愿呈非均质化分布,成本收益分析法却是基于整齐、划一的被规制主体状况而展开定量化分析,因而不同主体在支付意愿和接受意愿方面的货币化定量评估可能发生偏差,非均质化分布越严重,产生的定量评估偏差可能越大。成本收益分析的具体货币化评估技术往往需要通过大量的社会调查以获得具体参数。受人力物力及财力的制约,实践中的成本收益分析评估技术所囊括的评估样本和时间阶段往往局限在有限的范围,所获取评估参数的精确性可能会有不精准之处。④ 尤其是对于行政规制机构而言,拟开展规制措施的成本收益分析

---

① John D. Graham, *Saving Lives Through Administrative Law and Economics*, 157 U. Pa. L. Rev. 395,420(2008).

② Edward Sherwin, *The Cost-Benefit Analysis of Financial Regulation*: *Lessons from the SEC' s Stalled Mutual Fund Reform Effort*, 12 Stan. J. L. Bus. & Fin. 1,170(2006).

③ Matthew D. Adler & Eric A. Posner, *Implementing Cost-Benefit Analysis When Preferences Are Distorted*, 29 J. Legal Stud. 1105,1144(2000).

④ Sidney A. Shapiro & Robert L. Glicksman, Risk Regulation at Risk: Restoring a Pragmatic Approach 94 –95(Stanford, Calif.: Stanford Law and Politics, 2003).

数据在很大程度上依赖于被规制企业所在行业所提供的数据,但被规制企业的盈利本性使其显然存在强烈的动机隐藏生产成本,例如,对于生产成本较低的企业而言,倘若拟规制措施的通过对其经营没有太大影响,那么此类企业就有充足的动机提供低于真实成本的成本数据以增加规制措施通过的概率,因为规制措施通过后此类企业对于成本更高的企业而言会具有更大的经营优势。① 成本收益分析法作为一种定量分析方法,其结果却没有完全展现出令人信服的一面,反而因货币化定量评估的准确性受到一定质疑。

应当强调,自20世纪80年代初期开始体系化运作以来,成本收益分析方法的运作时间不过短短30多年,相关的数据提取和模型的建立并未完全成熟,加之并未在所有领域完全铺开,所以成本收益分析法还存在一个逐步积累与完善的过程。不过,在环境领域,由于成本收益分析的运用时间比较早,相关的研究也比较全面,美国对影响公共安全、公共健康的环境危害的定量化评估体系已经较为成熟,如流行病学和危险评估技术的研究使空气污染引起的死亡数量已经可以较为准确地估计。② 此外,交通运输、核安全对人体健康的定量化评估也十分成熟,并已经大量用于相关领域的法规制定。③ 在此类领域,成本收益分析方法的成熟化与体系化即建立在数据的积累和模型的改进上,使许多难以量化的外在因素逐渐被准确量化。相信随着时光的飞速流转,成本收益分析法在其他领域的应用会更为广泛和频繁,其货币化定量评估的准确性也会大大提升。

(三)定性因素与量化评估的争议

成本收益分析法面临的另一质疑系部分被评估因素的货币量化问题,如人的生命、健康、快乐等。此类被评估要素不具备市场交易特性,不能被直接定量货币化,加之部分因素具有强烈的主观色彩,更难以被精确量化,尤其是人的生命。成本收益分析对生命的货币量化评估形成了一种外界的不稳定预期,即政府以不同的外部环境参数为基准对生命做出了不同水准的"定价",有拿钱买命

---

① Sidney A. Shapiro & Robert L. Glicksman, Risk Regulation at Risk: Restoring a Pragmatic Approach 99 - 100(Stanford, Calif.: Stanford Law and Politics, 2003).

② Devra Davis, When Smoke Ran Like Water: Tales of Environmental Deception and the Battle Against Pollution 123 - 125(NY: Basic Books, 2002).

③ Yacov Y. Haimes, Risk Modeling, Assessment, and Management (Hoboken, NJ: John Wiley & Sons, 2009).

的嫌疑。这也是成本收益分析在道德和伦理上遭遇不断谴责与非难的主要原因。①

事实上,使用成本收益分析法作为拟规制措施是否可行的论证思路是一种事前预防的思路,此种思路在一定程度上已经具有比较普遍的现实基础,如针对不同行业的非自然受伤和死亡(如工伤、医疗),现有法律已经根据不同的情况给予不同的赔偿或补偿金额。也就是说,生命与货币之间在特定条件下的非直接转换已有法规基础和实践基础。与之相类似,成本收益分析法对生命或健康等要素进行货币化定量评估亦是以现在数据为基础从赔偿或补偿角度所为的拟制,并非拿钱买命。② 同时,拟规制措施的制定是为了降低伤亡的概率,本质是一种事前预防。对政府而言,其掌握的资源同样有限而稀缺,将已有资源投入降低伤亡概率的行为自然是题中应有之义。此外,成本有效性分析法亦可有效降低定性因素与量化评估之间的争议。

四、成本收益分析在我国行政规制改革中的切入进路

(一)成本收益分析在我国的发展状况

到目前为止,在法律规范条文或者政策层面,成本收益分析作为规制分析工具虽然已经起步,但基本处于探索阶段,实践中的运用凤毛麟角。2004 年 3 月,国务院印发《全面推进依法行政实施纲要的通知》(国发〔2004〕10 号),该通知第 17 条明确:积极探索对政府立法项目尤其是经济立法项目的成本效益分析制度。政府立法不仅要考虑立法过程成本,还要研究其实施后的执法成本和社会成本。2010 年 10 月,国务院发布《国务院关于加强法治政府建设的意见》(国发〔2010〕33 号),该意见第 7 条提出:积极探索开展政府立法成本效益分析、社会风险评估、实施情况后评估工作。不过,2015 年 12 月,中共中央、国务院印发的《法治政府建设实施纲要(2015~2020 年)》并未提到成本收益分析工具的使用。在地方行政规制层面,2008 年《湖南省行政程序规定》提到在必要时可对重大行政决策方案进行成本效益分析,《山东省行政程序规定》《江苏省行政程序规定》亦有类

---

① Lisa Heinzerling, *The Rights of Statistical People*, 24 Harv. Envtl. L. Rev. 189, 192(2000).

② 赵雷:《行政立法评估之成本收益分析——美国经验与中国实践》,载《环球法律评论》2013 年第 6 期。

似规定。在实践层面,海南省曾出台《海南省人民政府办公厅关于开展立法成本效益分析工作的实施意见》(琼府办〔2007〕130号),文件对立法成本、执法成本、社会成本进行梳理,并从经济效益和社会效益两方面对立法收益进行分析,明确了具体的程序和方法,具有一定的实践指引性及现实操作性。

(二)成本收益分析在我国的切入路径

成本收益分析法可以合理配置行政规制资源,提升规制措施质量,且有利于规制措施的实际执行,因而有着极为重要的实际意义和广阔的运用空间。具体而言,成本收益分析在我国的切入路径如下:

第一,从概念性意涵到程序性约束。程序性约束是指将成本收益分析设置为行政规制措施制定与通过之前的必备前置程序,但成本收益分析的结论对行政规制措施的通过与否并不起决定作用。尽管程序性约束不具备实质性意义,但该程序的设置不仅将成本收益的概念性意涵逐步扩散,亦通过提供信息从而潜移默化地对行政规制措施发生作用和产生影响。① 程序性约束可以从中央政府大力推行到地方政府逐步推行,或者从重大规制决策程序强制性推行到一般规制决策选择性推行。

第二,从刚性标准到软性标准。所谓刚性标准,系指收益大于成本是相应规制措施得以通过的充分必要条件。而软性标准并不强制性要求拟规制措施的收益大于成本,仅要求成本相对于收益达到可接受的限度即可。尽管货币化量化的收益可能小于成本,倘若具有非常重要且量化具有一定难度或难以准确量化的定性化收益,软性标准仍然可能认可拟规制措施符合成本收益分析的要求。②成本收益分析软性标准突破成本收益之差值的绝对性,具有很强的可行性和灵活性。自1993年以来,软性标准已经在美国政府部门中得到广泛的应用。③

第三,从管理约束理念到服务至上理念。我国行政规制措施的出台几乎完全由公权力机关推动并执行,缺乏社会公众和利益关联主体的参与,管理约束理

① Daniel A. Farber, *Revitalizing Regulation*, 91 Mich. L. Rev. 1278, 1281(1993).

② Robert W. Hahn, *The Economic Analysis of Regulation: A Response to the Critics*, 71 U. Chi. L. Rev. 1021, 1037(2004).

③ John D. Graham, *Legislative Approaches to Achieving More Protection Against Risk at Less Cost*, U. Chi. Legal F. 13, 56 – 58(1997).

念在公权力机关的政策制定过程中处于支配性地位。正因如此,过度监管、交叉监管、重复监管等无效规制举措屡见不鲜,腐败以及被利益集团俘获的现象在公权力机关的运作过程中亦时有发生。成本收益分析具有中立的方法及严格的程序,客观的数据和推演结论,可使规制决策过程得到量化和细化,减少弊病。从管理约束理念到服务至上理念之过渡,既是观念的彻底更新,也是成本收益分析法得以广泛应用必须破除的思维定式。

交付之于要物合同效力探究

——以《民法典合同编(草案)》为分析对象*

宋方明** 王 成***

摘 要:《民法典合同编(草案)》对我国《合同法》中法律用语适用冲突问题予以协调,规定交付作为要物合同的成立要件,实现了我国关于交付之于要物合同效力的统一和转变,是对罗马法历史的承继。由于近代契约自由意识增强,交付作为成立要件致使新旧合意并存、双方意思表示不发生效力情形的出现,产生信任危机,并不符合时代发展的要求;在无偿属性基础上进行了有偿属性的演化,交付原本的警告功能和后悔权属性应予以重新审视;交付作为要物合同之成立要件,根据体系解释,并不符合《民法典合同编(草案)》中关于合同成立的法律规定。要物合同应自双方意思表示一致时合同成立,交付作为要物合同之生效要件,并根据有偿与无偿属性对交付功能进行区分,符合契约自由之精神。

关键词:要物合同;契约自由;交付;合同成立;合同生效

On the Validity of Delivery in Essential Matter Contract

—Taking "Civil Code Contract Compilation(Draft)" as the object of analysis

Song Fangming Wang Cheng

Abstract: The Draft Contract Compilation(Draft) of Civil Code coordinates the

---

* 本文系山西省社科联2018~2019年度重点课题研究项目"山西生态环境恶化的法律回应路径选择"(SSKLZDKT2018031)的阶段性成果。

** 山西财经大学法学院讲师。

*** 山西财经大学法学院硕士研究生。

conflict of application of legal terms in the Contract Law, stipulates delivery as an important condition for the establishment of the contract for the important thing, realizes the unification and transformation of the effect of delivery on the contract for the important thing in our country, and inherits the history of Roman law. Due to the enhancement of the consciousness of freedom of contract in modern times, delivery, as an important element of establishment, results in the coexistence of old and new agreements, the absence of validity of the two parties' declarations of will, the emergence of a crisis of trust, which does not meet the requirements of the development of the times. On the basis of the unpaid attribute, the paid attribute has evolved, and the original warning function and regret attribute of delivery should be reexamined. According to the interpretation of the system, the requirements for the establishment of the contract do not conform to the legal provisions on the establishment of the contract in the Draft Contract Compilation of the Civil Code. A contract for important goods shall be established when the two parties agree on the meaning of the contract. Delivery is the effective requirement of the contract for important goods. It is in accordance with the spirit of freedom of contract to distinguish the functions of delivery according to the attributes of paid and free.

Keywords: demand contract; freedom of contract; deliver; establishment of contract; effectiveness of contract

要物合同又称为实践合同,民法学界关于要物合同的定义存在不同见解,其中主流观点为:要物合同除双方所表达意思相同外,标的物交付完成才可成立。要物合同作为我国民法对罗马法继受而来的舶来品,在我国并无其历史存续之产生依据与内涵研究,我国民法学界对要物合同予以认可,但对于要物合同的意涵与要素尚未明确且存在争议,在各类著作和文章中也仅寥寥数笔带过,交付之于要物合同的效力问题更是鲜有论及。然交付作为要物合同之重要组成部分,对于要物合同的效力具有不可或缺的决定性作用,因合同成立与合同生效之构成要件、法律责任亦存在实质性差别,不容混淆,因此交付之于要物合同的效力探究具有重要理论意义。

一、交付之于要物合同效力的立法争议

我国《民法典》的修订编纂工作一波三折,历经数年,终在2018年9月出台《民法典各分编(草案)》并对其公开征求意见,要物合同仍被保留其中,但对交付之于要物合同的效力做了重新规定,体现了我国立法之于要物合同意涵统一和转变的意图。以仓储合同为例,仓储合同从保管合同中分离出来,学界认为仓储合同为诺成性合同,①也有学者认为仓储合同应为要物合同。② 1999年《合同法》第382条规定"仓储合同自成立时生效",确认了仓储合同为诺成性合同。既然《合同法》中仓储合同的立法目的为诺成性合同,为何不将仓储合同规定为"自意思表示一致时成立"?这又体现出立法者彼时矛盾的立法意图,其认为交付系作为要物合同之生效要件,而非成立要件,这集中体现在我国《合同法》第210条"自然人之间的借款合同,自贷款人提供借款时生效"的规定。而《合同法》第367条针对保管合同规定为"保管合同自保管物交付时成立",又体现出我国立法者仍认为交付作为要物合同之成立要件,而非生效要件,体现出我国立法对于交付等基本概念把握的不一致,其对交付之于要物合同的效力理解存在相互冲突。对比《民法典合同编(草案)》第688条关于仓储合同的规定,"仓储合同自保管人和存货人意思表示一致时成立",合意达成时合同即成立,而交付正是合意达成的意思表示,因而即认为交付系作为要物合同之成立要件,而非生效要件。

我国《民法典合同编(草案)》分则实现了诺成性合同与实践性合同成立和生效要件区分、交付效力辨析的统一,但由此却引发了分则与总则规定的冲突。《民法典合同编(草案)》总则第274条"承诺生效时合同成立,但法律另有规定或者当事人另有约定的除外",体现了合同成立"以合意主义为基础、法律规定和当事人约定为例外"的原则。《民法典合同编(草案)》总则第282条第1款"当事人采用合同书形式订立合同的,自当事人均签字、盖章或者按指印时合同成立",第283条第1款"当事人采用信件、数据电文等形式订立合同要求签订确认

---

① 参见苏号朋:《合同法教程》,中国人民大学出版社2015年版,第435页。

② 参见韦良月、高清会:《仓储合同是实践性合同或诺成性合同之我见》,载《黑龙江省政法管理干部学院学报》2003年第2期。

书的,签订确认书时合同成立”,均规定了合同成立的具状形式要求,且并未有例外规定,并不以交付为合同成立要件。据此,有合同书的自合同签订时成立,但是,实务中若签订了保管合同尚未交付保管物,此时双方当事人之间签订的保管合同的效力应当如何予以认定？合同不成立！因为与总则规定相悖,《民法典合同编(草案)》分则第673条将保管合同的成立规定为“保管合同自保管物交付时成立,但是当事人另有约定的除外”。与此相类似的,还有《民法典合同编(草案)》总则第376条的规定“定金合同自实际交付定金时成立”、分则第469条的规定“自然人之间的借款合同,自贷款人提供借款时成立”、分则第599条的规定“客运合同自承运人向旅客交付客票时成立,但是当事人另有约定或者另有交易习惯的除外”。在“交付成立主义”主旨统一的前提下,法律条文又出现了“前后冲突、相互打架”的现象,这也反映出,在新的《民法典》起草过程中,对于交付之于要物合同效力问题的理解,仍旧存在困惑和矛盾。笔者认为,针对保管合同等要物合同,将双方签订的合同文书作为合同成立的基础,交付作为合同的生效要件,但同时又根据有偿与无偿属性对交付的功能予以区分,更符合契约自由之精神。

《民法典合同编(草案)》中规定要物合同自交付时合同成立,是对罗马法的历史承继,罗马法中关于要物合同的规定仅为互助性、无偿性,此时交付作为要物合同的成立要件是对合同中善意当事人的特殊保护,但要物合同的商业化运作,致使有偿性的出现和互助性基础的消失,此时在《民法典合同编(草案)》中若仅对有偿要物合同如何认定、有偿请求权如何行使予以规制,将交付仍直接作为要物合同之成立要件,是对一方当事人的特权保护,并不符合民法的平等保护原则。基于我国民法典体系的现实需要,交付应作为要物合同之生效要件,对要物合同有偿与无偿属性的不同情形予以区分,以实现对于市民的平等保护。

二、要物合同的历史演进与存废之争

(一)要物合同之历史演进

要物合同是对历史的承继,是古代罗马法留给后世的一项遗产,其最早见于罗马法,仅指出实物缔结作为债形成的三种形式之一,并未提出要物合同的概念和具体类型,在盖尤斯与优士丁尼的相关文献中对其产生的基础进行了详尽说明。债可以通过实物缔结,如消费借贷。消费借贷标的物具有的一个属性为可以进行度量计算,我们通过对标的物进行度量计算等方式进行标记并完成交付,物之所有权由自己所有变为接受者所有,当接受者进行返还时,它们已经不是原来的特定物,仅为具有相似性质的种类物。① 法律中仅指出根据交付前的重量、数量或者度量等进行返还,无须承担期间使用费用,无偿性和要物性是其与诺成合同相区别的根本属性,体现了合同的无偿性对其要物性的支持作用。

在近代民法的发展过程中,要物合同的无偿性向兼具无偿性和有偿性的方向转变,契约自由精神在罗马法基础上取得长足发展,各国对要物合同的规制并未有实质进步。虽然大部分国家的民法中延续了对要物合同的规定,如法国等,但也有国家认为要物合同由于背离其无偿性、互助性,违背契约自由之精神,已经丧失其存在价值,如德国等。要物合同伴随社会经济发展进行演化,相比传统要物合同之设立目的,近代要物合同的商业化运作更具有营利性,使其脱离原本之立法目的;对于要物合同意涵和交付效力的规定,不能仅依从其历史沿革,而应顺应时代发展潮流,对于要物合同成立、生效的构成要件等予以适当规制。

(二)要物合同存在必要性之争论

要物合同作为历史存续之制度,它的成立从表面上看打破了合意要件的排他性,似乎成为一个不和谐的音符;从法律的内部体系编排看,这里存在明显的逻辑瑕疵,学界对此一直存在争议。近现代私法自由和合同自由的背景下,强调当事人双方合意的重要性,主要围绕要物合同存在价值、交付应作为成立要件还是生效要件,学界存在较大分歧。在要物合同存在价值方面,反对者认为在受契约自由原则支配的现代合同法中,要物合同的存在既非其本性使然,也没有其正当性存在所能实现的价值目标。② 支持者认为,因其无偿性和互助性,要物合同在传统上因缺乏产生此债的客观存在的起因,交付之于要物合同,则补足了当事人单纯合意的原因欠缺,满足了社会实践层面的法律需求。③ 要物合同的存在不仅是一个历史沿革问题,《民法典合同编(草案)》中予以承继也确实有其存在的

---

① 参见[古罗马]盖尤斯:《盖尤斯法学阶梯》,黄风译,中国政法大学出版社2008年版,第162~163页。

② 参见郑永宽:《要物合同之存在现状及其价值反思》,载《现代法学》2009年第1期。

③ 参见蒋军洲:《要物合同的正当性论证之非本体论的视角》,载《改革与战略》2011年第7期。

积极意义,足以体现其具有时代意义,不能仅因自由意志至上、要物合同有偿性的出现等而否认要物合同存在的必要性。针对要物合同有偿与无偿属性赋予交付不同功能,来实现对于特殊合同中当事人的保护,适应了现阶段实践的发展要求。当然,要物合同支持者们对于交付之于要物合同效力的认识也不尽相同。

三、要物合同之交付生效主义理论支撑

(一)合同成立与生效要件辨析

当事人双方就合同主要条款意思表示一致合同成立,作为事实构成是当事人之间合意的体现,是合同产生的基础条件,目的在于判断合同是否成立,会带来合同成立与否的事实判断结果。《民法典合同编(草案)》中合同自承诺生效时成立或者在书面合同中签字、盖章或捺指印时合同成立。

在法律逻辑上,合同生效晚于或与合同成立同时存在,只有合同成立才开始讨论合同是否有效。[①] 合同生效问题通常从以下几个方面进行探讨:(1)主体是否合乎法律规定,根据《民法典合同编(草案)》,合同主体应为完全民事行为能力人、限制民事行为能力人从事与其权利能力相适应的行为,或者限制民事行为能力人从事超出其权利能力的行为后其监护人予以追认,无民事行为能力人从事的行为无效。(2)意思表示是否真实,指表意人的表示行为应当真实反映其内心的效果意思,不存在瑕疵表示、虚假表示等行为,合同作为当事人之间意思表示的反应,是当事人之间合意的重要组成部分。(3)行为是否符合法律、行政法规的禁止性规定,当事人之间的合意应当不涉及相关违法领域,不违反法律和行政法规的相关效力性强制规定。[②] (4)形式是否合法,指当事人之间的合意应符合法定形式要求,不仅指当事人之间合意的设立方式,也包括合意设定时所需要的必要条件。如口头遗嘱要求必须在不能以其他方式设立遗嘱的危机情形下作出,并有两个以上的见证人在场作证;在危机情况消失后,能够以其他形式订立遗嘱的,先前所立的口头遗嘱自动失效。在法律责任方面,若一方当事人在合同生效后不予履行,无过错或过错较轻一方当事人有权请求其承担相应违约责任。

---

① 参见杨年和:《合同成立与生效辨析》,载《时代法学》2002年第6期。

② 参见王文利:《无效合同识别存在之问题及对策——以〈合同法〉第52条第5项适用为视角》,载《时代法学》2016年第5期。

(二)交付的性质

罗马法中关于要物合同“无借则无还”的规定影响深远,即在借用人未收到标的物之前,不可能产生返还的义务,体现出交付具有的重要意义。关于交付的性质有三种学说:(1)意思表示说,主张交付作为合同成立合意的体现;(2)义务履行说,主张标的物的交付是合同一方当事人的义务;(3)法律行为要式说,主张在特殊合同中需要交付作为合同生效的重要组成部分。本文支持第三种学说。首先,根据意思表示说的主张,当事人之间的意思表示与交付共同作为合同成立基础的合意,那么在意思表示达成同时进行交付,新旧合意的冲突问题并不明显,而在意思表示达成后但并未完成交付时,对于已经存在的一致的意思表示和尚未实现的交付之间的冲突应如何理解?我国《民法典合同编(草案)》总则中明确指出,承诺生效时合同成立或者在书面合同中签字、盖章或按指印时合同成立,这与要物合同之立法思路存在冲突。其次,根据义务履行说的主张,交付作为当事人的一种义务,但义务从何而来,如果交付附从双方当事人合意致使合同成立未生效或者合同生效,则确是一种义务,但即使交付作为当事人的一种义务,也并不符合交付之于要物合同的原意,要物合同起源于无偿合同,为保护善意当事人利益,赋予其以后悔权,交付原本是善意当事人的一种权利而非义务,这种权利正是对于合同成立或生效后产生义务的抵消。最后,要物合同兼具有偿性和无偿性两种形式,交付作为法律行为生效的必要构成要件,应进行相应区分并赋予其新的含义,交付如仍仅为后悔权的一种表现,则会使另一方当事人处于不利地位。对于有偿要物合同应将交付仅作为特殊行为生效的构成要件,不再赋予其抵消义务的权能,这样便于追究有义务一方当事人的责任,实现平等保护,法律行为要式说更值得肯定。

(三)交付的功能

交付作为要物合同成立或生效的关键性因素,也具有特殊功能。交付具有两个功能:(1)警告功能。指由于要物合同的无偿性,对于提供标的物一方当事人在物之交付前有考虑斟酌的机会。随着经济发展的需要,要物合同出现有偿形式,交付之于要物合同的规定并未发生变化,对于有偿要物合同也基本比照无偿要物合同进行处理,然交付之于无偿要物合同表现为反悔权,对于有偿要物合同则不应如此。所以,只有要物合同中具有无偿属性之交付具备警告功能,有偿属性之交付则不具备。(2)返还义务构成功能。从订立合同的目的来看,一般合同订立目的为达成某项交易,传统要物合同的订立目的则为无偿地提供帮助,"有借则有还",交付作为其后悔权的表现,一方当事人交付后,对方才始具有相应返还义务,而不是从合同签订时就有相应的合同义务。从法理上来看,交付作为要物合同的重要组成部分,若仅签订相关合同,根据合同自成立时生效的规定,诺成性合同当事人双方都负有相关的法律义务,但要物合同由于其特殊性,仅成立并未生效,交付作为一方当事人后悔权的表现,则合同双方当事人并不负担相关合同义务,在一方当事人完成交付后,合同才为有效,才对双方当事人都产生权利义务关系。

(四)交付的效力

在交付效力方面,主要有三种学说。蒋军洲、王洪等主张交付成立要件说,要妥当安排要物合同的立法行文以突出交付是合同的成立要件,对于交付之于要物合同生效要件说法的立法思想应予以废止;[①]王利明、韩世远等主张交付生效要件说,若交付之于要物合同的效力法律并未予以规定,按照法理应将其视为要物合同之生效要件;[②]王泽鉴、郑永宽等主张无关说,对成立与生效可以不进行区分,物之交付前,"无论其为不成立或不生效力","当事人均不能主张契约上的权利"。[③] 三种学说之下,使交付的法律效力实质上存在较大不同。成立要件说主张,若交付是对先前合意的实现,此时合同应已经生效,否则当事人之间不具有权利义务关系,交付本身也非要物合同之生效要件,为对先前合意予以实施,就需要合同成立或者交付之于要物合同之生效要件为实现合同安排要达成的共识。但其忽略了两点:第一,交付并不是对于先前合意的实施,实施具有履行之意,交付并非基于先前合意的义务,交付本身是针对部分合同的特殊生效要件,且赋予当事人后悔权。第二,交付作为生效要件,并不存在双重合意问题,在双方当事人达成合意时合同成立,交付作为生效要件并不会导致另一个合意的存在,将交付作为成立要件则会产生合同成立时间以及双重合意的问题,如双方达

① 参见蒋军洲:《合意主义体系下的要物合同制度新解》,载《兰州学刊》2013 年第 9 期。
② 参见王利明:《合同法研究》(第 1 卷),中国人民大学出版社 2002 年版,第 35 页。
③ 参见王泽鉴:《债法原理》(第 1 册),中国政法大学出版社 2001 年版,第 123 页。

成合意并未交付时,是否存在合意?交付表示合意,那么对于新旧合意应当如何处理?无关说认为,交付作为成立要件或者生效要件并不存在不同的法律效力,这即认为合同成立与合同生效的法律责任无异或者合同成立不产生法律约束力,对于法律实践中违约责任与缔约过失责任的区分并无益处。我国大多数学者主张,对于合同成立与生效的法律责任应予以区分,合同成立后即具有法律约束力。

四、要物合同之交付生效主义现实支撑

(一)符合时代环境,承继与发展

合同的成立与生效问题,并不是自法律出现时才存在的问题,罗马法中仅指出债可以通过实物缔结,交付作为生效要件还是成立要件并无从考证。有学者认为,主张交付作为要物合同的生效要件,是对要物合同历史的遗忘和违背,没有正确认识到什么是要物合同;交付是要物合同的成立要件,要物合同作为合同的一种不能予以否认,大概可以这样认为,通过交付行为双方当事人之间达成合意的行为即为要物合同。① 不知其所依为何?即使如其所述,交付始为要物合同之成立要件,但随要物合同立法目的的变化、商业化运作的出现,如仍将交付作为要物合同的成立要件,是否有故步自封、抱残守缺之嫌?假使交付作为要物合同成立要件,则双方当事人之间意思表示一致的达成,合同却因未交付而尚未成立,对于当事人之间的合意是否应当予以保护,又当如何保护?如不予以保护,人不能从其不道德行为中获益,法律若不给予不交付标的物一方当事人以惩罚措施,那么诚信问题也会由此产生。若交付作为要物合同的生效要件,在双方意思表示达成一致时,合同即成立,交付仅作为合同生效之特殊要件,根据合同生效要件国家意志说,将交付行为作为其生效要件,为国家对要物合同的特殊保护。② 对于无偿要物合同交付属于其反悔权的范畴,形成对于合同成立法律约束力的抵消,对于有偿要物合同交付行为为其义务,如当事人不予交付则可以要求其承担相应的法律责任,交付对于要物合同的生效效力并无影响,不存在双重合

---

① 参见蒋军洲:《罗马法上要物合同的成立结构及其现代启示》,载《河北法学》2013年第6期。

② 参见尹飞:《合同成立与生效区分的再探讨》,载《法学家》2003年第3期。

意保护问题,同时符合我国法律关于合同成立的相关规定,并无不妥之处。由于当事人之间自由意志至上,要物合同兼顾有偿与无偿属性,不能仅固守历史主义,要在承继的基础上予以创新,使其符合时代发展要求。

(二)符合契约自由,理论支撑

契约自由作为近现代契约法的基本原则,在19世纪得到了充分发展,契约自由思想萌生于以平等和私法自治为终极关怀的罗马法。罗马时期商品经济发达,由于商品交换时双方当事人之间的平等、自由地位,在古代罗马社会中形成追求自由、民主、平等的朴素自然法思想。

在近现代社会,市场经济体制、代议制民主、古典自然法思想为契约自由的发展提供了富饶的土壤,契约自由在19世纪得到了恢复与发展。契约自由在近现代私法自治理论中占据重要地位,为自由、平等自然法思想的复兴提供了理论支撑。①

交付若作为要物合同之成立要件,在双方当事人达成合意、签订合同后,要物合同仍未成立时,若一方当事人违反承诺不交付标的物,法律并无规范之方法,不利于对交易安全的保护,并不符合契约自由之精神。对于无偿要物合同属于后悔权,但对有偿要物合同则并不适用。将交付作为合同生效要件,在双方当事人达成合意后,合同成立,交付后合同生效,符合契约自由之精神。

(三)符合草案总则逻辑,体系完整

我国立法体系中以往对于合同成立与合同生效并未进行严格区分,《合同法》中关于自然人之间借款合同与保管合同的法律用语存在不相协调问题,有学者认为,成立仅具有单层含义,生效具有成立与生效的双重内涵,②但基于法律的确定性与法律体系解释等需要,成立与生效都有其固定内涵,不可混用。在《民法典合同编(草案)》中对这一现象予以了统一规范,要物合同中将交付作为成立要件,仓储合同由“合同自成立时生效”转变表述为“合同自双方意思表示一致时成立”,也体现出我国对于要物合同中交付效力的立法观念转变,由交付生效主

① 参见刘俊海:《论新时代的契约精神》,载《扬州大学学报》(人文社会科学版)2018年第4期。
② 参见蒋军洲:《要物合同立法的经典论证及其批评》,载《甘肃理论学刊》2013年第5期。

义转变为交付成立主义。但这样也存在一个问题,《民法典合同编(草案)》中指出,承诺生效时合同成立,采用合同书形式订立合同的,自当事人均签字、盖章或者按指印时合同成立,这与要物合同的成立要件存在巨大分歧,对于双方当事人之间已达成合意的要物合同是否已经成立,并不知如何判断,实践中也普遍存在混用现象。若要物合同尚未成立则当事人之间达成的合意如何予以保护,若合同已经成立,则并不符合对于要物合同的规定。若交付作为要物合同之生效要件,双方当事人自达成合意时要物合同成立,则对双方当事人均具有一定法律约束力,与《民法典合同编(草案)》总则体系也相符合。

合同责任与侵权行为责任竞合分析
——从损害赔偿责任的视角

尹 竹*

摘 要:我国现行立法承认违约责任与侵权责任之间存在竞合的情形,但目前仅有我国《合同法》第122条和《民法总则》第186条规定了竞合情形下受损方当事人的选择权,尚无立法对其处理规则予以明确,由此引发了实务中受害人难以行使选择权以及损害得不到完全赔偿或发生双重赔偿的问题。我国当前对违约责任与侵权责任竞合的规定过于简单,随着社会生活的复杂化,愈加不能满足案件处理的要求。本文试图通过讨论两种责任的竞合原因,对比大陆法系、普通法系和我国立法,分别从解释论和立法论的角度寻求这一问题的解决方法。

关键词:责任竞合;赔偿;边界模糊;竞合模式

Analysis of The Concurrence Between Contract Liability and Tort Liability

—From The Perspective of The Scope of Liability for Damages

Yin Zhu

Abstract: The current domestic legislation recognizes the existence of the breach of contract liability and the tort liability, but at present only Article 122 of the Contract Law and Article 186 of the General Principles of the Civil Law stipulate the injured party in the case of competing circumstances. The right to choose, there is no legislation to clarify its handling rules, which raises the problem that victims in

---

* 南京大学法学院硕士研究生。

practice are difficult to exercise their choice and damage is not fully compensated or double compensation occurs. China's current competition for breach of contract liability and tort liability is too simple. With the complexity of social life, it is increasingly unable to meet the requirements of case handling. This paper tries to compare the civil law system, the common law system and the Chinese legislation by discussing the reasons for the competition of the two kinds of responsibilities, and seek solutions to this problem from the perspective of interpretation and legislation.

Keywords: responsibility competition; compensation; boundary fuzzy; competition mode

一、问题的提出

我国《合同法》第122条规定:"因当事人一方的违约行为,侵害对方人身、财产权益的,受损害方有权选择依照本法要求其承担违约责任或者依照其他法律要求其承担侵权责任。"《民法总则》第186条则沿袭了《合同法》第122条的规定。据此,在我国,当加害人的行为同时构成违约和侵权并给他人造成损失时,法律赋予受害人以选择权,由受害者决定以何者为请求权基础主张权利。如果救济效果相同,受害方始终会选择责任成立上最有利的责任基础主张权利;若责任成立要件无差异或基本无差异,则受害方始终会选择救济效果上最有利的责任基础主张权利;若责任基础和救济效果均不同,则受害人只能根据具体情况,对与责任成立和救济效果相关的利益进行总体权衡后做出选择。① 传统观点认为,我国《合同法》采严格责任原则,《侵权责任法》以过错责任为一般原则,②合同责任所保护的利益主要是履行利益,此种利益包括了履行本身和可得利益,而

① 张家勇:《中国法民事责任竞合的解释论》,载《交大法学》2018年第1期。

② 《侵权责任法》第6条规定:"行为人因过错侵害他人民事权益,应当承担侵权责任。根据法律规定推定行为人有过错,行为人不能证明自己没有过错的,应当承担侵权责任。"第7条规定:"行为人损害他人民事权益,不论行为人有无过错,法律规定应当承担侵权责任的,依照其规定。"无过错责任包括产品责任、危险责任、环境污染责任、饲养的动物致人损害责任、监护人对无民事行为能力人或限制民事行为能力人致人损害的责任、紧急避险场合的无过错责任、相邻关系中的无过错责任、企业法人对其代表及其他工作人员进行经济活动时致人损害的责任和双方均无过错时的分担责任。参见韩世远:《合同法学》,高等教育出版社2010年版,第370页。

侵权责任保护的是一种固有利益,即受害人在遭受侵害行为之前所既存的财产权益和人身权益。[①] 由此可见,我国传统民法对违约及侵权责任的责任成立要件和救济效果均加以区分,这使受害人必须在根据具体案情进行权衡的基础之上进行选择。一方面,这增加了受害者选择的难度;另一方面,受害人的选择结果具有较大的不确定性,不一定利于其本人利益的实现。同时,笔者认为,《合同法》第 122 条的规定在立法论上也存在问题,受害人绝对的选择权会使相似案件得到不同的处理结果,难免恣意,有失公正。

从损害赔偿责任范围的角度看,关于违约责任与侵权责任的竞合,我国理论界和实务界的探讨主要集中于如何对纯粹经济损失和精神损害进行赔偿。虽然,精神损害赔偿并非侵权法所独有,[②]纯粹经济损失也并非仅能在合同责任之下得到赔偿的观点已经逐步得到认可,[③]但合同责任能否覆盖全部精神损害以及侵权法之下纯粹经济损失能否得到完全赔偿,即合同法和侵权法的救济效果能否达到一致仍然有待探讨。若无法达到一致,对于不能被覆盖的那部分损害,在兼具纯粹经济损失和精神损害的案型之中,受害人无论选择哪种救济方式,都无法得到完全赔偿;在仅有两种损失之一的案型中,虽然受害人可选择与损失类型相对应的责任基础以实现完全赔偿,但因合同责任成立要件的证明责任更轻,受害人仍会陷入本文第一段所述的选择困境。而若消解了合同责任和侵权责任在救济效果上的差异,是否会进一步引发其他问题也未可知。立法层面和司法层面的诸多困境,引发了笔者关于合同责任与侵权行为责任竞合时如何使债权人获得其本应获得的损害赔偿的思考。若这一问题能够通过在现行法律体系之下对相关法条进行解释而得到解决,则应考虑到法律的稳定性,优先进行解释;反之,则要从立法论的角度寻求新的解决路径。

二、合同责任与侵权行为责任竞合原因

合同责任与侵权行为责任之所以会发生竞合,是因为这两个法律部门保护

① 王利民:《侵权责任法与合同法的界分——以侵权责任法的扩张为视野》,载《中国法学》2011 年第 3 期。

② 参见崔建远:《精神损害赔偿绝非侵权法所独有》,载《法学杂志》2012 年第 8 期。

③ 参见葛云松:《纯粹经济损失的赔偿与一般侵权行为条款》,载《中外法学》2009 年第 5 期。

的利益范围存在交叉。虽说合同法与侵权法的保护射程取决于不同国家的制度安排,但因竞合问题的普遍性,笔者选取了两大法系多数国家合同与侵权之间边界模糊的制度体现以管中窥豹。

(一)侵权法对纯粹经济损失的保护

纯粹经济损失是一种除侵犯了法律保护的权利和利益之外造成的其他损失,若坚持侵权法与合同法的严格区分,纯粹经济利益不属于传统侵权法的保护范围。然而,目前世界范围内通过侵权法对纯粹经济利益进行保护已经成为一种趋势。从比较法的角度来看,欧洲各国法律均在合同法上对纯粹经济损失进行了全面保护,其侵权法则在区分人身及财产损害和纯粹经济损失的基础上对纯粹经济损失进行限制保护。① 以德国法为例,《德国民法典》第823条第2款以及第826条都构成对第823条第1款的补充,弥补了第823条第1款对纯粹经济损失保护的缺失,同时《德国民法典》也通过特别法规定了纯粹经济损失的赔偿责任。② 与德国法类似,英美法原也仅在合同存在的前提下讨论对纯粹经济损失的保护,但在过失侵权中,英美侵权法已从20世纪初之前的完全不赔偿的态度发展为原则上不赔、例外赔偿的模式。③ 虽说各国在利用侵权法对纯粹经济利益进行保护的时候都采取了谨慎的态度,通过多种制度对其适用进行了限制,甚至仅作为例外制度而存在,但将纯粹经济损失纳入侵权法的保护范围已经构成了对传统合同法和侵权法界限的突破,成为合同责任与侵权行为责任竞合的重要领域。

(二)合同法对合同相对人人身和财产的保护

1. 先合同义务

以法国为代表的大陆法国家以及普通法国家认为,合同成立前谈判一方的

---

① 参见[奥]海尔姆特·库齐奥:《欧盟纯粹经济损失赔偿研究》,朱岩、张玉东译,载《北大法律评论》2009年第1期。

② 《德国民法典》第823条第1款规定:"因故意或者过失不法侵害他人生命、身体、健康、自由、所有权或者其他权利者,对他人因此而产生的损害负赔偿义务。"第823条第2款规定:"违反以保护他人为目的的法律者,负相同的义务。如果根据法律的内容并无过失也可能违反此种法律的,仅在有过失的情况下,始负赔偿义务。"第826条规定:"以违反善良风俗的方式故意对他人施加损害的人,对他人负有损害赔偿义务。"

③ 参见葛云松:《纯粹经济损失的赔偿与一般侵权行为条款》,载《中外法学》2009年第5期。

错误行为的责任是基于对一般注意义务的违反,属于侵权法的调整范围,一般作为过失侵权处理,这也是世界各国的主流做法。[①] 而在德国、奥地利和瑞士等国以及我国均认为,合同谈判的开始在当事人之间建立了特殊的信任关系,这一关系要求双方遵循诚实信用原则,保护对方当事人的利益。在这些国家,缔约上的过失属于合同责任。笔者认为,合同法保护的应是合同当事人的权益,以合同成立为前提,保护任意第三人的权益应是侵权法的效果。合同法上缔约过失责任的设置使行为人在未与他人建立合同关系的情况下也可能承担违约责任,本属侵权行为法保护的事项进入了合同法的保护领域,合同法与侵权行为法的保护范围存在交叉,从而引发竞合问题。

2. 附随义务及后合同义务

同样需要注意的是,合同法上的保护性义务产生于谈判开始时,持续存在于合同的履行过程中(附随义务),并继续存在直至合同当事人真正分离为止(后合同义务)。[②] 附随义务和后合同义务属于法定义务,我国《合同法》第60条第2款规定:"当事人应当遵循诚实信用原则,根据合同的性质、目的和交易习惯履行通知、协助、保密等义务",此时,违约责任并非来源于对约定义务的违反。因此,来源于违反法定义务的合同责任的存在使无法通过约定义务和法定义务的区分来严格划分合同与侵权责任。在现今的域内外法律体系之下,以被违反义务的来源是约定义务或法定义务、损害范围是履行利益或固有利益以及被侵害权益的绝对性区分违约与侵权均会出现一定的缺陷,逻辑不够周延。[③] 合同与侵权的边界模糊正是责任竞合的原因。

3. 特殊责任类型

侵害合同相对人人身或财产之责任是合同法与侵权法发生交叉的重要领域之一,多见于产品的销售者(生产者)与购买者之间,笔者将以此为例予以说明。

产品销售者侵害购买者权益包括两种情形:一是产品本身毁损;二是由于产品缺陷造成买方人身或财产损害。在产品本身毁损时,违约责任与侵权责任竞合的问题在大陆法系和英美法系国家几乎都不存在。产品缺陷导致自身损坏又

---

① 参见[德]海因·克茨:《欧洲合同法》(上卷),周忠海等译,法律出版社2001年版,第51页。

② 参见[德]克雷斯蒂安·冯·巴尔、乌里希·德罗布尼希:《欧洲合同法与侵权法及财产法的互动》,吴越、王洪等译,法律出版社2007年版,第174页。

③ 参见叶名怡:《再谈违约与侵权的区分与竞合》,载《交大法学》2018年第1期。

可分为两种,包括产品有轻微瑕疵和整个物品毁损。① 德国联邦最高法院通过这样一个案例确立了之后对产品本身毁损之责任的基本观点:

被告为工业用清晰与脱脂装置生产者,它向原告的被保险人提供了一套该装置。但由于一个控制开关有缺陷未能在正确的时间关闭供热电极,该装置在仅运行了几个星期后即被烧毁。问题是被告在事实上对整个装置被毁损是否有合同责任。德国联邦最高法院认为,只有"因缺陷造成的损害与获取该物的价值恰好相等"之情形,即达到整个物品毁损的程度时原告提出的合同上的请求才能胜诉。否则,"较大的损失"就应被看作为对财产权的损害,属于产品有轻微瑕疵的情形,只能作为侵权责任之基础。②

英美法系国家则认为,在产品仅毁损自身时,认定侵权义务的理由较弱,而当事人一方有较强的理由对其主张合同上的救济,也就不会发生竞合。③ 由此可见,虽然以德国为代表的大陆法系国家倾向于将产品自身毁损的责任认定为侵权责任,而英美法系国家倾向于将其认定为合同责任,态度截然相反,但对此都有明确的处理规则,争议较小,不会产生竞合的问题。

合同责任与侵权责任的竞合多见于产品自身缺陷造成买方人身或财产损害的情形。笔者认为,买方在履行利益之外的人身和财产权益为固有利益,属于侵权法的保护范围,而又因买卖双方之间存在合同关系,卖方的行为当属违约,此时合同责任与侵权责任会发生竞合。尽管英美法系国家在此种情形之下采取"禁止竞合"的态度,但笔者认为,这仅是寻求了一种统一的且仅适用于该特殊关系的责任规则来解决竞合问题,④并不能否定两种责任竞合的实质。

---

① 德国法律界称其为进一步的侵蚀性损害,即物品所有权转移后部件导致整个物品毁损之情形。——笔者注

② 参见[德]克雷斯蒂安·冯·巴尔、乌里希·德罗布尼希:《欧洲合同法与侵权法及财产法的互动》,吴越、王洪等译,法律出版社2007年版,第539页以下。

③ 参见王少禹:《侵权与合同竞合问题之展开——以英美法为视角》,北京大学出版社2010年版,第174页。

④ 产品责任,这是一个独立的法律领域,采取严格责任规则,与合同责任之间有清晰的界限。参见王少禹:《侵权与合同竞合问题之展开——以英美法为视角》,北京大学出版社2010年版,第176页。

三、我国合同责任与侵权行为责任竞合的解决之道

大陆法系认为,“违反合同是否可以(或者必须)作为导致侵权责任的情况处理;如果可以或必须的话,其条件和后果又如何”,是解决合同责任与侵权行为责任竞合时需要考虑的核心问题;①英美法系则认为,解决责任竞合的问题即解决合同当事人之间产生侵权法上的注意义务时如何取舍的问题。② 据此,笔者认为,只有当违约行为侵犯对方当事人的固有利益时,才会产生竞合问题。解决违约与侵权责任竞合问题,应遵循以合同责任为基点、再考虑是否加入或单独适用侵权责任的思路。

(一)合同责任与侵权行为责任竞合的解决模式

世界各国关于合同责任与侵权行为责任竞合的问题主要有以下三种解决模式:

一是法条竞合模式,认为侵权行为法和合同法是一般法和特别法的关系,依照特别法优于一般法的规则,应当优先适用合同法。此时,当事人仅享有违约损害赔偿这一个请求权。这一模式认为合同责任和侵权行为责任之间的关系属于法条竞合的问题,本质上是禁止这两种责任竞合的。以法国为代表的国家采取此模式,这与其宽泛的侵权责任设定有关。《法国民法典》第1382条规定“任何行为使他人受损害时,因自己的过失而致行为发生之人对他人负赔偿责任”,即任何人只要过错致人损害就要承担侵权赔偿责任。此外,法国合同法与侵权法的责任赔偿范围基本相同。这样一来,合同责任就只是在存在合同关系时侵权责任的特殊责任形式,合同法成为侵权法的特别法。

二是请求权竞合模式,认为当事人对于同时违反合同法和侵权法的一个行为享有两个互不排斥的请求权,但不能据此获得双重赔偿。当行使其中一个请求权达到目的时,另一个请求权消灭,一般允许当事人对两种请求权进行选择。

---

① 参见[德]克雷斯蒂安·冯·巴尔、乌里希·德罗布尼希:《欧洲合同法与侵权法及财产法的互动》,吴越、王洪等译,法律出版社2007年版,第506页。

② 参见王少禹:《侵权与合同竞合问题之展开——以英美法为视角》,北京大学出版社2010年版,第133页。

根据对两个请求权之间关系的理解不同,在请求权竞合模式之下又区分两种观点:请求权自由竞合说和请求权相互影响说。前者认为,两个请求权各自独立,受害人可以分别处分,而后者则从责任要件、时效和损害赔偿范围方面表明两者是相互影响、相互作用的。① 譬如,在特定情形下,德国有关合同的制定法对违约责任的限制会扩张到侵权责任领域。德国联邦最高法院认为在无偿合同中,法律对某些特别类型的过错之违约责任有法定限制时,不允许对同一行为认定更广泛的侵权责任,即使侵权责任更严格也如此。② 由此可见,在请求权相互影响说之下,当事人对两个请求权择一行使时,其责任认定或赔偿范围都有可能受到现行法对另一请求权规定的限制。而在请求权自由竞合说之下,两个请求权可各自独立发挥作用,从而产生与请求权相互影响说之下不同的救济效果。

三是请求权规范竞合模式,这一模式由拉伦茨提出,认为合同与侵权的竞合不是请求权的竞合而是请求权基础的竞合,其中只存在一个统一的请求权。台湾学者王泽鉴教授便持此观点,认为请求权人可以依据对自己最为有利的规定加以主张,法院亦应综合两种法律规范,在全面衡量当事人利益并兼顾特定立法目的的基础上,作出对请求权人最为有利的裁判。③

在这三种解决模式之外,我国有学者主张存在全规范统合说,此种学说在试图融合两个请求权的基础上承认单一请求权,不考虑责任规范之间的排除关系或补充关系。④

(二)我国模式下的问题解决

目前,我国对合同责任与侵权行为责任竞合这一问题仅有《合同法》第122条和《民法总则》第186条的规定,⑤这两条规定赋予了债权人在合同责任与侵权

---

① 参见刘有东:《违约责任与侵权责任的竞合及其解决》,载《西南民族大学学报》(人文社会科学版)2007年第4期。

② 参见德国联邦最高法院1977年7月14日的判决,载VerR1977年,第864、865页;德意志帝国最高法院1904年10月26日的判决,载RGZ59,第104页。转引自[德]克雷斯蒂安·冯·巴尔:《欧洲比较侵权行为法》(上卷),张新宝译,法律出版社2004年版,第559页。

③ 王泽鉴:《民法学说与判例研究》(第1册),中国政法大学出版社1998年版。转引自刘有东:《违约责任与侵权责任的竞合及其解决》,载《西南民族大学学报》(人文社会科学版)2007年第4期。

④ 参见谢鸿飞:《违约责任与侵权责任竞合理论的再构成》,载《环球法律评论》2014年第6期。

⑤ 《民法总则》第186条规定:"因当事人一方的违约行为,损害对方人身权益、财产权益的,受损害方有权选择请求其承担违约责任或者侵权责任。"

责任竞合时的选择权。同时,根据《最高人民法院关于适用〈中华人民共和国合同法〉若干问题的解释(一)》(法释〔2009〕5号)(以下简称《合同法司法解释一》)第30条,债权人可以在一审开庭前变更诉讼请求。在我国学术界和实务界,竞合理论都得到了普遍的接受和适用,由此可知,我国目前并未采用禁止竞合的法条竞合模式。此外,笔者认为,我国现行立法未采纳统一请求权,也就不属于请求权规范竞合模式和全规范统合说。综上所述,我国当前采取的是请求权竞合模式。在该模式之下,我国不承认请求权可以分别转让,未采取请求权自由竞合说,但也未就两个请求权之间如何相互影响作出规定,因此我国对于请求权相互影响说的态度尚处于模糊阶段。

就损害赔偿责任的范围而言,我国目前需要解决的问题是:既要保证债权人能够得到全部赔偿以填平损失,也要避免发生双重赔偿。由上述分析可以得知,我国当下采取的是请求权竞合模式,若坚持现行模式,如何解决适用过程中存在的问题,笔者将在此予以简单探讨。请求权自由竞合说允许当事人在合同责任和侵权责任中选择主张其中一个请求权,也可以先主张一个请求权,后主张另外一个请求权,还可以同时主张所有请求权,这种绝对的请求权自由竞合会造成双重给付,无法实现避免双重赔偿的目标。[①] 在我国得到更为广泛认可的是请求权相互影响说。该说认为,当违约与侵权其中的一个请求权达到目的时另一个请求权则消灭,因此不允许双重赔偿是该说的自有之意。但这一学说也并非完美,我国实践中常见的问题是,在依其中一个请求权提起诉讼未获得完全赔偿或者诉讼请求被驳回未获得赔偿时,根据一事不再理原则,不能再以另一请求权就同一事实提起诉讼,这就回到了笔者在本文第一部分提出的问题,即无法填平损失。因此,有学者主张,消解合同法与侵权法救济结果的差异,那么当事人在选择救济方式时就只需要考虑两者在责任构成和诉讼管辖上的差别。[②] 至于如何实现依照侵权责任得出的赔偿结论与依据违约责任得出的相一致,有学者提出应适用统一的可预见性规则。由于可预见性在侵权责任中通常被用于判断"法律因果关系"是否存在,属于"责任构成要件"中的要素,而在违约责任中则被用于确定损害赔偿及其数额,属于"责任承担"阶段,应以"法律因果关系"的路径

---

① 参见何琦:《请求权竞合理论比较研究》,复旦大学2012年硕士学位论文,第15页。

② 张家勇:《中国法民事责任竞合的解释论》,载《交大法学》2018年第1期。

统一适用可预见性规则。① 请求权相互影响说较自由竞合说的进步之处在于试图解决合同与侵权冲突时的难题,对于冲突的各个方面,再予以特别的约定,以使不同的两个请求权行使时,能顾及法律的例外,而不至于产生不同的法律后果,此种观点在请求权相互影响说的基础之上更进了一步。笔者认为,这一观点虽然可以通过扩大违约与侵权责任各自的赔偿范围以解决完全赔偿的问题,但是我国《侵权责任法》在责任构成上的证明责任通常重于《合同法》,若消解了两种责任在后果上的差异会大幅压缩《侵权责任法》的适用空间。同时,不同于德国保护范围本就极为狭窄的侵权法,我国《侵权责任法》第6条采用的是一般条款,与法国模式更为类似,挤压侵权责任的适用范围也与立法目的不相符。虽然李永军教授认为,若债务人的给付瑕疵同时造成了履行利益和固有利益的损害,此时不存在竞合,但在处理方法上赞同应将侵权法的救济方式移入违约责任之中,适用合同法对债务人的双重损失进行补偿,该看法同样存在上述问题。②

四、结　　论

我国应采纳请求权规范竞合说:首先,该说可以避免不同请求权产生不同法律效果的内在割裂出现,从而彻底地实现单一请求权效果,且复数请求权基础相互强化,最有利于债权人获得救济;其次,请求权规范竞合说可以更从容地应对违约责任与侵权责任二者法律效果越来越趋同的趋势;最后,该说相较于新法条竞合说更具有在我国现行法律框架下实施的可能性。③ 笔者赞成请求权规范竞合说只承认存在一个请求权的观点。请求权规范竞合说符合当事人利益,实现法律目的,避免请求权自由竞合说之缺点,兼采请求权相互影响说之特色,使实体法上请求权之概念与新诉讼标的理论趋于一致,④颇具可采性。但不同于王泽

---

① 参见潘玮璘:《构建损害赔偿法中统一的可预见性规则》,载《法学家》2017年第4期。

② 参见李永军:《合同法上赔偿损失的请求权基础规范分析》,载《法学杂志》2018年第4期。

③ 参见叶名怡:《再谈违约与侵权的区分与竞合》,载《交大法学》2018年第1期。

④ 旧诉讼标的理论以实体请求权为基础,将实体法律关系作为诉讼标的,诉讼中含有多少个不同的实体法律关系,就有多少个不同的诉讼标的;新诉讼标的理论以诉讼请求权为基础,将当事人在诉讼上的主张作为诉讼标的,具体的实体法律关系只是作为支持诉讼上主张的理由。参见刘有东:《违约责任与侵权责任的竞合及其解决》,载《西南民族大学学报》(人文社会科学版)2007年第4期。

鉴教授认为应将请求权成立的条件和后果交由法官结合侵权与违约各自的规范进行综合判断的观点，笔者认为，鉴于竞合问题的复杂性以及法官判断的随意性，应当建立一个统一的、仅适用于该特殊关系的责任规则。

美国侵权法近因关系中可预见性之理解与分解

——一个美国侵权法的视角

张文博*

摘　要:在我国,不乏有学者论证可预见性规则适用于我国侵权法的合理性,亦不乏有法官以可预见性论理。但以合理人为基准的可预见性规则长期缺乏具体的实体意涵,缺乏体系化的实施思路。以近因关系为立足点,可预见性判断以行为人所做成的特定危险范围为主导,辅之以时空因素。可预见性规则应被从"预见的程度"和"预见的内容"两个维度展开,后者又包括"受害对象的可预见性"、"损害结果的可预见性"和"损害作用机制的可预见性"三个层次。通过对可预见性规则的分解,近因判断中的具体问题被类型化,近因判断的思路亦更加清晰。

关键词:侵权;近因;可预见性;危险范围

The Interpretation and Division of Foreseeability Doctrine in Proximate Cause

—From the Viewpoint of American Tort Law

Zhang Wenbo

Abstract: In China, there are many scholars arguing for the reasonableness of applying the foreseeability doctrine in tort law. Also, many judges justify their opinion by invoking the foreseeability doctrine. Based on the reasonable person standard, however, the foreseeability doctrine has been lacking specific meaning and

---

* 对外经济贸易大学法学院本科生。

systematic implementing approaches for a long time. From the viewpoint of proximate cause, the determination of foreseeability heavily depends on the scope of unreasonable risk and is supplemented by temporal and special factors. The foreseeability doctrine shall be divided into two dimensions: "the degree of foreseeability" and "the content of foreseeability". The latter dimension could be stratified into three: "the foreseeability of the harmed subject", "the foreseeability of the consequence" and "the foreseeability of damaging mechanism". By such division, the specific problems of establishing proximate cause would be classified, and the approach of decoding the proximate-causation enigma would be clearer.

Keywords: tort; proximate cause; foreseeability; scope of risk

可预见性是美国侵权法上有关过失责任的重要概念,既扮演着归责的角色,又起到限制责任、避免责任过分外溢的作用。然侵权法乃属普通法之固有领地,各州在漫长的判例发展史中保持着较高程度的自主权,美国司法实务界对"可预见性"这一司法标准的理解与适用并不统一。本文所关切的是可预见性在规范层面,而非个案层面上的类型化问题,即法律应要求行为人预见损害的哪些方面的问题。我国在学理上对近因问题的解决采纳了"相当性理论"为通说,但这并不意味着法官被禁止使用"可预见性规则"来论理,笔者亦希望本文有利于实务问题的解决。

一、对近因关系中可预见规则的理解

"近因"(proximate cause)这一凝结着法官们智慧和困惑的术语,是为了限制责任所创造。"近因"初见于培根(Bacon)大法官于1630年编辑出版的《法律原理》(第一卷),①其原表示损害在空间和时间上靠近而非远离产生损害的原因。这一表述在随后的几百年中被广泛地引用,并被法官们在判决中反复讨论,或认可,或质疑,或否定并附之以其他内涵。一些法院虽未以时间上或空间上的远近

① A Translation of Bacon's Maxims of the Common Law. John C. Hogan, Mortimer D. Schwartz. 77 Law. Libr. J. 707(1984 - 1985).

描述近因,但却以“直接”或“间接”为标准判断近因。[①] 但无论近因的字面意思如何,这种在物理或机械层面强调近因之“近”的理论都不再适合被用于案件的调查分析之中了,[②]法庭也早已不再对近因作此解释。[③]

有关近因理论随后的丰富与发展,本文概述如下:[④]

1. 自然和高度盖然结果说。在美国联邦最高法院于1876年做出的著名的密尔沃基S. P. R. 公司诉凯洛格案(Milwaukee & S. P. R. Co. v. Kellogg)[⑤]判决中,威廉姆·斯特朗(William Strong)大法官使用了“自然的”和“高度盖然的”一词来描述存在近因的加害行为与损害后果。毫无疑问,“自然的”相较于“近的”似乎更加强调损害后果的发生未受介入因素的影响,[⑥]是符合事物正常发展规律的,而不是非同寻常的。“高度盖然的”则强调加害行为并非仅仅为损害后果的出现提供了条件而使其成为可能(possible),[⑦]如果某种加害行为仅仅具有引起某种损害的可能性,那么不能就此认定近因成立。但这种描述式的语言并未给近因带来任何具体的分析路径,而似乎仅仅是避免了极易令人产生误解的“远”“近”“直接”“间接”等物理语言,其实际上并未赋予近因更确定内涵。

2. 可预见性说。如果说“自然和高度盖然结果说”是模糊不清、感性的,那么可预见说便通过构建一个抽象的合理人(reasonable person),以相对具体的方式向法官和陪审团阐释了近因判断之模型。格里菲斯(Griffith)法官在莫尼诉海湾炼油公司案(Mauney v. Gulf Refining Co.)[⑧]中做了如下比喻:责任范围就是以加害行为为中心,合理可预见性为半径的一个圆。从该圆心向四周眺望,那些能够或应该被合理预见的很有可能发生(likely)的损害,就处在责任范围之内。而那些虽然可以预见,但仅仅具有比较遥远的、微小的可能性的损害,则不在责任范围之内。加害行为发生的时间、地点和环境是进行上述判断时需要考虑的重要因素。

---

① The Forms and Functions of Tort Law, *supra* note 3, p. 154.

② Wing v. Morse, 300 A. 2d 491, 1973 Me.; Edgerton, Legal Cause, 72 *U. Pa. L. Rev.* 211 (1924); Morris, On the Teaching of Legal Cause, 39 *Colum. L. Rev.* 1087 (1931).

③ Prosser and Keeton on Torts, *supra* note 7, p. 276.

④ Ibid., pp. 281 – 284.

⑤ Milwaukee & S. P. R. Co. v. Kellogg, 94 U. S. 469, 1877 U. S.

⑥ Cone v. Inter County Tel. & Tel. Co., 40 So. 2d 148, 1949 Fla.

⑦ Dixon v. Kentucky Utilities Co., 174 S. W. 2d 19, 1943 Ky.

⑧ Mauney v. Gulf Refining Co., 9 So. 2d 780, 1942 Miss.

3. 特定危险范围说。可预见性有时会被以一种限缩的方式表达为特定危险范围,进一步限制责任范围。[①]《美国第二次侵权法重述》(以下简称《第二次重述》)认为,被告的责任应被限定在其行为所创造的特定不合理危险范围内,只有由这些超出合理风险的"加重危险"之实化所产生的损害才由被告负责。[②] 但该次重述并未将特定危险范围说纳入近因中加以衡量,而是作为确定过失存在与否的一般规则。《第三次侵权法重述:物理和精神损害》(以下简称《第三次重述》)则将《第二次重述》中散见于过失、因果关系和严格责任中的"危险范围"在"责任范围(近因)"一章中做了系统规定,[③]明确了"一个人的责任被限制在使其行为成立侵权之危险所导致的损害范围内"。[④] 使用"近因"这一术语本身描述责任范围是不准确的,即便法官和律师可以理解,法官也应该向陪审团阐明:为了施加责任,损害首先必须源于使行为具备侵权性的那些危险。[⑤] 所谓"具备侵权性的危险"实际上指不合理危险——反映过失行为本质的外部特征。而过失责任仅要求人们对可预见的危险付诸合理注意。[⑥]

可见,对近因关系中的可预见性应做如下理解:鉴于法官和由普通人组成的陪审团对日常生活中哪些行为会产生危险,哪些危险属于不合理危险,该不合理危险的范围如何等问题的理解好于"可预见性"这一更为抽象的概念,所以"风险规则澄清并改进了可预见性规则",[⑦]其可被视为可预见性判断中的主导因素。而物理时空中的距离往往仅作为近因判断中的参考因素,服务于可预见性规则。当其他方面一致时,被告的过失在时间和空间上越接近原告所受到的损害,损害的可预见性越强,其当然也更可能被归结于过失行为所产生的特定危险。[⑧] 而法律政策、公共利益也可能成为可预见性判断的一部分。

---

① Prosser and Keeton on Torts, *supra* note 7, p. 283.

② Restat 2d of Torts, § 281. Comment e.

③ Restat 3d of Torts: Liability for Physical and Emotional Harm, § 29. Comment a.

④ Ibid., § 29.

⑤ Ibid., § 29. Comment b.

⑥ Ibid., § 3. Comment g.

⑦ The Forms and Functions of Tort Law, *supra* note 3, p. 151.

⑧ Ibid., p. 155.

二、可预见性规则之分解

上文对近因中可预见性规则的阐释似乎并未给法官提供任何具体帮助,若要使可预见性规则在近因判断中的运作更加清晰,还需将可预见性规则分解,以便研讨与适用。

(一)可预见性的纵向展开——预见的程度

通常,法律对细节的可预见性做何种程度的追求,虽意义重大——直接关系个案中近因成立之难易,但其本身却高度个案化,具有较高灵活性和解释空间。[①]侵权法很难在纵向上对预见之程度做统一安排。

在马歇尔诉纽金特案(Marshall v. Nugent)[②]中,马格鲁德(Magruder)法官以机动车交通事故案件为例,对该问题做了如下阐述:就机动车事故而言,行为人应当考虑到由驾驶过失所引发的各类危险。也许,损害直接产生于两车相撞。但这种直接的撞击可能被避免,因为受害人可能会"发疯似的"逃跑以躲开非正常行驶的汽车;[③]或者受害人可能被四散惊逃的人群撞倒而受伤;[④]或者受害人可能因情绪极度激动而昏倒在地,造成骨折;[⑤]或者受害人虽勉强逃过撞击,却因精神极度紧张而流产或招致其他身体损伤。[⑥] 稍加想象,这些危险就能够以不确定的方式拓展开来。于一个过失引发的交通混乱中,在被搅乱的水面重归平静以前,不法行为之后的事件可能以一种离奇的方式展开……此情形下,行为人不可能预言过失作用于受害人的具体方式与后果,但这本身并不阻碍受害人获得赔偿。[⑦] 该案中,法庭显然不希望将过高程度的可预见性标准施加于行为人。

与之相反,有些法院可能倾向于要求行为人实现更高程度的可预见性,从而将责任限制在更小的范围内。纽约州上诉法院早年曾主张行为人无法预见在其

---

① The Forms and Functions of Tort Law, *supra* note 3, p. 300.

② Marshall v. Nugent, 222 F. 2d 604, 1955 U. S.

③ Tuttle v. Atl. C. R. Co., 66 N. J. L. 327, 1901 N. J.

④ Washington & G. R. Co. v. Hickey, 166 U. S. 521, 1897 U. S.

⑤ Comstock v. Wilson, 177 N. E. 431, 1931 N. Y.

⑥ Mitnick v. Whalen Bros., 115 Conn. 650, 1932 Conn.

⑦ Hill v. Winsor, 118 Mass. 251, 1875 Mass.

火车头喷出的火星引燃柴房后,火会蔓延到130英尺外的一栋建筑。[①] 佛罗里达州最高法院也曾认为,向未成年人出售酒品者无法预见未成年人在购酒6小时后因酒驾遭遇车祸。[②] 显然,这些案件中的法官对可预见性程度做了较高的要求,这种要求又似乎已经超越了合理人的预见能力。

(二)可预见性的横向展开——预见之内容

侵权法"不合理"修饰"危险"主要是出于保护行为人自由之目的,以使被归责的危险不同于日常生活中为每个社会成员分担的一般风险。其一,何人蒙受此不幸;其二,此人蒙受何不幸;其三,该不幸如何发生。本文在此基础上将可预见性规则进行如下分解:

1. 受害对象的可预见性。在划定责任范围时,法律要求行为人预见受害对象。该项可预见性的判断应被置于行为人实施行为时的环境条件下,以其过失行为为中心,构建出不合理危险在时间和空间两个维度蔓延的范围。

某特定受害对象是否应得到赔偿的问题在美国法上早有讨论,主要集中在人身损害领域。在1913年的科默斯塔德诉格瑞特北方铁路公司案(Kommerstad v. Great N. R. Co.)[③]中,一列火车超速行驶且未按照规定发出信号,一匹马因铁路两边未设置隔离装置而在穿越铁路时被火车撞飞,恰巧击中了受害人,其因此受伤并起诉要求铁路公司予以赔偿。明尼苏达州最高法院维持了原审有利于受害人的判决,认为对于一个与行为人处于相同地位的合理人,假设其在当时已经实际知晓了该后果,如果在其看来这种后果的发生是有合理可能性的,那么近因就成立。

对受害对象可预见性最具影响力的讨论出现在1928年帕尔斯格拉夫诉长岛铁路公司案(Palsgraf v. Long Island R. Co.)[④]中。在该案中,一名铁路雇员帮助一名乘客登上正在驶离站台的列车。在此过程中,乘客所携带的包裹被该雇员不慎碰掉于铁路之上并发生爆炸。爆炸的冲击波将站台远端堆放的磅秤震落,并砸中受害人,致其受伤。受害人以铁路公司为被告提起诉讼,并要求赔偿。

① Ryan v. New York C. R. Co., 35 N. Y. 210, 1866 N. Y.

② Davis v. Shiappacossee, 155 So. 2d 365, 1963 Fla.

③ Kommerstad v. Great N. R. Co., 139 N. W. 713, 1913 Minn.

④ Palsgraf v. Long Island R. Co., 162 N. E. 99, 1928 N. Y.

卡多佐(Cardozo)法官和安德鲁斯(Andrews)法官分别代表多数意见和少数意见,采用了不同的分析思路,给出了不同的处理方案。Cardozo法官认为,过失是当事人双方之间的一种关系,其建立在对受害人的可预见性之上,行为人之行为对于受害人来说并非不法行为,因为行为人对受害人不具有过失。Cardozo又进一步认为该可预见性问题是一个"法律问题",即合理人不可能认为本案条件下的受害人之于行为人具有可预见性,从而拒绝将本案提交陪审团。Andrews法官则从近因的角度分析该案,认为每个人都对整个世界负有运用合理注意防范损害的义务,行为人的行为不仅对其通常可以合理期待的受害人是不法的,其对实际的受害人也是不法的,尽管该受害人不处于通常人们所理解的危险范围之内。因而该案中的问题不是行为人对受害对象是否构成过失,而是行为人之行为一旦构成了过失,该过失是否对受害人成立近因。Andrews进一步认为,本案条件下合理人可能认为行为人能够合理预见受害人,尽管本案中的受害人比较"遥远"。因而该近因问题作为一个"事实问题",应当提交给陪审团裁决。尽管两位法官秉持的思路和得出的结论各不相同,但其都将受害对象的可预见性纳入责任范围的考量之中,假如个案中受害对象对行为人不具有可预见性,则行为人不承担责任。只不过Andrews更是直接将对受害对象的可预见性纳入近因路径之中。

受害对象之可预见性在可预见性的分解中起着关键作用,通常可以被首先考虑。即在没有介入因素的情况下,行为人所为的不合理危险如何延及受害对象,以及该不合理危险在受害对象上如何体现的可预见性都建立在受害对象可预见性判断为"是"的基础上。对受害对象来说,合理人需具备的预见性程度虽不必要精确到个体,但至少应达到"类"的级别。在科默斯塔德(Kommerstad)案中,铁路公司不需要预见Kommerstad本人即将受到损害,但其过失行为的不合理危险除了威胁自身安全,至少延及铁路两侧一定范围内的人和财产,其也当然可以预见到在铁路附近的受害人。而在帕尔斯格拉夫(Palsgraf)案中,铁路雇员的过失行为是不慎使乘客携带的包裹掉落,其不合理危险通常为损坏包裹内的物品、砸伤或损坏其掉落范围内的人或财物。在此情形下,可预见范围被限制在事发点附近较小的范围内,而受害人处于站台另一端,在Cardozo看来,受害人当然不具备可被合理预见之性质。而若将包裹内为易爆品的情况考虑在内,则其不合理危险会延及爆炸范围内的个体;若将爆炸导致的混乱考虑在内,其不合理危险更会延及整个月台或者能够感知此次爆炸的人。显然,此种情形下的受害人是否可被预见,乃需对受害人所处的距离和位置、爆炸威力等做“事实判断”,甚至需要对铁路雇员能否预见包裹中存在爆炸物进行判断,依 Andrews 之主张,该可预见性判断应交由陪审团。但不管怎样,受害对象作为不合理危险实化的承受体,在整个近因判断中显然处于枢纽地位,作为可预见性规则中须被预见方可使责任成立的一个因素,几乎未被质疑过。

2. 损害结果的可预见性。在美国侵权法中,结果的可预见性是与受害对象的可预见性相对应的内容。本文认为其又可以分解为:

(1)危险作用表现之预见性。危险作用于人或物之表现反映了危险自身的性质。为维护社会的稳定和秩序,法律要求行为人要对自己行为所生之不合理危险本身有清楚的认识,也就要求其预见危险作用之表现。比如,某人将老鼠药置于灶台之上的行为产生了使他人误食中毒的不合理危险。该瓶鼠药未标明“请勿靠近火源”,却因为灶台附近温度较高而爆炸,致人受伤。显然,炸伤这一危险作用之表现对本案条件下的合理人不可预见,而中毒却可预见。

(2)损害类型之预见性和损害程度之预见性。美国侵权法中的“损害类型”有两层含义:一指致害危险的类型(type of risk of harm),与本文上文的“危险作用表现”同义;二指对损害进行类型化处理的产物(type of harm)。[①] 此处的“损害类型”乃属后者。若仅从语义上予以界定,损害程度当指某一类型损害之轻重,在判断顺序上位于损害类型之后。关于法律对损害类型能否要求预见,法官一般遵循瓦格蒙德 1 号案(Wagon Mound No. 1)的规则,持肯定态度。[②] 但对损害之程度,预见与否一般无关紧要,因为对损害程度的确定往往需要运用一定的知识,经过一定的程序,且在现实中某一类型的损害于个体上体现为何种程度,与该个体相对于同类个体的特性有着密切关联,对行为人天然具有不确定性。比如,某人被他人击打胸腔部位,若其较为强壮,则可能不产生损害或仅产生瘀青,若其较为瘦弱,则可能因此骨折,甚至死亡。这种不确定性事实上使损害最终达到什么程度与可预见性无关,而与“运气”有关。在实施同样的过失行为情

① See Owen, *supra* note 4, p. 1298.

② Wagon Mound No. 1 案明确地要求对损害予以预见,但并未指明法律要求预见损害的什么。一般认为,鉴于以“薄脆头骨规则”为典型表现的“损害的程度”并未因该案而被要求予以预见,因而该案主要确立了对“损害的类型”应要求予以预见的规则。

况下,既然行为人可能因为好运气而造成程度轻微的损害,从而承担轻微的赔偿责任,那么其就不能因坏运气导致的严重损害而主张不可预见,从而免责。① 因而,法律不要求对损害具体达到什么程度予以预见。

3. 危险作用机制的可预见性。所谓“危险作用机制”,是指从行为人做成不合理危险到损害成型于受害对象的时空范围内,危险靠近、实化于受害对象的过程。但是,由于时间和空间因素天然蕴含于这一过程中,可能存在介入因素(intervening cause)和替代因素(superseding cause)。替代因素可以使行为人由此逃脱责任范围,而介入因素则不可以。通说认为,介入因素具备三个特征②:第一,性质上,须是损害发生事实上的原因;第二,顺序上,须在行为人过失后积极地发生作用;第三,来源上,须独立于行为人的过失行为,来自“外部”。介入因素可能是过错或无过错侵权,也可能是一般的非侵权行为,亦可能是自然力。

本文以危险作用机制有无介入因素参与为标准,将其分为两点:

(1)无介入因素。在没有介入因素参与时,损害的发生过程是一种纯粹的自然过程。学界一般认为其对近因的确定并不重要,③法官通常也不要求行为人对其予以预见。④ 然而,若结合可预见性的其他要素进行分析,则情况略有复杂。《第三次重述》也在此做了调和,认为危险作用机制的某些部分与责任范围有关,该规则的适用必须与“危险规则”相结合,⑤具体来说,要与“危险作用表现”同时予以考虑。

在Palsgraf案中,若不考虑受害对象的可预见性,如何评价爆炸冲击波震落磅秤,磅秤砸伤他人这一过程?在现实社会中,不合理危险在独自发挥作用时,其作用机制当然不需被预见,因为其已将全部的过程呈现在最终的“危险作用表现”之上,如子弹在空中如何飞行,如何在击中水泥后成为“跳弹”又击伤了他人;又如车祸中车辆如何挤压伤及乘客,如何将乘客甩出车外,被甩出的乘客飞行高度几何,姿态如何等。但若不合理危险与行为时既存的种种条件结合,如屋顶的吊灯或堆放在站台上的磅秤,从而形成了与具备可预见性的“危险作用表现”所

① The Forms and Functions of Tort Law, *supra* note 3, p. 165.

② Restat 2d of Torts, § 441; Restat 3d of Torts, *supra* note 25, § 34 comment b.

③ 4 Fowler V. Harper, Fleming James, Jr. & Oscar S. Gray, Harper, James And Gray on Torts § 20.5, pp. 208-209 (3d Ed. 2007).

④ Dan B. Dobbs, The Law of Torts, West Group, 2000, § 189, p. 466.

⑤ Restat 3d of Torts, *supra* note 25, § 29 comment o.

不同的作用表现，那么是否应当要求这类“损害作用机制”具备可预见性呢？本文认为，在以危险为主导因素衡量是否应当具有可预见性时，不应将某种不合理危险的范围贸然扩大，因而上述情形中的“损害作用表现”难谓可预见，但法律当要求行为人预见“损害作用机制”。若个案中对该损害作用机制的可预见性判断为是，则责任依然成立。

(2)有介入因素。对介入因素之分类，我国学者已做出了详尽的研究，本文不再论及，仅探讨其在近因判断中的运作。

通常，介入因素在事实因果关系层面与行为人的过失往往构成“修补的因果关系”或“结合的因果关系”，即行为人的过失并未直接导致最终损害的发生，而是促进(enable)了最终损害在介入因素出现后发生。① 美国侵权法改采可预见性规则解决介入因素问题。

一般来说，行为人所做成的不合理危险若延及介入因素，介入因素便可合理预见，该介入因素当然不妨碍行为人承担责任，只不过其损害赔偿可能因他人的分担而减少。反之则成立替代因素，行为人被排除于责任范围。比如，H 女投宿于 I 旅馆，然 I 旅馆房间门锁故障未及时修理，导致 J 男尾随 H 进入其房间并实施了故意侵权行为。显然，J 的行为虽为故意，但 I 之过失所形成的不合理危险当然地包括了 H 受害所遭遇之情形，因而 I 之过失虽经由他人介入才得以形成损害，I 依旧需要承担责任。

但介入因素不可预见时，行为人是否一定不会承担责任？对这个问题的回答决定了法律是否要求行为人预见介入因素。原则上，答案是肯定的，即对介入因素的预见是必要的。但该规则又存在例外，即某介入因素本身虽不可预见，但损害结果却可预见，法官依然可能令行为人承担责任。在约翰逊诉科斯莫斯波特兰水泥公司案(Johnson v. Kosmos Portland Cement Co.)②中，被告未及时清理装载燃油的驳船中剩余的燃油，致使船舱中充满可燃气体。一道闪电击中该船，引爆了其中的气体，导致码头上的工人受伤。法庭认为闪电这一介入因素虽不可预见，但受害对象和结果可预见，因而被告应当承担责任。

在此基础上，只有当介入因素和损害结果均不可预见时，行为人才肯定不承

① Rabin, R. L., Enabling torts. *DePaul Law Review* 49(2), pp. 435 – 454. (2000).

② Johnson v. Kosmos Portland Cement Co., 64 F. 2d 193, 1933 U. S.

担责任。但在这个意义上,行为人做成之不合理危险并未作用于受害对象,损害“完全”由介入因素导致,介入因素上升为替代因素。对于行为人来说,似乎也无言及某外来因素介入与否的必要了。例如,美国大多数法院都认为,行为人未及时锁车导致其车辆被盗,窃贼驾车不慎撞伤他人时,行为人不对受害对象负责。①

总而言之,法律要求行为人对介入因素予以预见,个案中无法合理预见介入因素,会导致行为人脱离责任范围。但当损害结果与行为人过失联系十分紧密,介入因素仅仅成为不合理危险实化的微不足道的导火线时,预见介入因素与否并不重要。因而在损害结果可预见时,责任依旧成立。

① Prosser and Keeton on Torts, *supra* note 7, p. 313.

重访公司机会原则

——以交易费用理论为视角

蔡卓瞳*

摘　要：代理成本理论无法全面解释公司机会原则的制度功能，更无法为界定公司机会提供方法论上的指引。作为企业理论的另一分支，交易费用理论能够揭示公司机会原则的“隐藏”功能。公司机会原则决定一项生产活动是由市场契约处理还是企业内部化，进而影响企业的边界。法律真正需要保护的是与企业专用性资产相匹配的商业机会。在规则设计上，宜将公司的实际营业范围与付出的实质性努力作为界定公司机会的重要依据，同时谨慎对待公司“无能力”抗辩。考虑到我国《公司法》并不允许相关方在事前“选出”忠实义务，因此将“利用职务便利”作为认定“篡夺公司机会”的必备要素是合理的。唯有将公司法规则置于企业理论的大框架下，方能全面理解其背后的经济理性。

关键词：公司机会原则；代理成本；交易费用；资产专用性

Revisiting the Doctrine of Corporate Opportunity

—In Light of the Theory of Transaction Cost

Cai Zhuotong

Abstract: The agency cost theory cannot fully explain the economic rational of the corporate opportunity rule and line of corporate opportunity as well. As a branch of the theory of firm, transaction cost theory can help explain the hidden economic

---

* 华东政法大学国际金融法律学院硕士研究生。

rational of this rule. The rule affects the decision on whether a given activity can be kept within those boundaries or not, which in turn influences boundaries of firms. The business line test is an important factor, however impossible argument should not be accepted. Considering the duty of loyalty cannot be waived under Chinese Company Law, the rule that distinguish between opportunities that are discovered in or outside an insider's capacity as a director may well be efficient. Reconsidering the corporate opportunity rule from a wider perspective allows us fully to understand the economic rational.

Keywords: corporate opportunity theory of firm; agency costs; transaction cost; firm-specific investment

一、公司机会原则经济分析中的路径依赖

公司法制的效率导向使经济分析方法在公司法研究中具备天然的正当性并得到广泛的应用。① 特别是受经济学上企业契约理论(the contractual theory of the firm)②的影响,代理成本理论逐渐成为公司法研究的主流范式。这一理论几乎被用于解释和处理公司利益相关者之间所有类型的利益冲突,③相应地,公司法的一大重要功能也被解读为降低代理成本。④ 在分析涉及违反信义义务的利益冲突交易问题时,伊斯特布鲁克(Easterbrook)和费舍尔(Fischel)教授甚至认为"代理成本就是利益冲突的经济学表述。"⑤

毫无疑问,篡夺公司机会作为典型的利益冲突交易问题,亦深受代理成本理

---

① 参见[加拿大]布莱恩·R.柴芬斯:《公司法:理论、结构和运作》,林华伟等译,法律出版社2001年版,后记;罗培新:《公司法的法律经济学分析》,北京大学出版社2008年版,第40~41页。

② 张维迎:《企业理论与中国国企改革》,上海人民出版社2015年版,第54页。

③ 例如,亨利·汉斯曼等人认为商事公司存在三类代理成本:(1)公司所有者与经营者;(2)公司与控制股东及少数股东;(3)公司与其缔约伙伴(债权人、雇员、客户)。参见[美]莱纳·克拉克曼、亨利·汉斯曼等:《公司法剖析:比较与功能的视角》(第2版),罗培新译,法律出版社2012年版,第37页。

④ 参见[美]莱纳·克拉克曼、亨利·汉斯曼等:《公司法剖析:比较与功能的视角》(第2版),罗培新译,法律出版社2012年版,第2页。

⑤ Frank H. Easterbrook & Daniel R. Fishel, The Economic Structure of Corporate Law 103(1991).

论的影响。[①] 应当承认,这一理论能够在一定程度上解释法律保护公司机会的正当性。依其推演出的事前(要求董事信息披露)与事后法律策略(公司的归入权与损害请求权)亦能够实现保护公司利益的目标。但是这一研究范式忽略了篡夺公司机会在利益冲突交易中的特殊性,[②]并不关注为何需要由法律界定公司机会的范围。按照代理成本理论确立的委托人利益最大化的理念,完全可以将董事收获的所有商业机会均视为专属于公司机会。本文认为,这一困境是由于公司法经济分析中对代理成本概念的路径依赖造成的,只有结合企业理论的另一分支——交易费用理论——才能完整地解释公司机会原则的制度功能和法律构造。

自 2005 年我国《公司法》第 148 条引入公司机会原则以来,学界已积累了丰硕的成果,普遍认为我国《公司法》第 148 条关于公司机会原则的规定过于简陋。因此,在内容上偏重于对具体规则设计的研究,研究方法上侧重对美国或英国判例的解读、借鉴[③]和本土司法实践经验的总结,[④]而鲜有对基础理论的追问。[⑤] 本文将利用交易费用理论提供一个新的研究视角。

---

① 例如,将代理成本理论作为公司机会原则的经济学基础,认为制度存在的必要性是减少代理成本。参见谢晓如:《公司机会规则研究》,厦门大学出版社 2014 年版,第 40 ~ 44 页;又如,从代理关系中的信息不对称角度切入,强调如何通过信息披露激励董事为公司的利益服务。参见罗薇:《法经济学视角下的公司机会规则分析》,载《商事法论集》2015 年第 1 期。

② 克拉克将公司法中的利益冲突交易分为三类:(1)基本自我交易;(2)经理报酬;(3)公司(或股东)的财产占有;认为篡夺公司机会属于第三类,核心问题是界定系争财产是否属于公司(或股东)的财产。参见[美]罗伯特·C. 克拉克:《公司法则》,胡平等译,工商出版社 1999 年版,第 116 ~ 118 页。

③ 域外法的引介如杨川仪:《美国公司法公司机会原则探析——以美国缅因州东北海岸高尔夫俱乐部诉哈里斯案为例》,载《当代法学》2013 年第 3 期;赵渊:《析英国新公司法中"禁止篡夺公司商事机会"规则》,载《政治与法律》2007 年第 6 期;罗薇:《美国公司法上的公司机会判定标准研究——以经典案例为解说》,载《商事法论集》2015 年第 1 期。

④ 如李领臣:《裁判思维下的公司机会原则——以〈公司法〉第 149 条为中心》,载《北方法学》2009 年第 6 期;车传波:《公司机会准则的司法裁判》,载《法律科学》2010 年第 5 期;杨祥:《"禁止篡夺公司机会"规则的司法适用——林某某与李某某等关于损害公司利益纠纷案评析》,载《中国案例法评论》2015 年第 1 期;黄倩倩:《"禁止篡夺公司机会"实证分析》,载《河北工业大学学报》(社会科学版)2018 年第 2 期;薛前强:《质疑公司机会准则制度移植的法效果》,载《湖北社会科学》2019 年第 3 期。

⑤ 在基础理论的研究中,冯果认为应当将公司机会作为一种财产类型,公司对其享有的权利具有期待权的属性,是一种新型的期待权。参见冯果:《"禁止篡夺公司机会"规则探究》,载《中国法学》2010 年第 1 期。

二、代理成本理论下的公司机会原则

(一)分析框架

经济学上的代理成本①根源于"委托人"与"代理人"之间的信息不对称,这一问题并非仅仅存在于法律上的代理关系,当一方的福利取决于另一方的行为时,都可能存在代理问题。经济学的代理成本理论与法学的系统结合归功于名公司法学者在2004年联袂推出的《公司法剖析:比较与功能的视角》(以下简称《剖析》)。②《剖析》认为,运用经济学的"代理成本"框架分析公司利益相关者之间的利益冲突是有益的,公司法的重要功能便是解决商事公司中存在的三大代理问题,确保受托人为委托人而非自身的利益行事。③ 具体而言,公司法控制代理成本的法律策略可分为两大类:直接约束代理人行为的监管策略与提升委托人对代理人控制能力的治理策略。监管策略与治理策略又可细分为约束、附属条件、任免权、决策权、激励五类,按照"事前"与"事后"视角,五小类又可细分为十类。④

(二)理论的应用

董事篡夺公司机会符合《剖析》对代理问题的经典定义。董事作为商业信息的筛选者相较于公司处于信息的优势地位,存在利用商业机会谋取个人利益的可能,这使公司对一项商业机会的处理(利用或放弃)完全取决于董事披露的信息。相应地,与其他利益冲突交易问题类似,代理成本理论也被视为公司机会原则存在的经济学基础。我国《公司法》第148条第1款采取事前批准策略抑制篡夺公司机会产生的代理成本,即扩张委托人干预公司经营管理的权力,要求董事利用公司机会需经股东会批准。同时,公司除了享有《公司法》第148条第2款

---

① 1976年Jensen与Meckling两位学者在《企业理论:管理行为、代理成本与所有权结构》一文中将代理问题抽象为经济学理论,指出所有者与经营者为应对代理问题所必须付出的成本即为代理成本(agency cost)。他们将代理成本分为监督成本(monitoring cost)、担保成本(bonding cost)与剩余损失(residual loss)。See Michael C. Jensen & William H. Meckling, *Theory of the Firm: Managerial Behavior, Agency Costs and Ownership Structure*, 3 J. FIN. ECON. 305, 305 (1976).

② 参见[美]莱纳·克拉克曼、亨利·汉斯曼等:《公司法剖析:比较与功能的视角》(第2版),罗培新译,法律出版社2012年版。

③ 同上书,第36页。

④ 同上书,第39~45页。

归入权救济外,还可根据我国《公司法》第 149 条要求董事承担损害赔偿责任。损害赔偿作为一种阻吓规则,降低占用机会对董事的吸引力,增加董事放弃机会转交给公司的可能。① 当然,从制度设计的角度来看,还可以采用改变代理人激励的奖励策略,即将董事的薪酬与公司的效益挂钩引导董事为公司的最佳利益服务。

(三)理论的局限

与管理层薪酬、关联交易等其他类型的利益冲突交易有所不同,相比如何激励代理人不为私利,公司机会原则中更为核心的问题是如何界定公司机会范围。换言之,抑制代理成本的法律策略得以成功运用的前提是能够清晰地界定公司机会的归属。可以想象,若将代理成本作为公司机会原则唯一的经济学基础,按照委托人(公司)利益最大化的理念,那么最好的制度设计是将董事寻找到的所有商业机会都视为专属于公司的机会。除非公司明确拒绝,董事将不得利用。然而,这一推理不仅无法解释为何我国《公司法》将"利用职务便利"作为认定"篡夺公司机会"的必要条件,②也与美国法下处理公司机会问题的"所有权路径"(ownership approach)③不符。对上市公司而言,这一制度设计将严重挫败独立董事(或非执行董事)的积极性并动摇其在财务上的独立性,④因为即便他们利用的是公司业务范围外的商业机会,也必须提请公司批准。

三、交易费用理论下公司机会原则的制度功能

(一)公司机会与科斯的交易费用理论

科斯于 1937 年发表的《企业的性质》⑤利用"交易费用"(transaction cost)解

---

① 参见罗薇:《法经济学视角下的公司机会规则分析》,载《商事法论集》2015 年第 1 期。

② 《公司法》第 148 条第 1 款第 5 项前半段规定,不得未经股东会或股东大会同意,利用职务便利为自己或者他人谋取属于公司的商业机会。

③ 美国法院在处理篡夺公司机会的争议时关心系争机会是否"属于"公司,因此被形象地称为"所有权路径"。See David Kershaw, *Connected assets law in the United States: between property and prescription*, in The Foundations of Anglo-American Fiduciary Law 421(2018).

④ See Paul Davis, Introduction to Company Law 441(2nd ed. 2010).

⑤ Ronald H. Coase, *The Nature of the Firm*, 16 Economica 386(1937). 本文的写作参照中文译本,[美]罗纳德·H. 科斯:《企业的性质》,陈郁译,载[美]罗纳德·H. 科斯:《企业、市场与法律》,盛洪等译校,格致出版社 2014 年版,第 28 ~ 46 页。

释企业的边界问题;在此基础上,于1960年发表的《社会成本问题》[①]中进一步说明了交易费用对法律制度设计的影响。这两篇文章不仅构成了制度经济学的经典,也被视为法律经济分析的起源。

科斯在1991年诺贝尔获奖演讲稿中指出,《国富论》发表后的两个多世纪中,经济学家的主要工作是将斯密的理论——资源配置由价格机制决定——形式化(formalize)。[②] 对这一研究范式的突破便成为《企业的性质》一文的重大贡献。简言之,科斯认为市场与企业是资源配置中可相互替代的手段。两者的不同在于,前者依靠非人格化的价格实现资源配置;后者通过企业内部的权威(authority)关系完成。当生产活动完全交由市场处理时,将产生高昂的交易成本,[③]经济主体便会选择以企业形式组织生产。然而企业并不会完全取代市场,因为当继续利用权威配置资源产生的组织成本(organizational cost)高于市场的交易成本时,企业便停止将更多的生产活动内部化。[④] 由此,企业规模的边界就在于企业内部组织一项交易的成本等于通过市场开展这项交易的成本之处。[⑤]公司机会原则与企业理论的关系在于,前者将决定一项商业机会是交由市场处理还是由企业内部化,这将对企业的规模造成影响。如果不存在公司机会原则,放任董事利用商业机会,那么公司的长期发展将严重受限,无法达到边际上的最佳规模。相反,若规则设计合理,将加速公司的内部化生产并使其扩张至最佳规模。

另外,《社会成本问题》以及据此演绎的"科斯定理"(Coase Theorem)能够更好地解释法律界定公司机会的意义。如果假定市场交易费用为零,那么无论将权利界定给哪一方,资源配置都是最优的,法律的存在无关紧要。[⑥] 换言之,在一

---

① Ronald H. Coase, *The Problem of Social Cost*, 3 J. L. & ECON. 1 (1960). 本文的写作参照中文译本,[美]罗纳德·H. 科斯:《社会成本问题》,龚柏华等译,载[美]罗纳德·H. 科斯:《企业、市场与法律》,盛洪等译校,格致出版社2014年版,第78~123页。

② [美]罗纳德·H. 科斯:《1991年诺贝尔获得者演讲:生产的制度结构》,载[美]奥利弗·E. 威廉姆森等编:《企业的性质:起源、演变和发展》,姚海鑫等译,商务印书馆2007年版,第299页。

③ 科斯认为"通过价格机制组织生产最明显的成本,是去发现相关价格是什么"。参见[美]罗纳德·H. 科斯:《企业的性质》,陈郁译,载[美]罗纳德·H. 科斯:《企业、市场与法律》,盛洪等译校,格致出版社2014年版,第32页。

④ 参见[美]罗纳德·H. 科斯:《企业的性质》,陈郁译,载[美]罗纳德·H. 科斯:《企业、市场与法律》,盛洪等译校,格致出版社2014年版,第33页。

⑤ 同上书,第6页。

⑥ 同上书,第11页。

个无交易费用的世界,将商业机会分配给公司内部人还是公司并非法律问题,而是政治决策中的初始分配问题。这是因为人们可以无成本地获得信息、谈判磋商以重新分配资源。当然,零交易费用的世界如同无摩擦力的世界一样不可能存在。尽管可以通过某些措施降低交易费用,如强制董事披露有关商业交易的信息以促使公司能够参与有效的谈判,但是仍然存在交易费用。因此,在真实世界中,法律界定商业机会权属的意义重大。如果权属界定不当,部分或所有契约安排因交易费用过高而无法达成,这将使资源不能流入能够最大化其价值的一方。而最佳的界定方法是模拟市场在无交易费用情形下自发形成的安排。也就是说,假设公司、股东、董事或者其他与系争交易机会存在利益的相关方在事前能够预见未来所有的情形下形成的权属安排。理论上,这一模拟活动既可以通过成文法的规定也可以通过法院判决实现。①

(二)公司机会与威廉姆斯的资产专用性理论

科斯的企业理论指出市场和组织之间的选择随交易费用而变化,威廉姆斯的开拓性研究进一步指出资产专用性(specificity)问题是测量交易费用的重要角度。根据资产专用性理论,如果市场交易中包含一种关系的专用性投资(relationship-specific investment),那么一方(通常是资产使用方)将有可能实施机会主义行为甚至坐地起价(hold-up)。② 例如,一家公司若生产的是标准化产品,一个客户不买可以转手以相近的价格卖给市场中的其他客户。然而若交易的内容是定制产品,则企业需要购入新设备,甚至雇用专门人员制造,在这种条件下就产生了资产专用性问题。如果客户毁约再去市场寻找其他客户时,损失将很难弥补。因此,当资产专用性达到一定程度,市场交易的潜在费用就会阻止企业继续依赖市场,而是将交易交由企业内部化(或称纵向一体化)。③

企业要内部化特定领域的生产活动,不仅需要投入专用性的实物投资,也包

① 例如,虽然按照我国《公司法》第148条的文义,仅将"利用职务便利"作为界定公司机会的标准,但是司法实践中衍生出诸如经营范围、公司能力、公司的实质性努力等标准以更加精确地界定商业机会的权属。参见黄倩倩:《"禁止篡夺公司机会"实证分析》,载《河北工业大学学报》(社会科学版)2018年第2期。

② 参见张维迎:《企业理论与中国国企改革》,上海人民出版社2015年版,第61页。

③ [美]奥利弗·威廉姆森:《生产的纵向一体化:市场失灵的考察》,载陈郁编译:《企业制度与市场组织——交易费用经济学文选》,格致出版社2009年版,第2~3页。

括培训雇员使其符合企业需要的专用性人力投资,甚至是为了减少物流成本而追加的专用性地点投资(location-specific investment)。这一理论与公司机会原则的关系在于,如果公司内部人能够随意攫取与公司专用性投资相匹配的商业机会,那么公司将很难收回投资(因为专属资产的他用将造成价值的流失)。[①] 美国法实践中广泛采用的经营范围(line of business)标准[②]正是公司机会原则保护企业专用性投资的例证。具体而言,法院会考虑从事系争商业机会所需要的资质与公司专业性之间的"距离"(distance)。[③] 而这种专业性体现在公司的经营策略、产品技术、资本结构等。一旦法院认为两者"相距甚远",则将认定系争机会并非专属于公司的机会。[④] 换言之,公司之外的商业机会并不会影响企业专用性投资的实现。大陆法系国家公司法在传统上仅有"禁止同业竞争"规范,其与英美法系中特有的"禁止篡夺公司机会"的功能也并不完全重叠,这似乎表明了两大法系公司法形式上的存异现象(formal divergence)。然而,在交易费用理论下,"同业"与"经营范围"标准均体现了公司法对企业专属投资的特别保护,反映出两大法系公司法一定程度上的功能趋同(functional convergence)。[⑤] 这也能够解释为何我国《公司法》第148条第1款将两种禁止行为归为同一项的原因。

(三)小结

在交易费用理论的视角下,能够更加明晰公司机会原则的制度功能,弥补代理成本路径的不足。公司机会原则决定一项生产活动是交由市场处理还是由企业内部化,进而影响企业的边界。由于交易费用客观存在,导致各方无法通过协商确定商业机会的归属,因此由法律界定公司机会的权属意义重大。然而,代理成本路径并不关注如何界定公司机会,因为按照委托人利益最大化的理念,完全可以采取严格的解释路径将一切商业机会都视为公司专属的机会以保护潜在的

① 李清池:《商事组织的法律结构》,法律出版社2008年版,第40页。

② 标志性的判例是 Guth v. Loft,5 A. 2d 503(Del. 1939)。

③ See Eric Talley, *Turning Servile Opportunities to Gold: A Strategic Analysis of the Corporate Opportunities Doctrine*, 108 YALE L. J. 277, 289(1998).

④ Ibid., pp. 289-290.

⑤ 吉尔森(Glison)将各国公司治理规则融合的表现形式区分为形式性和功能性,参见[美]罗纳德·J. 吉尔森:《公司治理全球化:形式性亦或功能性融合?》,载[美]弗兰克·H. 伊斯特布鲁克等:《公司法的逻辑》,黄辉编译,法律出版社2016年版,第490~521页。

公司利益。当然，仍需注意两种理论并非互相排斥。一方面，代理成本路径认为利益冲突交易中应当保护委托人的利益，而交易费用理论明确了在篡夺公司机会语境下，受保护的利益即企业的专用性投资。另一方面，依据代理成本理论构建的事前（董事应当向公司披露商业交易信息）与事后（归入权与损害赔偿）规制策略正是降低交易费用的一种方式。因此，将公司机会原则置于企业理论的大框架下才能全面理解其存在的意义。

四、交易费用理论下公司机会原则的法律构造

在前文反思公司机会原则制度功能的基础上，本部分继续利用交易费用理论并结合我国司法实践与比较法，分析公司机会原则制度的具体构造。

（一）判断标准

自 2005 年我国《公司法》借鉴公司机会原则以来，理论研究与司法实践普遍认为应当借鉴美国法上的“营业范围”标准界定公司机会的内涵。这亦符合交易费用理论的预期，因为公司营业范围内的商业机会能够与公司的专用性投资相匹配。在法律解释上，由于“竞业禁止”与“禁止篡夺公司机会”的规范目的均是保护企业的专用性投资，因此我国《公司法》第 148 条将其设置在同一项中。由于在判断竞业行为时毫无疑问需要确定“同类业务”范围，因此自然可以利用“营业范围”界定公司机会。我国司法实践在利用营业范围标准上保持了高度灵活，并没有将公司工商登记中的经营范围视为决定性因素，而是考察企业的实际经营范围。[①] 例如，在（2013）浙杭商终字第 554 号案件中，法院认为工商登记的营业范围“仅表明公司可以从事的业务种类而不能表明公司实际经营了这些业务种类”，据此判定原告与被告的经营范围并不重合。

另外，我国司法实践中将“公司是否付出实质性努力”视为一项重要的因素，亦值得肯定。在（2012）民四终字第 15 号案件中，最高人民法院明确将原告是否为获取该商业机会付出实质性努力作为审查的要素。在（2015）东民二初字第 54

---

① 参见黄倩倩：《“禁止篡夺公司机会”实证分析》，载《河北工业大学学报》（社会科学版）2018 年第 2 期。

号案中,法院认为"公司曾与石湾政府、电影公司等单位签订了多个合同,投入了大量的资金用于电影院的拆迁与安置及修建基础设施等,其目的就是为了取得电影院地块的使用权。"由此,认定被告董事竞拍获得土地使用权的行为构成篡夺公司机会。如前所述,这一认定思路与前述美国司法实践类似——公司付出的实质性努力使其更加接近从事系争商业活动所需要的资质。在英国的判例中,类似的标准被称为"成熟机会"(maturing business opportunity),法院将公司积极追求的(actively pursing)交易机会视为属于公司的机会。① 当然,"实质性"的表述仍过于抽象,结合交易费用理论,可以将其理解为公司为取得系争机会已经投入专用性资产。

(二)抗辩事由

1. 主体抗辩

我国《公司法》第148条将义务主体严格限定在董事和高级管理人员,这意味着控股股东、监事不受这一条款的约束,而这完全符合代理成本理论的推演。在司法实践中,为了规制控股股东、监事的篡夺行为只能迂回地将其解释为"董事与高级管理人员"。例如,在(2014)三中民终字第100729号案中,法院认为,虽然被告在工商部门登记为公司的监事,但是高级管理人员的认定应当充分考虑公司自治,根据《合作协议》,被告负责销售公司货物、同时为公司所有人员提供技术培训,进而将其认定为高级管理人员。对控股股东的处理亦如此,如果控股股东恰好具备经理身份,法院将直接依高级管理人员的身份追究义务。由于《公司法》的明文限制,目前司法实践中并没有纯粹因为具备控制股东的身份认定篡夺公司机会的案件。② 事实上,从交易费用理论入手,不具备董事和高级管理人员的身份并非合理的抗辩。只要主体篡夺行为有损公司的专用性投资就应当受到公司机会原则的规制。部分位阶相对较低的规范性文件已经意识到这一问题,并将上市公司控制股东视为义务的主体。③ 未来,应当将控制股东与监事

---

① David Kershaw, *Does It Matter How the Law Thinks About Corporate Opportunities*?, 25 Legal Stud. 533, 551 - 52(2005).

② 参见黄倩倩:《"禁止篡夺公司机会"实证分析》,载《河北工业大学学报》(社会科学版)2018年第2期。

③ 例如,《上海证券交易所上市公司控股股东实际控制人行为指引》(2010)第2.2.6.3条规定,实际控制人不得利用其对上市公司的控制地位,谋取属于上市公司的商业机会。

列为法律明文规制主体，而非强行将他们解释为董事和高级管理人员。

2. 公司无能力

公司无能力(incapacity)又被称为不可能之辩(impossible argument)，包括：(1)公司财务上的无能力；(2)法律上的无能力；(3)第三方拒绝与公司交易。[①] 在比较法上，公司无能力抗辩是极富争议的话题。英国《2006 年公司法》第 175 条第 2 项明文规定"公司是否能够利用这一财产、信息或者机会无关紧要(immaterial)"。[②] 而在美国特拉华州著名的判例 Broz 案中法官明确表示"公司是否有财务能力利用系争机会"是一项需考虑的因素。[③]

企业理论为这一争议提供了分析框架。其一，在交易费用理论下应当承认法律上的无能力抗辩是合理的，因为若法律在事前强制性规定公司不能涉足的领域，那么公司也就没必要投入与此匹配的专用性投资。其二，依循代理成本路径，承认财务上无能力抗辩，将对代理产生不当的激励，降低了其帮助公司摆脱财务困境的积极性。[④] 在第三方不愿与公司交易的情境下，如果董事准确向公司披露这一信息，那么第三方的偏好完全可以被董事或者公司的努力(如提供更优厚的交易条件)改变。值得注意的是，有学者发现，由于特拉华州判例在处理利益冲突交易时格外强调董事的披露义务，相比在事后主张公司无能力抗辩，董事更倾向于在事前寻求安全港规则的保护——将交易信息向无利害关系的董事披露并寻求其批准，这使英国法与美国法关于公司无能力抗辩的分歧变得不那么重要。[⑤] 这一发现对《公司法》有重要的启示。虽然《公司法》亦采用了事前批准策略，但是其明文规定利益冲突交易仅在股东会或股东大会(而非董事会)批准后才可得到豁免。由于前者决策的成本高昂，这使董事不愿意履行披露与批准程序。因此，唯有在事后的追诉中频繁援引无能力抗辩。[⑥] 英国普通法在处理利益冲突交易时亦将股东会设置为唯一的批准机构，但是在《2006 年公司法》制定

---

① See Eric Talley, *Turning Servile Opportunities to Gold: A Strategic Analysis of the Corporate Opportunities Doctrine*, 108 Yale L. J. 277, 291 (1998).

② See Companies Act 2006 § 175.

③ Broz v. Cellular Info. Sys., 673 A. 2d 148 (Del. 1996).

④ 参见[美]罗伯特·C. 克拉克：《公司法则》，胡平等译，工商出版社 1999 年版，第 200 页。

⑤ See Struan Scott, *The Corporate Opportunity Doctrine and Impossibility Arguments*, 66 Mod. L. Rev. 852, 866 - 689 (2003).

⑥ 参见黄倩倩：《"禁止篡夺公司机会"实证分析》，载《河北工业大学学报》(社会科学版) 2018 年第 2 期。

过程中认为这一做法"不切实际且过于烦琐而不符合商业实践",而将批准权限赋予了无利害关系的董事会。[①] 未来我国公司法修订可借鉴英国经验,将批准的权利赋予董事会,鼓励董事在事前积极披露信息,以减少事后判断公司无能力抗辩的争议。

3. 非利用职务便利

根据我国《公司法》第148条的规定,若系争商业机会并非董事利用职务便利取得,那么法律允许董事合理地利用。在比较法上,对于这一抗辩的合理性存在争议,特拉华州的判例认为如果商业机会的获得不是基于董事在公司所任的职务,那么应当将其区别对待,[②]而英国法上的判例存在不同见解。[③] 在企业理论的视角下这一抗辩似乎并不符合效率理念。如前所述,决定一项交易机会或生产活动由契约还是企业处理是市场交易成本与组织成本相权衡的结果。即便董事利用的是非基于职务便利取得的商业机会,也有可能与公司的专用性投资相匹配,进而应当交由公司利用。在代理成本的路径下,承认这一抗辩将激励董事把时间和精力投入公司之外的商业活动上,从而引发卸责问题。

需要注意的是,依企业理论得出的结论虽符合效率理念,但是如果法律不承认这一抗辩,过于严苛的要求可能导致一个个人能力突出且拥有广泛社会资源的人不愿意担任董事职位。实证研究亦表明,若法律允许,董事会青睐在事前与公司协商要求其放弃公司机会(corporate opportunity waivers)。[④] 由于我国《公司法》并未明文允许董事与公司在事前约定"选出"(opt out)忠实义务,学界的主流观点亦认为为避免公司长期合同的不完备性,应将包括忠实义务在内的信义义务视为强制性规定。[⑤] 因此,尽管不符合企业理论的预设,我国《公司法》将"利用职务便利"作为认定"篡夺公司机会"的必备要素仍然是合理的。

---

① See Paul Davis, Introduction to Company Law 431(2nd ed. 2010).

② Rapistan Corp. v. Michaels 511 N. W. 2d 918(Mich. Ct. App. 1994).

③ 在Bullasr v. Bhullar一案中法院指出非基于职务便利取得的商业机会不能成为董事私自利用的理由。See Paul Davis, Introduction to Company Law 809(2nd ed. 2010).

④ See Gabriel Rauterberg & Eric Talley, *Contracting Out of the Fiduciary Duty of Loyalty: An Empirical Analysis of Corporate Opportunity Waivers*, 117 Colum. L. Rev. 1075(2017).

⑤ 参见罗培新:《公司法强制性与任意性边界之厘定》,载《中国法学》2007年第4期。

自然资源公共信托制度探析

荣真真*

摘　要:公共信托制度起源于罗马法,在普通法系的自然资源保护范畴内有着相当积极的作用。该制度的主要内容是基于公共利益,国民是自然资源的天然主人,国家只能为了公共作用对其进行管理、开发。应当立足中国国情,应用自然资源公共信托制度,保护公众对自然生态景观的权利,明确环境公益诉讼损害赔偿的抗辩与救济,扩张我国环境公益诉讼制度,有力保护自然资源的生态价值。

关键词:公共信托;自然资源;环境公益诉讼

Discussion on the Public Trust System of Natural Resources

Rong Zhenzhen

Abstract: The public trust system originated from Roman law. It has a positive role in the protection of natural resources in common law. And the system is based on the public interest, which means that the public is control of the nature resources and the government can only manage and develop them for the benefit of the public. Furthermore, according to the situation in China, we should apply to the public trust, which effectively protects the ecological value of natural resources. This will clarify the defense and relief of environmental public interest litigation damages, and expand China's environmental public interest litigation.

---

* 比利时根特大学法学院博士研究生。

Keywords: public trust; natural resources; environmental public interest litigation

一、自然资源公共信托制度概述

公共信托制度起源于罗马法“公共”思想,后经英美法系的演变,不断丰富公共信托制度的内容,并由商事领域逐渐转向环保领域。公共信托制度衍生于私法上的信托。随着社会经济不断发展,管理信托制度的主要做法已经由原来的免费变为了买卖上的有偿,信托财产慢慢由不动资产变为了金融资产。由此,信托公司应运而生,并且不断发展壮大,资产信托制度转变为平等主体之间的一种买卖方式。信托公司按照受托人的意图为其管理资产,并以此获益。信托法律主体之间的交易基本遵循平等、自由、有偿、等价的民商法观念,属于私法范畴。在公共信托中,一方面,受托人是代表国家权力的政府机关,与受益人、委托人之间的关系并不是平等的主体;另一方面,管理自然资源的目的不是获取收入。所以说,公共信托超越了私法范畴,具备了公法特征。①

二、美国自然资源公共信托制度的形成与发展

(一)自然资源公共信托制度的典型判例

1. 公共信托制度第一案:阿诺德诉穆迪案

在美国,公共信托制度首次于1821年应用于阿诺德诉穆迪案。新泽西州最高法院认为,“早期的审判结果并不是当今环境问题的解决办法,制度不能一成不变,应当是随着社会发展不断进行改进,以此来更好地满足外界的改变和公民的需要。”②对于原告在拉里坦河岸边建立牡蛎养殖场一案,法院认为水体下的土地并不属于相邻水体的土地主人拥有,应当由州政府所有,依照公共使用和公众利益目的进行保护和管理。③ 联邦法院认为私人信托意味着水生动物并非商业项目,因此,新泽西法令禁止非居民捕捞水生动物,并没有违反商业条款或特权

---

① 王树义:《环境法前沿问题研究》,科学出版社2012年版,第55页。

② Raleigh Avenue Beach Association v. Atlantic Beach Club, Inc. et al., 325, 2005.

③ Arnold v. Mundy, 6 N. J. L. 1, 53, 1821.

与豁免条款。[①]

阿诺德一案体现了公共信托制度的基点是维护公共利益，也表明了司法决定的灵活性。最初公共信托制度仅仅限定在通航便利、商业活动、捕捞等方面。随后，法院将保护的范围慢慢拓展到娱乐消遣方面。

2. 公共信托制度的北极星：伊利诺伊中央铁路公司诉伊利诺伊州案

19世纪末，伊利诺伊铁路公司诉伊利诺伊一案中，[②]通过确定国家公共信托的积极义务，改变了公共信托的性质。双方主要焦点是：伊利诺伊州是否有权转让通航水域下的土地淹没地；伊利诺伊中央铁路公司是否有权享有湖岸的河岸权。[③] 国家夺回私有的土地所有权，似乎引发了违反宪法正当程序的问题。然而，联邦最高法院巧妙回避宪法问题，裁定政府不用撤销土地出让金，原本的土地授权是无效的。[④] 因为它违反了伊利诺伊州的公共信托义务，该公司从未真正取得土地所有权。[⑤] 联邦最高法院认为，在密歇根湖下的淹没土地属于伊利诺伊州所有，该土地是与国家持有的用于出售的土地不同，它是该州公共信托下的产权，可以享受水域航行、进行商业往来、自由捕鱼，并不受任何私人的妨碍。[⑥]

本案确立了公共信托诉讼的核心宗旨：公共信托的财产不受限制。[⑦] 在其他情况下，法院认为，公共信托财产利益包括两类权利——权利私法（私权）和权利公法（公权），如州已经准许某些信托的土地由私人所有，[⑧]这表明国家按照严格的程序才可以将私权转变为公权的公共信托下的地役权。[⑨] 此后，法院多次参考

---

① Corfield v. Coryell, 6 F. Ca. 546, 550 – 553., 1823; See Martin v. Waddell, 41 U. S. 367., 1842; Pollard v. Hagan, 44 U. S. (3 How.) 212., 1845; Smith v. Maryland, 59 U. S. 71, 73., 1855; McCready v. Virginia, 94 U. S. 391., 1876; and Manchester v. Massachusetts, 139 U. S. 240 (1890) (tracing subsequent developments).

② 146 U. S. 387 (1892).

③ Ibid.

④ Ibid., at 455 – 456.

⑤ See Jose L. Fernandez, Untwisting the Common Law: Public Trust and the Massachusetts Colonial Ordinance, 62 ALB. L. REV. 623, 645 (1998).

⑥ Ibid., at 452.

⑦ Ill. Cent. R. R. Co., 146 U. S. at 453.

⑧ City of Oakland v. Oakland Water-Front Co., 50 P. 277, 285 (Cal. 1897); People ex inf Webb v. Cal. Fish Co., 138 p. 79, 86 (Cal. 1913).

⑨ See Oakland Water-Front Co., 50 p. at 28.

该案,适用公共信托处理包括野生动植物资源在内的公共资源的案件。① 另外,一些州已经在立法上或宪法上采用该理论。②

3. 公共信托制度的里程碑:莫诺湖案

1940年,洛杉矶市水利电力部对加州水资源委员会申请在莫诺湖取水。听证会后,该委员会主张,虽然这样损失莫诺湖的公共利益,包括商业活动、娱乐休闲以及美学景观等,但是为了公民用水对河岸开发取水,这一申请应当准许,最终同意对其中的4条淡水河的所有水量进行取水。当然,最终导致莫诺湖的水量大幅度减少,并且引发其公共信托利益,包括商业活动、娱乐休闲以及美学景观等方面的损失。针对莫诺湖的生态效益及美学价值与洛杉矶的用水需要之间的冲突,法院认为,公共信托授权州政府对可航行水域及其底土进行不间断的保护和管理,可以对湖水另作他用,但是必须做到对公共利益的损害最小化。③ 与此同时,政府必须进行不间断的监管,而且有权再次进行分配。

该判决结果是采纳公共信托制度对传统的先占原则进行的突破性纠正,很好地解决了两者之间的冲突,被看作公共信托理论发展史上的一个里程碑。④

(二)自然资源公共信托制度的法典化

虽然美国在具体判例中对公共信托制度不断阐释,但是判例法的相对滞后却在一定程度上阻碍了公共信托制度的广泛适用。在长达半个多世纪的时间里,各州的宪法不断拓展公共信托的理论内涵和制度范围,该制度才逐渐得到充分发展。⑤ 美国《国家环境政策法》第一部分指出:"(政府必须)有义务尽到每一个人都是未来人的自然资源受托人的责任。"⑥纽约州宪法最早规定,在1895年建立了阿迪朗达克森林保护区。此后,环保人士着重保护与开发森林资源,建立

---

① E. Pearson, Illinois Central and the Public Trust Doctrine in State Law, 15 Va. Envtl. Law 713, 714., 1996.

② See G. Meyers, Variation on a Theme: Expanding the Public Trust Doctrine Wildlife, 19 ENVTL. L. 723, 730 - 731., 1989.

③ Sharon M. Kelly, Note, The Public Trust and the Constitution: Routes to Judicial Overview of Resource Management Decisions in Virginia, 75 VA. L. REV. 895, 897(1989).

④ National Addubon Society v. Superior Court, 33 Cal. 3d 441., 1983.

⑤ Natural Resources and Environmental Protection Act, Act 451 of 1994, 324. 1701, 324. 31514, 324. 32515, 324. 63207, 324. 71108.

⑥ The National Environmental Policy Act of 1969, Sec 101(b)1.

“阿拉巴马州野生土地信托”等环保基金会,如开展科罗拉多州的户外项目和维系北卡罗来纳州的“国家性质和历史保存”。[①] 自然资源公共信托制度的宪法化,标志着之前未明确列入信托制度保护的资源,也能纳入该制度的保护范围之内了。[②]

(三)现代美国公共信托制度的适用范围——以墨西哥湾石油泄漏事件为例

目前美国公共信托制度的适用范围,包括但不限于:(1)海滨、湖泊、湖沼、河流;(2)公园、道路、公有地;(3)野生生物、天然资源、大气、水等;(4)私有土地。[③]

公共信托制度同样可以适用于墨西哥湾原油泄漏事故。2010 年 4 月 20 日,英国石油公司的一个钻井平台在墨西哥湾路易斯安那州沿岸发生爆炸,造成 11 名石油公司人员死亡以及大量石油泄漏,酿成一场经济和环境的巨大惨剧。发生此次灾难性事件的原因有很多,除美国政府过早开采深海石油、英国石油公司匆匆赶工期之外,一个重要原因是奥巴马政府的管理问题。一方面是政府缺乏监管;另一方面是政府应对此次危机行动不力。由此需要思考的问题是:该事件是否应当受到公共信托制度的限制? 回顾莫诺湖案,因为初期没有考虑公共信托,肆意开发水资源,造成水环境的急剧恶化,产生一系列恶性的生态效应。今天,政府管理自然资源仍然应该受到公共信托制度的限制。政府负责石油资源的开发和规划,法律应当要求其对相关的权益进行思量,必须在石油资源的开发和规划中考虑公共信托,一定要尽可能地考虑公共利益。

总之,追溯美国历史,公共信托制度在实践和理论上不断得到发展,适用范围更加广泛。该制度从各个州的法律条文到联邦法律制度都存在不同程度穿插,其法律地位不断加强,从原来的普通法律上升至宪法层面,强有力地推动了环保运动的发展,更好地服务和保护了自然资源。

---

① Barton H. Thompson, Environmental Policy and State Constitutions: The Potential Role of Substantive Guidance, 27 RUTGERS L. J. 863, 871., 1996.

② Haw. Const. art. XII, § 4.

③ Alexandra B. Klass, “Modern Public Trust Principle: Recognizing Rights and Integrating Standards”, *Notre Law Review*, 2006, p. 699.

三、公共信托制度与国家赔偿损害赔偿的抗辩与救济

宾夕法尼亚州法院认为,政府不能请求化工厂因向河内排放污水所造成鱼类死亡而承担赔偿责任,因为该州不享有这些鱼类资源的所有权。① 在环境公益诉讼案件中,不可避免会涉及关于损害赔偿的抗辩与救济。②

(一)抗辩

损害赔偿案件的抗辩理由包括多种,主要如下:

1. 有效的防御

如果是有效的防御,被告当事人将不承担对自然资源的损害赔偿责任。被告声称,对不受公共信托限制的自然资源或者其所主张的权利并不是信托权利,这是有效的防御理由。③ 如果法院不断增加公共信托制度下的资源种类和信托权利种类,被告将拒绝这种扩张,认为法院增加特定信托权利是不合理的。

2. 诉讼时效

随着各州意识到自然资源的重要性,立法机关通过了将环境公益诉讼的时效延长至四年的决定,以支持自然资源的损害赔偿的请求。但是,被告也可能尝试着去延迟诉讼。依据衡平法,延迟诉讼原则可以救济因不合理超过诉讼时效的请求。④ 一个成功的延迟诉讼的要件结构是:"(1)无限期延迟应诉;(2)原告的意识[危害发生];(3)基于一段时间对被告产生的信赖利益。"尽管有证据表明被告不合理地延迟诉讼,但是困难点可能在于:很难证明信托人已经知道损害程度。这尤其适用于地下水,没有一个确切的研究无法确定损害程度。

3. 默许

一些被告可能主张得到公共政策的默许。在这种观点下,损害自然资源是经济发展的自然结果。国家作为公共受托人,给其默示同意赔偿。这个观点也可能出现关于货币损害赔偿的问题。被告可能会争辩说,上缴国家税收应该免

---

① Commonwealth v. Agway, Inc., 232 A. 2d 69, 71., 1967.

② Commonwealth v. Agway, Inc., 232 A. 2d 69, 71 (Pa. Super. Ct. 1967).

③ See, e. g., Puerto Rico v. SS Zoe Colocotroni, 628 F. 2d 652, 671., 1980.

④ Naacp v. Naacp Legal Def. & Educ. Fund, Inc., 753 F. 2d 131, 137., D. C. Cir. 1985.

除经济赔偿。然而这样的话,实际上可能导致原告需要承担比被告更多的损害赔偿责任。

当然存在抗辩不适用的情形:在下列情况下,被告可以不承担责任,如果有大量的证据表明,造成自然资源浪费、环境污染或者生态破坏的情形,是由于:(1)不可抗力;(2)一种战争行为;(3)其他的第三方的作为或不作为,以及被告的雇员或代理人,或现有的直接或间接地与被告与其作为或不作为发生的因果关系。如果被告有大量的证据表明,他行使应有的谨慎行为和采取措施防备任何第三方可预见的行为或疏忽而造成的后果,也可能导致这样的行为或不行为。①

(二)估算和救济

在已经确定损害赔偿义务的情形下,就应该转向损害赔偿的估算和救济。根据公共信托制度,救济措施有修理、更换并赔偿损失等。②

1. 补偿性损害赔偿

补偿性损害赔偿的基本原则是恢复原告应有的权益。③ 从经济角度来看,目的是弥补之前的过错行为所造成的伤害。④ 通常在权利方即原告方的角度上衡量损害物的价值。⑤ 受损的自然资源的价值,一般用恢复或更换的方式进行弥补。

各州建立了较为完整的寻求自然资源损害赔偿的权利体系。⑥ 但是,损害赔偿本身的确定并不能免于争议,环境损失是独一无二的,其价值往往不能被转化为金钱价值。美国国家海洋和大气管理局说,“有可能是有争议的,但是无形的

---

① 42 U. S. C. §9607(b).

② See New Mexico v. Gen. Elec. Co. ,335 F. Supp. 2d 1185. ,D. N. M. 2004;New Mexico v. Gen. Elec. Co. ,335 F. Supp. 2d 1266. ,D. N. M. 2004;New Mexico v. Gen. Elec. Co. ,CIV 99 - 1118 BSJ/KBM & CIV 99 - 1254 BSJ/ACT(consolidated)(D. N. M.).

③ Douglas Layock,Modern American Remdies 15 - 16. ,3d ed. 2002.

④ Ibid. ,at 17.

⑤ Ibid. ,at 19.

⑥ See Dep't of Envtl. Prot. v. Jersey Cent. Power & Light Co. ,336 A. 2d at 750,759. ,N. J. Super. Ct. 1975;see also Md. Dep't of Natural Res. v. Amerada Hess Corp. ,350 F. Supp. 1060. ,D. Md. 1972;Maine v. M/V Tomano,357 F. Supp. 1097. ,S. D. Me. 1973.

损失必须以货币形式进行评估。"[①]一位专家直接指出,"受托人面临的最艰巨的任务,是确定损害赔偿。"[②]选择还原、修理还是替换,取决于法律的规定。在某些情况下,惩罚性损害赔偿可能是合适的。

2. 市场估值

在自然资源受损的情形下,资源的缩水以及全损就涉及市场估值的问题。通过这种做法,法院尝试用金钱弥补自然资源的损害赔偿数额以及对受托人进行一定数量的金钱补偿。[③] 工业上更喜欢这种方法,因为市场估值相对容易衡量。没有确定自然价值的标准公式。一般来说,对于私人持有的资源受损的情形,法院往往根据同等价值的物品进行评估。但是,这并不适合许多的公共信托案件中的资源评估方法,例如,地下水可能根本不能采用这种方法。

以下是一些其他可用的市场评估方法:

对于动物资源的损害,一般依据动物市场的价值来确定损害赔偿。对于植物资源,普通法上规定采用与确定土地损益价值的同等方法。在华盛顿州,通常采用市场价值来评估公共鱼类资源的损害赔偿。市场评估法的反对者主要是认为这种评估方法没有反映资源的价值;而且,由于自然资源的长久存续性和内在价值的特殊性,资源也无法反映出其市场价值。

在美国迪凯特郡农业服务公司起诉杨的案件中,一位农民的豆子被被告不小心喷洒上农药。[④] 在卖豆子之前,农民的做法是把豆子存放一年。[⑤] 第一年的豆子的市场价格是每升7美元,而农民倾向的卖豆价格是每升10美元。[⑥] 最终,法院根据每升7美元的价格裁定赔偿损失,认为"损害赔偿是依据收获时的市场价值计算的。"[⑦]而这种评估方式并不适合地下水等。目前,水资源短缺危机迫在

---

① Report of the National Oceanic and Atmospheric Administration Panel on Contingent Valuation, 58 Fed. Reg. 4601,4611,1993.

② Richard B. Stewart, et al., Evaluating the Present Natural Resource Damages Regime: The Lawyer's Perspective, in Natural Resource Damages: A Legal, Economic, and Policy Analysis 163.,1995.

③ Frank B. Cross, Natural Resource Damage Valuation, 42 Vand. L. Rev. 269,302 – 303.,1989.

④ 426 N. E. 2d 644.,1981.

⑤ Ibid., at 645.

⑥ Ibid., at 645,647 n. 3.

⑦ Ibid., at 647.

眉睫①,然而水价格相对便宜。② 水资源具有不可估量的价值,在未来也是一种宝贵的资源,这种利益的评估到底是应该考虑它未来的潜在价值还是其当前价值呢?③ 当然,被告引用常识来解决这样的争议,而对于损害赔偿,原告必须坚持合理地可预见的原则。然而,正如美国联邦最高法院指出的,"正义和公共政策最基本的要求是应当依法承担自己的错误行为造成的风险的不确定性。"④法院是否在地下水的问题上适用这个推理,无疑会在未来几年成为一个争议的问题。

(三)惩罚性赔偿

适用惩罚性损害赔偿是指那些不合理的侵害长期存在,⑤然而被告不知道或者无法知道伤害是一个有意的商业选择的后果。⑥ 第一,损坏期间使用损耗。"使用损耗"是指在损坏期间,因使用所造成的损失寻求损害赔偿。⑦ 有时,也会适用"损失"赔偿金。⑧ 例如,公园系统资源保护法将自然资源的损害成本定义为恢复和使用损失的价值。⑨ 使用价值包含消耗性使用和非消耗性使用。⑩ 第二,消耗性使用。使用价值是指资源本身的价值。消费使用价值是指人们消费资源所产生的相关价值,比如,内心的满足感,生活的便利性等。例如,由于某湖泊遭受严重污染,渔夫可能6个月内不能钓鱼,那么就对该湖泊丧失了6个月的消费使用价值,这样他就可以主张扩展性的市场评估和补偿性赔偿金。第三,非消耗性使用。非消耗性使用更多地涉及资源的美学价值和娱乐价值,而非使用价值。例如,某河流遭受污染,靠游客收入的漂流经营者会失去收入。由此,这

---

① Henry Brean,Western States to Miss Drought Plan Deadline,Las Vegas Review Journal,March 31,2005,at B4.

② See Steven D. Barnes,Conserve Water Now or Pay Up in the Future,Orlando Sentinel,May 30,2005.

③ Shawn Tully,Water,Water Everywhere,Fortune,at 34 – 343. ,May 15,2000.

④ Bigelow v. Rko Radio Pictures,Inc. ,327 U. S. 251,265. ,1946.

⑤ See e. g. ,Nichols v. Burke Royalty Co. ,576 P. 2d 317,322. ,1977.

⑥ See,e. g. ,Atlas Chem. Indus. ,Inc. v. Anderson,524 S. W. 2d 681,689. ,Tex. 1975.

⑦ See generally Allan Kanner & Tibor Nagy,Measuring Loss of Use Damages in Natural Resource Damage Actions,30 Colum. J. Envtl. L. 417. ,2005.

⑧ See In re Montaux Oil Transp. Corp. v. S. S. Mut. Underwriting Ass' n,Ltd. ,No. 90 CIV 5702,1996 WL 340000,at *2. ,S. D. N. Y. June 19,1996;Gen. Elec. Co. v. U. S. Dep' t of Commerce,128 F. 3d 767,770. ,D. C. Cir. 1997.

⑨ 16 U. S. C. § 19jj(b)(1)(A)(2000).

⑩ Steven Edwards,In Defense of Environmental Economics,9 Envtl. Ethics 73,79(1987).

样的非损耗使用造成的损失可能会超过损耗使用造成的损失。①

近些年,美国已经使用公共信托制度来主张对公共资源进行损害赔偿。② 根据公共信托,政府恢复损失③要考虑的因素是资源是否是公共的,并且其是否具有公用用途。④ 另一个考虑因素是,如何保护和延续自然资源的信托权。之后,国家必须证明,对信托的使用和享受受到不合理的干扰时,享有充分的救济权。⑤这可以被解释为一个行使信托权力的不合理的"阻碍或者障碍",⑥⑦如果没有在信托制度中建立切合实际的责任标准,⑧这样的情形通常通过权衡利益来解决。

四、自然资源公共信托制度对我国的启示

自然资源公共信托制度是一项以保护和管理自然资源为基点的制度,我国应当不断借鉴和吸取公共信托制度的内涵。一方面,可以将环境权入法,促使公民个人及国家对自然环境有更重的责任意识。另一方面,从完善证明标准和合理分配诉讼费用的角度完善公益诉讼制度。

环境公益诉讼案件的侵权责任是相对特殊的,原被告当事人的法律地位是相对不平等的,大多可以视为是私权与公权之间的较量,所以说,双方当事人之间的诉讼能力也是不平等的。⑨ 对此,笔者建议对环境公益诉讼当事人应该适用有区别的证明标准,具体来讲,原告当事人的举证证明程度符合较高程度的盖然性标准即可,然而被告当事人应当符合高度盖然性标准⑩,并且须判定出是否要对损害环境的行为承担一定责任。如前所述,这样的证明原则是符合环境公益

① William W. Shaw, Problems in Wildlife Valuation in Natural Resource Management, in Valuation of Wildlife Resource Benefits, 225., G. Peterson & A. Randall eds., 1984.

② See Meyers, supra note 97, at 731; Lazarus, supra note 31, at 658 - 660.

③ See Rodgers, supra note 4; Carlson, supra note 119, at 10,302.

④ See Rodgers, supra note 4, at 172.

⑤ See Rodgers, supra note 202.

⑥ Black's Law Dictionary 818., 7th ed. 1999.

⑦ Ibid., at 550(enjoyment).

⑧ See Rodgers, supra note 4, at 175.

⑨ 参见张忠民:《论环境公益诉讼的审判对象》,载《法律科学》(西北政法大学学报)2015年第4期。

⑩ 参见张卫平主编:《外国民事证据研究》,清华大学出版社2003年版,第443页。

诉讼利益的,能够保障司法资源的有效利用,更好地保护与管理自然资源。①

我国《民事诉讼法》明确规定,环境公益诉讼案件的诉讼费用承担原则是由原告预先支付,然后由败诉方来最终承担。为了不让公民个人或者社会组织因为高额的诉讼费用而无法起诉,笔者建议应当改革支付诉讼费用的方式,建立环境责任保险制度②,一般是原告方作为被保险人,不排除被告当事人作为被保险人的情形。一方面,建立诉讼费用保险制度,当发生被保险人提起环境公益诉讼案件的情形时,规定保险公司预先支付诉讼费用。如果法院判决被保险人一方当事人胜诉,那么保险公司可以向败诉一方索取诉讼费用;相反,如果法院判决与被保险人相对的另一方当事人胜诉,那么,保险公司无权向保险人索取诉讼费用。另一方面,由相关政府机构单独或者联合成立环境公益诉讼基金,规定何种比例的资金可以用作原告当事人提起环境公益诉讼的费用承担。如果原告当事人胜诉,就有资格获得一定比例的奖励。这样很好地解决了原告的欲起诉与费用高之间的问题,有利于鼓励大家积极保护自然资源。

---

① 参见侯佳儒:《环境公益诉讼的美国蓝本与中国借鉴》,载《交大法学》2015年第4期。

② 参见周珂、刘红林:《论我国环境侵权责任保险制度的构建》,载《政法论坛》2003年第5期。

我国行刑衔接证据准入问题分析

孙玲俐[*]

摘　要：自2012年我国《刑事诉讼法》第52条正式确立行政证据入刑制度，我国行刑衔接案件证据使用一直争议不断，争议主要集中在证据收集主体是否合法、限定准入证据种类是否合理、瑕疵证据作定案依据是否失实这三个方面。为使行刑案件衔接更流畅，应当从问题成因出发，确立摒弃证据提交主体资质审查、正确理解证据种类、发挥"非法证据排除规则"屏障作用，把握庭审实质的行刑衔接证据适用的应然选择。

关键词：行政执法；刑事司法；证据制度；行刑衔接

Analysis on the Access Issues of Evidence Linkage in China

Sun Lingli

Abstract: Since Article 52 of the Criminal Procedure Law of 2012 formally established the administrative evidencc cntry system, the use of evidence in China's execution of the sentence has been controversial. The dispute mainly focuses on whether the subject of evidence collection is legal, whether the type of evidence for admission is reasonable, and the evidence is Whether the basis for the decision is inaccurate or not. In order to make the execution of the execution case more fluent, we should proceed from the cause of the problem, establish the rejection of the evidence submitted to the subject qualification review, correctly understand the types

* 安徽财经大学法学院硕士研究生。

of evidence, play the role of "illegal evidence exclusion rules" barrier, and grasp the appropriate choice of the application of the evidence of the execution of the trial.

Keywords: administrative law enforcement; criminal justice; evidence system; execution

我国实行违法犯罪二元化机制,二元追责机制是指一行为同时具备行政法律法规和刑事法律的可追责事由,由于我国对行政法律责任和刑事法律责任追究机关的分工模式,该行为可能经过双重追责程序的制度。行刑证据的衔接运用,是我国独有的适用争议,其他国家一元追责机制及证据规则体系中,证据没有转换运用必要。[①] 然而,在该机制下,再结合我国刑事立案制度,对于行政机关在治安管理过程中发现犯罪这一普遍现实的情况,行政机关行使行政职权收集的证据却不能有效进入刑事诉讼程序,行政证据准入刑事诉讼缺乏理论和程序上的正当性,致使行刑衔接案件证据适用不流畅。虽然自 2012 年我国《刑事诉讼法》第 52 条明确确立了"物证、书证、视听资料、电子数据"等行政证据可用于刑事诉讼,随后最高人民法院《关于执行〈中华人民共和国刑事诉讼法〉若干问题的解释》、《人民检察院刑事诉讼规则(试行)》(以下简称《规则》)、《公安机关办理刑事案件程序规定》(以下简称《规定》)细化了规则的适用,但是行政证据向刑事证据转化依然争议不断。本文拟围绕证据转化过程中证据资格和证明力问题,突破传统对证据形式要件的严格要求,从证据实质出发,对行政证据的直接适用提出设想。

一、行刑衔接证据准入理论争议

通过对行刑衔接中行政证据直接进入刑事诉讼程序学界在证据资格上的争议焦点进行归纳,发现在证据收集主体合法性、准入证据类型、行政证据使用的条件与程序三个方面存在较大分歧。

---

① 参见刘洋、张斌:《行政执法证据与刑事证据衔接的理论基础》,载《东北大学学报》(社会科学版)2017 年第 5 期。

(一)证据收集主体是否合法

探析证据收集主体合法性,须从证据收集主体资质及证据收集权限这两个层面展开。第一,从2018年10月26日,党的第十三届全国人民代表大会常务委员会第六次会议通过的《刑事诉讼法》第52条来看,①公安机关、检察机关、审判机关行使司法权,具有法定的证据收集主体资格。虽然我国《刑事诉讼法》第54条第2款对四类行政机关收集的证据准入作出了规定,②但并未明晰行政机关的定义,是否意味着所有的行政机关都能作为法定的证据收集主体,向侦查机关移送证据材料?第二,公安机关日常行使行政执法职能收集证据处理治安管理案件,其身份是行政机关,而当案件立案过渡到刑事侦查起诉阶段,公安机关一般又作为侦查机关行使司法权收集调取证据。所以,大多数情境下,公安机关行政执法过程中收集的证据能够进入刑事诉讼,而很多侦查措施只有在正式立案后才能实施,对于行政权法域下公安机关超职权收集的证据该如何处理,法律及司法解释都未作详细的规定。

(二)限定准入证据种类是否合理

而对准入的证据种类,现行刑事诉讼法仅明确行政机关收集的物证、书证、视听资料、电子数据可以用于刑事诉讼,2012年12月31日执行的《规定》第60条把检验报告、鉴定意见、勘验笔录、检查笔录纳入了刑事诉讼可使用的行政证据范围。③ 暂且不谈以上证据用于刑事诉讼的正当性,就法律法规规定可以用于刑事诉讼的行政证据,通过与八类法定证据种类比较,证人证言及当事人的陈述、供述和辩解明显被排除在外,仅考量这类言词证据的可重复收集性和较低的可靠性,④而不加区分地全部排除似乎与节约诉讼成本、保障人权的法治社会

---

① 《刑事诉讼法》第52条规定:“审判人员、检察人员、侦查人员必须依照法定程序,收集能够证实犯罪嫌疑人、被告人有罪或者无罪、犯罪情节轻重的各种证据……”

② 《刑事诉讼法》第54条第2款规定:“行政机关在行政执法和查办案件过程中收集的物证、书证、视听资料、电子数据等证据材料,在刑事诉讼中可以作为证据使用。”

③ 《公安机关办理刑事案件程序规定》第60条规定:“公安机关接受或者依法调取的行政机关在行政执法和查办案件过程中收集的物证、书证、视听资料、电子数据、检验报告、鉴定意见、勘验笔录、检查笔录等证据材料,可以作为证据使用。”

④ 参见孙远:《行政执法证据准入问题新论——从卷宗笔录式审判到审判中心主义》,载《中国刑事法杂志》2018年第1期。

理念相违背。刑事诉讼中对证人证言、犯罪嫌疑人供述等经常重复收集进行比对，检验言词证据的客观性。最初收集的证人证言及犯罪嫌疑人供述最具有客观性，也最能反映案件发生时犯罪嫌疑人的主观状态和客观情况，而直接禁止行政执法过程中收集证人证言及当事人陈述，实际上更不利于发现案件事实。

(三)瑕疵证据作定案依据是否失实

刑事证据的收集与固定具有严格的程序，而在行政执法过程中对证据收集固定的要求显然没有刑事司法高，实践中存在不少在行政执法过程中物证取证完毕会直接归还给物主的情况，而且尽管行政执法要求保全取证过程(采取拍照、录音、录像等方式)，但是受紧急事件和人为主观因素影响，行政执法过程中取证不规范的情况比比皆是，且许多证据又是唯一的，如此单凭取证机关作出合理说明便允许受污染的可能严重影响案件定罪、定性、量刑的行政执法证据进入刑事诉讼，进而作为定案依据，于刑法理念严重不符，是严重侵犯公民人权的表现。因此，谨慎使用瑕疵证据、排除非法证据是实现刑法功能的重要保障，而规范行政执法证据的收集、固定、使用则是实现行刑衔接案件公平正义的有效保证。

二、行刑衔接不流畅成因分析

行刑衔接案件不仅要注重行政执法案件和刑事案件证据搜集的合法性，保障关联证据的客观性，同时不能忽略行政执法与刑事司法的本质差异，这种差异不仅体现在我国行政司法职权的严格划分上，而且形成在行政执法与刑事司法的模式中，也内植于行政权与司法权的本质属性中。

(一)行刑司法权限划分明确

从监察委员会进入司法领域后，我国司法机关组成更为复杂，法院、检察院以及监察委员会在我国《宪法》《人民检察院组织法》《人民法院组织法》中职能明确，但通篇翻阅这些法律，罕见公安机关司法职能定位，仅在《人民警察法》中对人民警察职权进行了详细的说明。根据该法第6条,①人民警察身负行政司法双重职责,但是对于公安机关仅在2018年《刑事诉讼法》第52条有规定,公安机关行使司法权,是法定的证据收集主体,那公安机关作为法定的行政机关行使行政权时便不是法定的证据收集主体;公安机关在办理与刑事案件相关的活动时才具有刑事司法职能,②而其他行政机关则无例外不具有证据收集资质。且案件进入刑事程序,须遵循立案、侦查、起诉、审判、执行发展阶段,不经立案程序,公安机关就不能开展侦查,违背公民意志拘束公民人身自由的侦查措施均不被允许。然而,行政案件转入刑事案件立案通常要经过一定期间,这种启动搜集证据的程序机制虽然对公民的合法法益有相当的保障作用,同时也会阻碍公安机关有效获取证据。

(二)行刑执法理念、模式迥异

行政机关与司法机关是打击违法犯罪的中坚力量,行政机关处理一般违法行为,司法机关惩罚严重违反法律规定的犯罪行为,同时行使国家公权力,代表人民维护社会秩序。然而,因为二者打击对象、打击力度、打击手段有区分,导致行政执法与刑事司法在执法理念与模式上的分化。

第一,行政执法更为注重效率,强调当场性,且遵循原则与刑事司法不同。③公正与效率孰高的问题在有限的执法资源大环境下不可不谈,行政机关肩负社会治安管理责任,在此过程中,发现犯罪情况立案后才提交司法机关,严重违法属犯罪的执法形式就使行政执法与刑事司法就公平与效率的衡量出现反向倾

---

① 《人民警察法》第6条规定:"公安机关的人民警察按照职责分工,依法履行下列职责:(一)预防、制止和侦查违法犯罪活动;(二)维护社会治安秩序,制止危害社会治安秩序的行为;(三)维护交通安全和交通秩序,处理交通事故;(四)组织、实施消防工作,实行消防监督;(五)管理枪支弹药、管制刀具和易燃易爆、剧毒、放射性等危险物品;(六)对法律、法规规定的特种行业进行管理;(七)警卫国家规定的特定人员,守卫重要的场所和设施;(八)管理集会、游行、示威活动;(九)管理户政、国籍、入境出境事务和外国人在中国境内居留、旅行的有关事务;(十)维护国(边)境地区的治安秩序;(十一)对被判处拘役、剥夺政治权利的罪犯执行刑罚;(十二)监督管理计算机信息系统的安全保护工作;(十三)指导和监督国家机关、社会团体、企业事业组织和重点建设工程的治安保卫工作,指导治安保卫委员会等群众性组织的治安防范工作;(十四)法律、法规规定的其他职责。"

② 参见谢惠敏、解源源:《治安管理的刑事司法属性研究》,载《中国人民公安大学学报》(社会科学版)2016年第3期。

③ 参见江国华、张彬:《证据的内涵与依法取证——以行政处罚证据的收集为分析视角》,载《证据科学》2016年第6期。

斜。在效率理念支配下,通常行政机关对一般违法行为当场作出行政决定,对于现场执法情况的记录以及相关证据的收集固定缺乏谨慎态度。而在刑事诉讼领域,司法机关处理刑事案件,公正优先于效率,且保障公平之后方可言及效率提升,刑事惩罚是对犯罪嫌疑人权利的严重剥夺,一旦出现不公正的审判结果,会对当事方造成无法弥补的伤害,故而司法机关在证据的搜集以及初步核实阶段尤为审慎。并且,行政执法遵循合法、合理原则,公正理念只能从合法合理原则中抽象出来。而刑事司法视公正为第一要义,"一次不公正的审判,比十次犯罪所造成的危害还要严重,因为犯罪不过弄脏了水流,而不公正的审判则败坏了水的源头"。培根的法谚恰当反映了在刑事司法领域,坚守公正原则不仅能够起到保障犯罪嫌疑人权益的作用,也有利于维护司法机关作为最后一道防线的公信力与权威性。

第二,刑事司法模式以审判为中心,以事实清楚、证据确实充分为证明标准。早期我国刑事审判庭审形式化,对公诉机关提交的证据只看证据之间的印证,轻视证据是否具备合法性与真实性,容易为形成冤假错案留下漏洞。现今围绕审判中心主义,刑事诉讼须以证据为支撑,对证据的资格审查、证明力判断直接关切最终的审判结果。进而侦查机关须严格执行刑事证据的收集、固定程序,审判机关与检察机关相互监督,并设置庭前会议剔除非法证据,允许辩方在庭上就证据客观性提出异议,且犯罪嫌疑人参与庭审,陈述案件事实、进行自辩。而在行政执法过程中,行政机关发现违法情况,作出处理,行政相对人对该处理作出行为答复,对处理结果有异议,提起行政复议或行政诉讼。不经证据审查即出具书面行政决定、行政复议以书面审理为主、行政相对人不直接参与等因素,都导致规范行政证据收集使用意识的弱化。

(三)行政权与司法权内在属性相悖

行政权是依照法律规定,组织和管理公共事务以及提供公共服务的权力,行政机关行使行政权,代表公共利益施行管理职责,渗透社会生活的每个角落。司法权是指特定的国家机关通过开展依其法定职权和一定程序,以审判的形式将相关法律适用于具体案件的专门化活动而享有的权力。根据行政权和司法权的内涵,行政权具有主动性,旨在发现社会生活中的违法行为并进行处理,维护社会秩序,其权力覆盖面广,具有普遍性。而司法权则是被动的,刑事司法权由适法主体经一定程序提起后发挥效用,是一种专门化活动,其权力关涉对象具有指向性。显而易见,行政权与司法权的内在属性是相背离的,司法权的被动性是区别于积极执行法律、管理各项行政事务的行政权的重要特性之一。行政权管理内容的突发性和广泛性、管理目的的公共性和公益性特征,要求行政机关讲求效率,避免行政事务的堆砌拖沓,因而给行政机关处理事务的期限很短。司法权下法律赋予侦查审判行为较长的期限,也是缘于需要保证司法公正。行政权和司法权内在属性的差异直接体现在行使权力机关的职能划分、执法理念和执法模式上,导致证据收集程序和证据实质认定标准不一,直接影响行刑衔接案件证据适用。

三、行刑衔接证据适用的应然选择

(一)摒弃证据提交主体资质审查

区分国家机构职能定位有利于明确各机关职责和权限,各司其职,防止各国家机关之间相互推诿或超越权限,然而也造成了对非法定证据收集主体收集的证据直接进入刑事诉讼缺乏刑事制度运行合理性的支撑。有的学者认为,行政证据用于刑事诉讼符合法理正当性和经济效益性。[①] 免去部分证据的重复收集工作的确能够节约司法资源,然而在法理正当性方面却论证不充分,行政执法与刑事司法都是国家公权力的运行体现,具有一定的相似性,但是这种有限的相似性不足以排除两者的差异,求小同排大异不能说明行政证据进入刑事诉讼具有法理上的正当性。在刑事诉讼中,证据往往是有限的,一律排除对发现犯罪事实、打击犯罪分子十分不利,尤其在各地法官对“排除合理怀疑”过分谨慎的形势下,排除不适法主体收集的证据,证据链不完整,极易导致法官不敢轻易断案、放纵犯罪。

拘泥于证据收集主体是否具有合法性,是对证据合法性的错误理解,是对行政程序性原则要求中正当法律程序原则的误读。在行政执法领域,强调法定主体法定职权,并要求行政机关作出影响行政相对人权益的行政行为时,必须遵守

---

① 参见张晗:《行政执法与刑事司法衔接之证据转化制度研究——以〈刑事诉讼法〉第52条第2款为切入点》,载《法学杂志》2015年第4期。

正当的法律程序,目的在于保障行政相对人利益。刑事司法不同于行政执法中对程序的要求,其程序规定主要是流程规范性规定,刑事诉讼并未将程序正当作为基本原则,且并未言明非《刑事诉讼法》第52条的法定证据收集主体收集的证据不合法,不能作为刑事诉讼的证据使用。退一步说,私人刑事调查取得的证据早已进入刑事诉讼,①实践表明,证据的使用,只要收集手段合法,就可使用;而对证据提交主体资质进行审查于法无据,对证据合法性涵摄的不恰当外延不仅不符合经济效益,同时也不符合法治社会建设过程中倡导的提升人权保障力度,严厉打击犯罪行为的真正理念。因此,摒弃证据提交主体资质审查,是对证据合法性涵摄不恰当外延的修正。

(二)正确理解证据种类

正确理解证据类别,需要从证据的外延和内涵两方面理解。我国《刑事诉讼法》正式将准入证据种类确定为物证、书证、视听资料、电子数据,排除了行政证据种类中的当事人陈述、证人证言、鉴定意见、勘验笔录及现场笔录。立法者本意在于排除行政言词证据、保留实物证据,除却考量言词证据可重复收集的特性,还秉持实物证据不易被篡改的观点。② 但是,区分实物证据和言词证据,是证据内涵的划分,参照的是证据的外在特征,缺乏科学性,并且立法者对准入证据种类的参考标准恰恰是证据的外在特征。以形式区分实质,实际上就是对证据类别的错误理解。然而,根据实践经验,电子数据同言词证据一样容易被篡改,且具有隐蔽性。③ 而对言词证据,相关规定已将鉴定意见、勘验笔录等纳入行政证据准入范围,但是对证人证言及当事人陈述仍是坚决排除,对言词证据的再区分则没有任何依据。同时,对行政证据不加区分,直接进入庭审,可以反映当事人与案件相关最深刻最真实的印象,而且对发现刑讯逼供也有帮助,当发现行政执法过程中收集的当事人陈述、证人证言与刑事侦查机关收集的犯罪嫌疑人供述相比对不一致的情况,可以提示法官重点关注。据此,行政执法过程中收集的

---

① 参见欧阳爱辉:《私人刑事调查法制化研究》,湘潭大学法学院2012年博士学位论文,第59页。

② 参见李清宇:《行政证据在刑事诉讼中的应用疑难问题研究》,载《青海社会科学》2015年第4期。

③ 柳永:《大数据背景下电子数据行刑衔接机制研究》,载《行政法学研究》2018年第5期。

证人证言、当事人陈述在庭审中发挥的作用不能被言词证据的可重复收集性吸收而予以排除适用。法律意见三番五次的转换以及学界和实务界对相关行政证据直接进入的呼吁,实际上就反映了立法者在证据种类和证据分类上相互混淆的状况。

(三)发挥“非法证据排除规则”屏障作用,把握庭审实质

现今庭审实质化,以审判主义为中心,直接审理是刑事诉讼坚持的基本原则,对证据的审查趋于程序与实质并重。在以审判主义为中心的司法环境下,公诉机关提交的所有证据最终能用作定案依据的,都需要经过证据资格和证明力的严格审查。首先,在检察机关提起公诉之前,要对侦查机关搜集的证据(包括行政机关收集的证据)进行审查,检验证据的证据资格、证明力,确认掌握证据达到起诉的条件再提交法院。其次,法院接收到案卷材料开庭前召集庭前会议,集中审查证据来源、证据收集程序、证据真实性等是否符合证据资格的要求,对检察机关经过审查起诉程序后移交的所有证据都要再次讨论检验,确定提交的证据真实可靠。最后,控辩双方在庭审阶段就双方提交的证据进行举证质证,虽对证据资格无法提出异议,但是允许辩方就行政机关收集的证据的来源、获取手段、收集程序等存在瑕疵或者缺陷,提出不宜作定案依据的证据证明力抗辩。正因为刑事诉讼对证据的严格要求,所以对行政证据收集主体资质、准入证据种类的限定对刑事审判并没有实质意义的帮助,反倒有可能阻碍法官发现案件事实。

行政协议相对人违约之救济路径选择

——行政处理先行模式的证成

王艺坪*

摘　要:我国《行政诉讼法》第12条虽明确将行政协议纳入行政诉讼受案范围,然而单向性的诉讼模式仅赋予了相对人原告资格,对行政协议纠纷中屡现的"官告民"之诉并无规定。行政协议诉讼原告资格的恒定,对行政机关救济途径的立法保留,致使理论与实践中就行政相对人不履行行政协议的救济模式存有较大争议。行政处理先行的救济模式能够遵循《行政诉讼法》的立法宗旨,避免相对人权益受损,亦能高度融合于现行的行政法律体系,较之其他的救济模式具有无可比拟的优越性。

关键词:行政协议;行政诉讼法;法律救济;行政处理先行

The Choice of Remedy for Counterpart's Breach of Administrative Agreement

—Justification for the Administrative Treatment First Mode

Wang Yiping

Abstract: Although Article 12 of the Administrative Litigation Law explicitly incorporates administrative agreements into the scope of administrative litigation, the one-way litigation model only gives the plaintiff qualification of the counterpart, there is no stipulation on the litigation of "the government sues the people" frequently occurring in administrative agreement disputes. The uniformity of the plaintiff in the

* 中央财经大学法学院硕士研究生。

administrative agreement litigation and the legislative reservation of the administrative agency's remedy path have caused great controversy in the theory and practice that the administrative counterpart does not perform the administrative agreement. The administrative treatment first mode can follow the legislative purpose of the Administrative Litigation Law, avoiding the damage of relative rights and interests, and can be highly integrated into the current administrative legal system, which has unparalleled superiority compared with other relief models.

Keywords: administrative agreement; administrative litigation law; legal relief; the administrative treatment first mode

一、引　　言

行政协议作为一种双方法律行为,协议的订立、变更、解除均由行政机关主导,是行政机关行使公共权力的体现。① 就其本质而言,行政协议属于行政行为,具有行政性。但行政协议又有别于传统意义上的行政行为,不具有单方意志性,而是由行政机关与相对人共同协商一致达成合意,遵循契约自由,具有契约性的特点。我国《行政诉讼法》目前已经将行政机关签订、履行、变更、解除行政合同的行为纳入了行政诉讼的受案范围。行政协议纠纷中的"民告官"之诉已经有法可依,但"官告民"之诉尚无明确可循的法律依据。现行法规也并未明确行政协议中"官告民"的救济途径。

二、行政处理先行模式的基本内容

(一)行政处理先行模式的基本内涵

依据已有理论研究,行政处理先行救济模式指"为实现公共目的,在相对人违反协议约定的前提下,由签订行政协议的行政机关就相对人的违约行为做出催告、履行协议等新的行政行为,以督促行政相对人履行协议。"②此时,如果行政

① 参见童卫东:《进步与妥协:"行政诉讼法"修改回顾》,载《行政法学研究》2015年第4期。

② 王小金、洪江波:《行政相对人不履行行政协议的救济规则》,载《公安学刊》(浙江警察学院学报)2017年第1期。

相对人遵照行政决定履行相应的义务,则可实现行政协议的目的;如果行政相对人没有履行相应的义务,则行政机关有权依照《行政诉讼法》第97条①之规定,申请法院强制执行作出的新行政行为;行政相对人对作出的新行政行为不服,有权依照《行政诉讼法》第12条之规定向法院提起行政诉讼。

在行政机关就相对人的违约行为作出的新行政行为送达相对人后,如果行政相对人在法定期限内既不提起行政诉讼也不履行行政制裁,行政机关可向人民法院申请强制执行,这一设计为行政机关提供了保障,有利于提高行政协议履约的效率。② 与此同时,这一设计也在一定程度上督促相对人履约,为行政相对人提供了补救的机会。此外,依据我国《行政强制法》第35条③之规定,催告程序与新履行期限的设置也为相对人的履行行为预留了时间,可以有效避免因相对人的疏忽而造成的协议的未依约履行,为及时止损提供了可能性。行政协议的签订目的是增加社会福利,维护社会福祉。行政处理先行的救济设计既能为行政机关提供保障,也为协议的有效履行创造了机会。

此外,行政处理先行模式也为防止公共部门权力滥用设置了配套措施,在行政相对人认为政府部门作出的新行政行为侵害自身合法权益时,有权利依法提起行政诉讼。

(二)行政处理先行模式的理论依据

行政处理先行模式是以行政优益权作为理论依据的。所谓行政主体优益权,是指"行政主体在行政合同签订后享有的超越一般合同权利的特别权力。"④行政优益权具体体现为合同内容的决定权、合同履行的监督指导权、单方解除和变更权,以及对违约方的制裁权等。该项权力为行政机关所独有,为行政机关设置行政优益权的目的在于对公共利益的维护。行政协议是以行政为本位的,行

---

① 《行政诉讼法》第97条规定:"公民、法人或者其他组织对行政行为在法定期限不提起诉讼又不履行的,行政机关可以申请人民法院强制执行,或者依法强制执行。"

② 参见何芳:《行政合同相对人违约纠纷的解决途径》,吉林大学2017年硕士学位论文,第33页。

③ 《行政强制法》第35条第1款规定:"行政机关作出强制执行决定前,应当事先催告当事人履行义务。"

④ 何彤文、刘慧娟:《行政优益权行使的合法性审查》,载《人民司法》2015年第22期。

政性应是协议的本质属性,合意性处于从属地位。[①] 但行政优益权的实现并非没有限制,为降低相对方利益受损的可能性,只有在合同权利无法满足行政目的的实现或法定的情势变更出现时,行政优益权才有行使的必要。[②]

我国虽然尚未就行政优益权的行使条件与程序予以专门规定,但是已经在部分行政协议中赋予了行政机关一定的特权。例如,在《土地管理法》第5条[③],规定了行政主体监督国有土地使用的权力;在第38条[④]规定了单方解除协议收回闲置土地等特权。理论研究与司法实务中也已经基本形成了对行政优益权适用条件的共识,即:“首先,必须是为了防止或除去对于公共利益的重大危害;其次,当作出单方调整或者单方解除时,应当对公共利益的具体情形予以释明;再次,单方调整须符合比例原则,将由此带来的副作用降到最低;最后,应当对相对人由此造成的损失依法或者依约给予相应补偿。”[⑤]

行政优益权是为确保行政目的不至落空而必须保有的选择。行政协议以特定的行政管理与公共利益的实现为目的,在行政相对人不履行协议的情形下,订立合同的目的将难以实现。在这一前提下,行政机关有权力行使行政优益权以保障行政目的的有效实现。依据我国《行政诉讼法》第97条之规定,行政协议不能直接作为执行名义,但是可以通过转换为行政行为的方式,成为执行名义。行政处理先行模式即是由行政机关行使行政优益权以转换执行名义,通过做出新的行政决定以督促行政相对人的履行。

---

① 参见杨勇萍、李继征:《从命令行政到契约行政——现代行政法功能新趋势》,载《行政法学研究》2001年第1期。

② 参见林泰、杨靖文:《司法权视野中的行政合同——以“行政优益权”为基础的分析》,载《理论月刊》2011年第7期。

③ 《土地管理法》第5条第1款规定:“国务院自然资源主管部门统一负责全国土地的管理和监督工作。”

④ 《土地管理法》第38条第1款规定:“禁止任何单位和个人闲置、荒芜耕地。已经办理审批手续的非农业建设占用耕地,一年内不用而又可以耕种并收获的,应当由原耕种该幅耕地的集体或者个人恢复耕种,也可以由用地单位组织耕种;一年以上未动工建设的,应当按照省、自治区、直辖市的规定缴纳闲置费;连续二年未使用的,经原批准机关批准,由县级以上人民政府无偿收回用地单位的土地使用权;该幅土地原为农民集体所有的,应当交由原农村集体经济组织恢复耕种。”

⑤ 参见最高人民法院(2017)最高法行申3564号。

三、行政处理先行救济模式的合理性分析

现阶段针对行政协议相对人违约的救济路径主要有民事诉讼救济路径、行政诉讼救济路径、非诉执行救济路径与行政处理先行救济路径四种。下文将通过对四种救济模式的具体比较分析,论述行政处理先行模式的合理性。

(一)民事诉讼救济模式

民事诉讼救济指的是通过民事诉讼程序对行政协议相对人违约的情形予以私法上的保护。支持这一救济模式的学者认为,为保障行政管理职能的有效行使,行政机关应该享有诉权。[①] 由于我国没有将行政机关纳入行政诉讼原告的范畴,故而为保障行政机关的诉求,应该使用民事诉讼程序提供救济。[②]

但是,适用民事诉讼程序并不妥当。第一,行政协议属于行政机关实施社会管理的一种方式,主体间不具有平等性,不符合民事诉讼的基础理论。第二,行政机关违反行政协议的情形已经明确纳入了行政诉讼受案范围,确定了行政协议的行政性,不适宜民事诉讼。第三,民事诉讼"谁主张谁举证"的证明责任分配不利于对相对人的保护。第四,采用民事诉讼救济模式的诉讼时效在几种模式中最长。[③]

(二)行政诉讼救济模式

行政诉讼救济模式也被许多学者称为公法模式,该种救济路径旨在将相对人不履行行政协议的行为纳入行政诉讼的受案范围。但依据我国《行政诉讼法》第2条[④]可知,我国的行政诉讼法原告资格恒定,只有公民、法人、其他组织的合

---

① 参见张士河:《行政协议纠纷救济机制探析——单向性诉讼结构向双向性诉讼结构的蜕变》,载《山东审判》2017年第1期。

② 参见裴蓓、易欣:《行政协议相对人不履行协议之救济困境与选择——以行政机关申请非诉执行为出路》,载《中国人民公安大学学报》(社会科学版)2017年第1期。

③ 依据我国《民法总则》的规定,民事诉讼时效一般为3年。《民法总则》第188条第1款规定:"向人民法院请求保护民事权利的诉讼时效期间为三年。法律另有规定的,依照其规定。"

④ 《行政诉讼法》第2条第1款规定:"公民、法人或者其他组织认为行政机关和行政机关工作人员的行政行为侵犯其合法权益,有权依照本法向人民法院提起诉讼。"

法权益因行政机关及其工作人员的行政行为遭受损害时,才能提起行政诉讼。因此,将行政相对人的违约行为纳入行政诉讼的受案范围的前置条件是,行政机关必须被纳入行政诉讼的原告范畴。① 所以,支持该种救济方式的学者往往通过分析行政机关作为行政诉讼原告的必要性,以论证适用行政诉讼模式的合理性。② 更有学者提出反向行政诉讼的新思路,意图通过立法途径转变行政诉讼单向结构,从结构和形式意义上赋予行政机关特定情形下起诉相对人的权力。③ 尽管反向行政诉讼在平衡行政协议契约性与行政性上具有一定优势,较之不加辨别地扩大行政诉讼原告范畴的方式更具合理性,但无论是将行政机关完全纳入行政诉讼原告范围,还是仅就特定类型的行政行为反向诉讼均存在下述两方面的问题。

一方面,对于原告范围的扩大不能以司法解释的方式予以补充,只能大规模地修法。我国现行的《行政诉讼法》于2017年大修,短期内再次修改不具有现实可行性。另一方面,“官告民”之诉与行政诉讼的立法宗旨、基础设计不符。以监督行政机关及其工作人员依法行使职权为目的的行政诉讼,原告资格恒定,只适用于受单方行政行为损害的相对人。

(三)非诉执行救济模式

非诉执行模式以我国《行政诉讼法》第97条为依托,如果行政相对人不履行行政协议,又没有就该行政行为提起复议或诉讼,则由行政机关直接申请人民法院强制执行。支持该种解决途径的学者认为,行政协议已被纳入了行政行为的范畴,因此相对人不履行行政协议的情形当然适用于非诉执行的相关规定;④这样也有利于节约司法成本,提高纠纷解决效率。然而,具有契约性的行政协议与单方面的行政决定性质不同,也缺乏适用强制执行的法律依据。并且,法院对行

① 参见徐福山:《行政合同相对人违约法律救济机制研究》,吉林大学2017年硕士学位论文,第27页。

② 参见梁凤云著:《新行政诉讼法讲义》,人民法院出版社2015年版,第79页。

③ 参见解志勇、闫映全:《反向行政诉讼:全域性控权与实质性解决争议的新思路》,载《比较法研究》2018年第3期。

④ 参见裴蓓、易欣:《行政协议相对人不履行协议之救济困境与选择——以行政机关申请非诉执行为出路》,载《中国人民公安大学学报》(社会科学版)2017年第1期。

政机关申请的强制执行仅具有书面审查的义务①,易忽视相对人的真实意愿,造成私主体权益受损。

(四)行政处理先行救济模式的合理性

行政处理先行模式,一方面,将不可直接执行的行政协议转化为可以申请执行的行政决定,从而得以适用《行政诉讼法》《行政强制法》的相关规定,为行政机关提供救济;另一方面,督促行政相对人在预留时间内及时履行,并为可能出现的对相对人权益的损害预设了法定救济途径。该模式能够在维护公共利益、保护相对人合法权益的前提下,实现与现行法律规范体系最大限度的融合。

有学者提出行政处理先行的救济模式有"醉翁之意不在酒"之嫌,作出新的行政决定是为了将行政协议争议纳入行政诉讼范畴,降低了行政效率②。行政处理先行模式是分两步走:第一步是新的行政决定的作出;第二步是对行政决定的强制执行或对决定提起的行政诉讼。第二步仅是救济途径,而并非必经程序,如果在新的行政决定送达后,行政相对人随即适当履行行政协议,维护公共利益的目的即可实现,则无须画蛇添足实施第二步的救济。是以,行政处理先行的救济路径并未忽视行政效率。

四、行政处理先行模式的完善

行政协议的行政性决定了行政机关享有行政优益权,行政处理先行模式是以行政优益权的行使为基础的。为保护相对人的合法权益,平衡公共利益与私人利益之间的关系,在适用行政优益权的同时,应尽可能地减小对相对人权益的损害。③ 本部分将明确行政优益权的内容设置,并从新行政行为的权力基础、行为内容、行为效力三个方面对行政机关予以约束,以求行政处理先行模式的进一

① 参见《行政强制法》第57条规定:"人民法院对行政机关强制执行的申请进行书面审查,对符合本法第五十五条规定,且行政决定具备法定执行效力的,除本法第五十八条规定的情形外,人民法院应当自受理之日起七日内作出执行裁定。"

② 参见齐红兵、冯建伟:《行政合同"官告民"诉讼制度的构建——从D市国土局诉SH房地产公司案说起》,载《法治社会》2017年第5期。

③ 参见张敏:《从行政性、合同性双重视角审视行政合同的延展与规范》,载《政法论丛》2018年第4期。

步完善。

(一)行政优益权内容的设置

我国法律已经赋予了公权力机关在行政协议变更与解除上的行政优益权。但是行政优益权并非仅限于单方变更权、单方解除权两类。作为“行政法的母国”,法国法有着较为完善的行政优益权制度体系。其中,法国行政优益权大抵可以归入监督指导权、制裁权、单方终止权与单方修改权四个大的类别。① 监督指导权意味着行政机关在行政合同履行过程中有权对相对人的履约情况实时监督和指导。而制裁权则指在相对人重大过错、义务未履行的情况下,由行政机关对其施以相应的处罚。

相对人违反行政协议约定的缘由、具体情形较为复杂,仅设置单方变更与解除权并不足以满足实践发展需要。而法国四大类别的行政优益权可适用于所有的相对人违约的类型,有助于行政协议纠纷的妥善解决。

由于我国行政法与法国行政法在法律传统、行政立法侧重、行政协议特权问题的认识等诸多内容上具有相似之处②,所以,针对行政协议相对人违约的救济,可以借鉴法国法设置监督指导权与制裁权的有益经验,以丰富我国行政优益权的内涵。

(二)行政机关作出的新行政行为的基础

法院在具体的案件审理中往往能够对争诉主体的争议内容予以充分的考量,司法活动也与社会生活关系紧密,更能反映实践发展需要。所以,对基础问题的解决可以借鉴我国司法实践中的做法。

我国《行政诉讼法》明确将行政协议纳入行政诉讼受案范围后,司法实践中有关行政协议纠纷的案件日渐增多,既包含大量涉及行政单方解除、变更权的纠纷,又存在涉及监督指导权、制裁权的纠纷。

针对单方解除、变更权的纠纷,法院往往提出“行政机关因公共利益需要或

---

① 参见李颖轶:《法国行政合同优益权重述》,载《求是学刊》2015年第4期。

② 我国与法国均具有公私法二元界分的法律传统;均强调行政协议的行政性,强调行政行为的公益性目的;均认可公权力机关在行政协议中享有特权。

者其他法定理由,可以单方变更、解除协议"。[①] 所以,司法机关强调单方解除、变更权来源的法定性及公益性。

虽然因行政机关行使监督指导权、制裁权而引发的行政协议纠纷较少,但法院在释明判决理由的过程中,也强调了权力来源的法定性,要求行政机关应在其职权范围内作出的新行政行为。例如,在"冯某某、易某某城乡建设行政管理:房屋拆迁管理纠纷案"中,法院通过援引《四川省〈中华人民共和国土地管理法〉实施办法》之规定,明确了被诉行政机关的行政职权,最终确认被诉行政机关在相对方违反行政协议约定的前提下,做出的行政强制决定合法。[②] 在"广州远大置业有限公司、广铝集团有限公司诉广州市国土资源和房屋管理局追缴土地使用权出让合同违约金行政决定纠纷案"(以下简称"广州远大置业有限公司案")中,法院依据我国《土地管理法》的规定,明确主管部门监督管理土地使用权出让的职权,并据此明确"主管部门有权对上诉人未按时缴纳土地出让金的行为作出行政决定追缴违约金"。[③]

可见,无论是基于何种内涵的行政优益权作出的行政行为,司法机关均强调行为来源的法定性。

现阶段,我国行政协议问题的研究刚刚起步,行政协议问题的解决也缺乏完善的配套措施,为平衡公权力与私权利之间的关系,必须对行政优益权予以必要的限制。强调新行政行为的作出应基于"法定理由"或"法定职权",有助于降低行政机关滥用权力的可能性,避免相对人的合法权益遭受不法侵害,无论从司法实践还是从理论研究上看都具有重要意义。

其中,"其他法定理由"必须严格遵循法律规定,但是对"法定职权"则不宜采用严格解释,在"广州远大置业有限公司案"中,法院依据法律规定认可了主管部门的监督管理职能,进而对主管部门作出的追缴违约金的行政决定予以认同。可见,行政机关作出的行政行为只要是其实施法定职权的题中应有之义,即可成为该行政行为的基础。虽然,人民法院认为"公共利益需要"也足以作为单方变更、解除行为的条件,但由于"公共利益需要"的内容太过抽象,为避免公权力部

---

① 参见沈广明:《行政协议单方变更或解除权行使条件的司法认定》,载《行政法学研究》2018年第3期。

② 参见最高人民法院(2017)最高法行申6817号。

③ 广州市中级人民法院(2015)穗中法行终字第695号。

门滥用行政优益权,以“维护公共利益”之名行“损害私人利益”之实,“公共利益需要”仅能成为新行政行为合理性的判断,而不宜成为合法性的依据。

综上所述,行政机关应基于法定职权或基于其他法定理由作出的新行政行为。

(三)行政机关作出的新行政行为的内容

法国法中通过区分相对人过错程度的方式来确定针对相对人作出的具体的行政行为,在相对人瑕疵履行的情况下,有权力启动监督指导权,以保障行政协议的适当履行;在当事人重大过错、未履行义务的情形下,有权启动制裁权,可以解约、予以金钱制裁等。[①] 为遵循比例原则,应将对相对人可能造成的损害限定在尽可能小的范围内,我国也可以借鉴该种制度设计,以完善行政处理先行救济模式。

对相对人过错程度的区分方式,可以借鉴我国《最高人民法院关于适用〈中华人民共和国行政诉讼法〉若干问题的解释》第15条第1款之规定,并参考《合同法》有关合同履行的内容,将相对人违约的情形具体区分为行政相对人拒绝履行、行政相对人未按约定履行、行政相对人履行不能三种类型,从而确定在特定情况下,可针对行政相对人违约作出的具体的行政行为。

具体言之,在行政协议相对人未按约定履行的情形下,行政机关有权针对相对人的不完全履行,作出要求相对人采取补救措施的行政命令;在行政协议相对人履行不能时,行政机关有权作出解除行政协议的行政决定;在行政协议相对人拒绝履行时,行政机关有权在维护社会公共利益的宗旨下,选择作出要求行政相对人继续履行的行政命令或要求解除行政协议的行政决定,并要求合理赔偿。

为避免对相对人责任的过分加重,相对人因违约而需承担的赔偿应以行政机关为签订、履行协议所做准备及因合同解除而遭受的直接损失为限。此外,为避免公权力机关权力的滥用,相对人是否存在履行瑕疵也应由独立的第三方机构予以评估认定。

(四)行政机关作出的新行政行为的效力

行政处理先行救济模式中,行政机关为实现协议目的或为及时止损,而针对

---

① 参见李颖轶:《法国行政合同优益权重述》,载《求是学刊》2015年第4期。

相对方的违约行为作出新的行政行为。从内容上来看,行政主体作出该行政行为是在行使法定行政职权,具有从属法律性;从目的上来看,行政主体作出该行政行为是以行政管理为目的,最终是实现公共利益,具有服务性;从行为结果上来看,行政主体可以援用现有行政法律规定,对该行政行为予以强制执行,具有单方意志性与强制性。

所以,该行政行为与传统的单方行政行为别无二致。行政机关作出的新行政行为也应具有公定力、确定力、拘束力与执行力。同样,该行为的成立与执行也需遵循行政法的基本原则,符合行政法律规范的相关规定。

“宽严相济”刑事司法政策下对我国当前“正当防卫”制度的反思

郑少杰[*]

摘　要：自2006年始，我国正式将“宽严相济”的刑事司法政策确立为刑事领域的一项基本政策，但是，本文通过对中国裁判文书网以“正当防卫”为由，要求轻判的二审（终审）刑事判决书的分析，发现我国法院在刑事案件的“正当防卫”认定现状上与“宽严相济”的刑事司法政策并不吻合，一些应当认定为“正当防卫”的案件都被当作了犯罪处理。当前我国“正当防卫”制度在实践中主要面临正当防卫法律构成要件抽象、正当防卫证明标准不明晰的问题。对此，本文有针对性地提出了“重视司法解释、指导性案例对法律要件抽象性的缓解作用”“在理论上，对‘正当防卫’的构成要件作出更为宽松的理解”“正当防卫证明标准采高度概然性标准”的建议，希冀能够为司法机关在正当防卫的成立判断上提供一些参考。

关键词：宽严相济；刑事司法政策；正当防卫

Rethinking the Current “Defend Defense” System in China under the Criminal Justice Policy

Zheng Shaojie

Abstract: Since 2006, China has officially established the criminal justice policy

* 对外经济贸易大学法学院本科生。

of "tempering justice with mercy" as a basic policy in the criminal field of our country. However, this article requires the second trial (final review) of the light judgment on the grounds of "justifiable defense" on the Chinese refereeing paper network. The analysis of the criminal judgment found that the criminal court's "legitimate defense" in the criminal case is not consistent with the criminal justice policy of "tempering justice and strictness", and some cases that should be considered as "legitimate defense" have been treated as crimes. At present, China's "legitimate defense" system is mainly faced with the problem of the abstract elements of legitimate defense laws and the unclear standards of legitimate defense. In this regard, this paper puts forward the "mitigation of judicial interpretation, guiding cases to ease the abstraction of legal elements", "in theory, make a loose understanding of the constituent elements of 'legitimate defense'", and "due defense proof standards which adopt a high degree of probabilistic standard", which hopes to provide some reference for the judiciary to judge the establishment of legitimate defense.

Keywords: Strictness and strictness; criminal justice policy; justifiable defense

一、引　　言

在刑事司法政策方面,我国从早期的"严打"逐渐转变为"宽严相济"。2006年10月11日,党的十六届六中全会通过《中共中央关于构建社会主义和谐社会若干重大问题的决定》,该文件提出:"实行宽严相济的刑事司法政策。"

"正当防卫"作为一种法定的违法阻却事由,是国家鼓励私人同违法犯罪活动作斗争的法律象征,在司法实践的认定上应从"宽"的角度理解,这样既有利于保护公民自己、他人、集体和国家的利益,也有利于维护"法"的秩序。但是,在我国当前的司法实践中,部分司法人员仍然坚持打击犯罪是司法机关的职责,私人只能在有限范围内制止犯罪行为。"有限范围"的典型理解就是制伏犯罪嫌疑人但是不得伤害犯罪嫌疑人,如果超出了这个限度,造成犯罪嫌疑人伤亡,要么构成防卫过当,要么不具有防卫情节属于故意犯罪。这种标准对司法人员而言,在实践中操作起来简单方便,省时省力,但是却与我国"宽严相济"的刑事司法政策相违背,也与普通公民的社会认知相左。在社会舆论的监督下,司法机关处理涉及“正当防卫”因素案件的态度已经在逐渐发生变化。从“于欢辱母杀人案”的一审不具有防卫情节到二审改判防卫过当,到“昆山龙哥案”的正当防卫,司法机关在“正当防卫”的认定标准上开始从“宽严相济”的“严”向“宽严相济”的“宽”进行转变,更加符合社会现实。

二、当前我国刑事司法领域中“正当防卫”的认定现状

根据对中国裁判文书网上100份以“正当防卫”为由,要求轻判的二审(终审)刑事判决书的分析,仅有4份被法院认定,其他20份为防卫过当,另外76份为故意伤害罪。① 正当防卫成立、被告人被判无罪的案件占比仅为4%,即使算上防卫过当,法院认定被告人具有防卫情节的案件占比也仅为24%。也就是说,平均每4件以“正当防卫”为由阻却违法性的案子,只有一起法院才会认定具有防卫情节,作为量刑时的考量因素,几乎不存在借此脱罪的可能。

目前,我国法院在认定“正当防卫”的标准上把握较为严苛,与“宽严相济”的刑事司法政策并不吻合。一些应当认定为“正当防卫”的案件都被当作了犯罪处理。典型的有以下两种情形。

(一)将正当防卫认定为相互斗殴,进而认定为故意伤害罪

例如,黄某甲、黄某乙的河滩地相邻。2010年4月,黄某乙在河滩地中栽放石桩以明确界畔,后被黄某甲拔掉。2010年4月29日7时许,黄某甲、黄某乙因地畔和石桩问题产生争吵并相互撕抓,被他人拉开。黄某乙便拿铁铲到河滩地中铲土以清理界畔。9时许,黄某乙到公路边黄某甲门前洗手。黄某甲用手指着黄某乙说:“你不要脸,你清地畔清到我头上来了。”黄某乙也用手指着黄某甲说:“你不要脸。”然后两人用手相互推挡,黄某甲手抓黄某乙头部,致使黄某乙右额头出现抓痕。黄某乙说:“你再舞抓,我就是一铲子。”黄某甲一掌将黄某乙推到水沟,黄某乙用铁铲把(约1米长)打在黄某甲的腰部。黄某乙从地上捡起一砖块准备打黄某甲,后自行扔掉。法院认为,“被告人黄某乙用铁铲把殴打自诉人

---

① 《南都周刊》:《100起刑事判决书告诉你:正当防卫主要靠跑!》,载搜狐网:https://www.sohu.com/a/130980074_157078,最后访问日期:2020年1月8日。

身体,在主观上具有报复伤害自诉人的故意,在客观上实施殴打自诉人的行为且造成自诉人右第十肋骨骨折达到轻伤,其行为触犯了我国《刑法》第二百三十四条之规定,构成故意伤害罪,应处三年以下有期徒刑、拘役或者管制。"①该案中,在两人用手相互推挡期间发生撕扯,可能构成《治安管理处罚法》上的违法行为,但不至于构成刑法上相互斗殴的犯罪行为。之后黄某乙明确向黄某甲发出警告,表明自己要对对方可能的不法侵害进行防卫,具有明显的防卫意识。黄某甲无视黄某乙的警告,将其推到水沟,属于对黄某乙人身权利的不法侵害。面对正在进行的不法行为,黄某乙用铁铲击打黄某甲的腰部,是为了保护自己的合法权利,防止对方的进一步侵害,且黄某乙从地上捡起一块砖后又自行扔掉,更能体现其防卫的意图,而不具有相互斗殴、伤害黄某甲身体的意图。本案法院将2人之前的撕扯行为和黄某乙的正当防卫行为视作一个整体,没有区分两种行为的不同,故把黄某乙的正当防卫行为认定为故意伤害行为。

(二)将正当防卫认定为防卫过当,进而认定为故意伤害罪

例如,2009年1月7日10时许,被告人宋某在某商业大厦南侧的小吃摊营业时,开车经过此处的孙某、薛某让宋某推走摊前三轮车,宋某未予理睬,为此发生争吵。孙某即打电话叫来其朋友何某、秦某及1名男子(身份不详),3人赶到后对宋某拳打脚踢。宋某遭殴打蹲在了地上,顺手从摊位上拿起一把菜刀砍抡,将何某、秦某砍伤,经法医鉴定,2人均为轻伤。法院经审理认为,被告人宋某在遭受他人不法侵害时,持刀将2人砍至轻伤,虽属正当防卫,但明显超过必要限度造成重大损害,应以故意伤害罪追究刑事责任。法官指出:"宋某的行为并不能成立正当防卫,理由有二:一、正当防卫的立法原意应是对不法侵害的制止,本案虽能够确定宋某当时确实正在遭受不法侵害,但宋某持刀对手无寸铁的何某、秦某砍、抡已超出了'制止'的本意。二、被害人多处部位受伤,说明宋某对被害人不只砍了一刀,其中一人被害人手指被砍掉,另一人被害人胳膊留下后遗症。从被害人受伤的部位、程度看,宋某亦已超出正当防卫的立法本意。"②本案中,宋某遭到3人的殴打,其身体权益明显遭到不法侵害,俗话说"双拳难敌四手",如

---

① 张明楷:《故意伤害罪司法现状的刑法学分析》,载《清华法学》2013年第1期。

② 同上。

果宋某不借用其他工具,明显不可能阻止 3 人的不法侵害。司法机关不能要求防卫的手段必须与不法侵害的手段相适应,例如不法侵害人没有拿武器,防卫人也不能使用武器。如果防卫手段与侵害手段相适应,防卫人面对不法侵害人反击的手段不具有优势,怎样才能制止不法侵害呢?因此,宋某在情急之下选择使用菜刀进行防卫,属于正常的防卫手段。虽然宋某砍伤了何某、秦某,但是在当时的情况下要求宋某既要制止对方的不法侵害、又不能伤害对方,这显然超出了宋某作为一个普通人的能力范围。况且,如果宋某不对何某、秦某等人的行为进行防卫,他们很有可能致宋某轻伤甚至重伤。宋某对何某、秦某实际造成的轻伤与宋某可能遭受的伤害相比,并没有产生法益的重大损失,没有超过必要限度。

三、我国"正当防卫"制度实践中面临的问题

我国《刑法》第 20 条[①]具体规定了"正当防卫"的构成要件,但是该条在具体适用于个案时,仍存在以下两个主要问题。

(一)正当防卫法律构成要件抽象

第一个问题是所有法条共有的问题,即构成要件抽象,学者、法官对构成要件的理解不一,造成司法实践的不统一。例如,我国传统刑法理论认为"正当防卫"的构成要件由防卫意图、防卫起因、防卫对象、防卫时间和防卫限度五部分组成。[②] 但是,张明楷教授认为,"正当防卫"的构成要件由必须存在现实的不法侵害行为、不法侵害必须正在进行、必须针对不法侵害人本人进行防卫和必须没有明显超过必要限度造成重大损害四部分组成;正当防卫的成立,不需要具备主观的正当化要素即防卫意识。《刑法》第 20 条中的"为了保护……"的表述,可以理解为正当防卫是客观上排除不法侵害或者保护法益的行为。换言之,应当将"为

① 《刑法》第 20 条规定:为了使国家、公共利益、本人或者他人的人身、财产和其他权利免受正在进行的不法侵害,而采取的制止不法侵害的行为,对不法侵害人造成损害的,属于正当防卫,不负刑事责任。正当防卫明显超过必要限度造成重大损害的,应当负刑事责任,但是应当减轻或者免除处罚。对正在进行行凶、杀人、抢劫、强奸、绑架以及其他严重危及人身安全的暴力犯罪,采取防卫行为,造成不法侵害人伤亡的,不属于防卫过当,不负刑事责任。

② 顾肖荣、叶青、刘华、林荫茂主编:《体系刑法学——犯罪论》,中国法制出版社 2012 年版,第 248 ~ 257 页。

了保护……"理解为表示客观原因的表述。① 如果按照传统刑法理论认为防卫意识是正当防卫成立的要件,那么,在实践中,法官就会经常面对防卫意识难以确定的案件。例如,2010 年年底,常熟市忠发投资公司董事长徐建忠前往澳门赌博,在此期间向他人借有百万巨资。事后,自称是债主的曾勇等人多次向其讨债未果,后曾勇的手下与徐建忠手下湖南人何强等人进行谈判也未达成协议。何强与曾勇本人及手下通话过程中相互挑衅、言语刺激。为防曾勇上门,何强集合多人,准备刀具。曾勇纠集多人持砍刀(因而被称砍刀队),赶至常熟忠发公司二楼办公室。以何强为首的 6 人通过监控看到此情形,持菜刀(因而被称为菜刀队)在办公室等候。曾勇等人进门后,推搡、用刀威胁何强等人,何强等人反击,双方相互砍斗,致双方 3 人受轻微伤,忠发公司部分财物受损。② 一审法院认定何强等人犯聚众斗殴罪。在本案中,何强等人准备菜刀防范曾勇上门侵犯自己及公司财产的合法权益,应该认定其具备防卫意识。在何强等人通过监控看到曾勇等人直扑其所在而来时,何强等人没有躲避,而是直面对方,这是否能表明其不具有防卫意识而具有攻击对方、相互斗殴的意识呢?一种观点认为,何强等在可以避免的情况下应该避免与对方冲突,然后寻求公安机关的救济,能够避免而不避免对方的挑衅,说明其主观上具有与对方相互斗殴、伤害对方身体的意图;另一种观点认为,何强等在公司办公室停留属于其行为自由,合情合理,正没有理由向不正让步,何强等人没有必须逃避的法定义务。在受到曾勇等人持刀威胁生命后,何强等人进行反击属于无限防卫,他们是为了保护自己的生命,具备防卫意识。这种情况下,法官认定防卫意识能说出理由,不认定防卫意识也能说出理由,那么,出于法官自身风险最小化(避免检察院抗诉和受害人闹事)的考量,法官通常会选择最保守和最稳妥的途径,即认定被告人不具有防卫意识,判其有罪。可见,法律规范构成要件抽象、不明晰的特点极大阻碍了"正当防卫"成立的可能性。

(二)正当防卫证明标准不明晰

第二个问题是"正当防卫"成立的证明标准问题。对于"正当防卫"成立应

---

① 张明楷著:《刑法学》(第 5 版),法律出版社 2016 年版,第 198 ~ 212 页。

② 何国锋著:《刑法典型案例分析》,北京大学出版社 2016 年版,第 41 页。

当适用何种证明标准,法律并没有明确的规定。由于我国在《侵权责任法》中规定了“正当防卫”作为民事侵权行为的免责事由,在《刑法》中也规定了“正当防卫”作为行为人符合犯罪构成要件行为的合法化事由,故在实践中,审理民事案件的法官就民事案件中“正当防卫”是否成立统一适用民事案件的证明标准——高度概然性,审理刑事案件的法官就刑事案件中“正当防卫”是否成立统一适用刑事案件的证明标准——排除合理怀疑,原理上应当有明晰的判断标准。但是,刑事案件中“正当防卫”成立的证明标准不应当与犯罪成立的证明标准一致。一方面,正当防卫是公民同违法犯罪作斗争,捍卫自己、他人、集体和国家的合法权益,使受损的法秩序得以恢复的法益保护行为,是国家、社会积极鼓励的行为。按照“宽严相济”的刑事司法政策,在定罪方面,它属于应当从“宽”把握的范畴。如果对“正当防卫”的成立标准把握过严,会与社会公众的认知产生较大差距,不利于让社会公众感受到法律的正义。另一方面,法律之所以为犯罪成立设立排除合理怀疑的证明标准,是因为追诉犯罪是国家行使公权力对个人私权进行限制与剥夺的过程,为了防止国家公权力滥用对公民个人私权造成不可挽回的损害,同时也为了体现国家对公民基本人权的尊重,立法者才对犯罪成立设定了严苛的证明标准。相反,证明“正当防卫”成立是公民个人对抗国家机关追诉权的过程,面对庞大的国家机器,公民个人收集证据的能力相较国家机关明显处于弱势,要求公民个人证明“正当防卫”成立达到排除合理怀疑的程度,明显是不公平、不合理的要求。

四、对我国“正当防卫”制度的建议

(一)重视司法解释、指导性案例对法律要件抽象性的缓解作用

在实践中,由于每一位法官所受的法学教育、人生阅历都不尽相同,法官在面对一个抽象的法条时很难都作出一致的理解,为了尽可能地统一司法实务界对“正当防卫”构成要件适用的认识,需要最高人民法院和最高人民检察院针对“正当防卫”在刑事领域的适用出台专门的司法解释或者指导案例。例如,最高人民法院2018年6月20日公布的指导案例93号“于欢故意杀人案”在裁判要点中指出我国《刑法》第20条第1款规定的“不法侵害”具体表现形式;明确了对非法限制他人人身自由并伴有侮辱、轻微殴打的行为,不应当认定为《刑法》第20

条第3款规定的“严重危及人身安全的暴力犯罪”;对判断防卫过当应当综合考虑的因素等,也有相应论述。这个指导案例有助于法官在掌握限制他人人身自由这一类案件中“正当防卫”成立的尺度时,明晰必要的防卫限度,确立罪与非罪的界限。最高人民检察院公布的第十二批指导性案例①明确在认定防卫人是否构成正当防卫时不能唯结果论,即根据防卫人给侵害人造成的损害来判断防卫人是否构成正当防卫过当;亦明确了防卫人面对轻微人身侵害行为的防卫限度,统一了司法标准;还明确界定了“行凶”的内涵以及单方聚众斗殴时如何认定个别人的正当防卫行为。指导案例在解决涉及“正当防卫”因素案件中的重要性越来越凸显,最高人民法院大法官胡云腾在最高人民法院司法案例研究院第六期“案例大讲堂”中表示:“要认真总结涉正当防卫案件的审判经验,深入研究司法实践中存在的突出问题,系统梳理涉正当防卫案件的裁判规则和价值理念。并通过发布指导性案例、参考案例等形式,帮助、指导人民群众敢于并善于运用正当防卫制度积极与违法行为作斗争,主动维护本人和他人合法权益。同时,指导、帮助司法责任制下的司法人员正确适用正当防卫制度处理相关案件,统一法律适用标准,维护社会公平正义。”②除了针对某一类案件的指导案例和参考案例,专门适用于“正当防卫”制度的司法解释也能缓解法律规范过于抽象的问题。最高人民法院发布的《关于在司法解释中全面贯彻社会主义核心价值观的工作规划(2018~2023)》(以下简称《规划》)明确指出:要在司法解释中大力弘扬正义、友善、互助的社会主义核心价值和道德要求。要适时出台防卫过当的认定标准、处罚原则和见义勇为相关纠纷的法律适用标准,鼓励正当防卫,保护见义勇为者的合法权益。《规划》的内容与我国当前“宽严相济”的刑事司法政策是一

① 最高人民检察院2018年12月19日公布的第十二批指导性案例:在被人殴打、人身权利受到不法侵害的情况下,防卫行为虽然造成了重大损害的客观后果,但是防卫措施并未明显超过必要限度的,不属于防卫过当,依法不负刑事责任;在民间矛盾激化过程中,对正在进行的非法侵入住宅、轻微人身侵害行为,可以进行正当防卫,但防卫行为的强度不具有必要性并致不法侵害人重伤、死亡的,属于明显超过必要限度造成重大损害,应当负刑事责任,但是应当减轻或者免除处罚;对于犯罪故意的具体内容虽不确定,但足以严重危及人身安全的暴力侵害行为,应当认定为《刑法》第20条第3款规定的“行凶”。行凶已经造成严重危及人身安全的紧迫危险,即使没有发生严重的实害后果,也不影响正当防卫的成立;单方聚众斗殴的,属于不法侵害,没有斗殴故意的一方可以进行正当防卫。单方持械聚众斗殴,对他人的人身安全造成严重危险的,应当认定为《刑法》第20条第3款规定的“其他严重危及人身安全的暴力犯罪。

② 中国新闻网:《最高法:帮助群众敢于用正当防卫与违法行为作斗争》,载中国新闻网:http://www.chinanews.com/gn/2018/09-20/8632624.shtml,最后访问日期:2020年1月8日。

致的,最高人民法院倾向于放宽“正当防卫”成立的条件,鼓励公民积极同犯罪作斗争,减少公民在行使防卫权方面的限制,适当为公民的私力救济让渡发挥的空间。

(二)在理论上,对“正当防卫”的构成要件作出更为宽松的理解

1.不把“防卫意识”纳入“正当防卫”的构成要件

“一般来说,防卫意识包括防卫认识和防卫意志。防卫认识,是指防卫人认识到不法侵害正在进行;防卫意志,是指防卫人出于保护国家、公共利益、本人或者他人的人身、财产和其他权利免受正在进行的不法侵害的目的。”①防卫意识的重点在于防卫认识,即行为人要明知自己与正在进行的不法侵害对抗,这样有利于将行为人在激情(如愤怒,这种情形下行为人可能欠缺保护法益的意识)下的防卫行为认定为正当防卫。支持防卫意识为必要的正当化要素的观点认为,行为是受意志支配与控制下的人的活动,即是主观与客观的统一体,防卫行为也必须包含这两方面的要素,欠缺防卫意识的行为就不是防卫行为。虽然行为在结果上没有侵害法益,但是行为主体存在着犯罪故意,那么行为就是没有价值的,就不能被合法化。这种观点是存在争议的。诚然,无论是我国刑法关于犯罪成立的“四要件”说还是德日刑法的“三阶层”说都认为犯罪的成立要求主客观相统一,但是,这并不能推出犯罪不成立也需要主客观相统一。即使行为主体欠缺防卫意识或者存在犯罪故意,但是行为本身并无侵害法益的结果,没有违反法律规定,在客观上欠缺犯罪构成要件,那么,行为主体就不构成犯罪。如果不考虑客观行为的违法性,仅仅将主观思想的违法性作为处罚根据,即将犯意作为处罚根据,这不免被视为是主观归罪,与刑法罪刑法定的基本原则相违背。同时,根据“宽严相济”的刑事司法政策,正当防卫作为一种违法阻却事由,在构成要件的成立上应当采取“从宽”的标准,即当是否纳入“防卫意识”存在争议时,应当从有利于防卫人的角度考虑,不把“防卫意识”纳入正当防卫成立要件。因此,只要行为人的行为符合正当防卫的客观要件,即使他没有防卫意识,也应当对该行为作出肯定性评价。同时,不把“防卫意识”纳入“正当防卫”的构成要件也可以避免法官把一些典型的正当防卫案件当作相互斗殴案件处理,提高了“正当防卫”

---

① 张明楷著:《刑法学》(第5版),法律出版社2016年版,第193页。

在司法实务中成立的可能性。

2. 强化防卫的继续性

在防卫人受到不法侵害人武力直接攻击时，这是典型的正在进行的不法侵害，但是，由于防卫人反击，不法侵害人停止了攻击，还存在正在进行的不法侵害吗？除了不法侵害人主动求饶，或者根本丧失了侵害能力如手臂断裂、失血过多、无法站立等一般人均能明显判断出其不再具备威胁法益的能力的特殊情况，我们应当承认不法侵害仍在进行中，防卫的继续性没有被中断，防卫人仍可以进行防卫直至不法侵害彻底停止。由于不法侵害人实施违法行为将对防卫人的合法权益造成损害，此时不法侵害人的人身法益就被法律克减，即法律认为防卫人的合法权益是更值得法律保护的，否则防卫人的防卫行为就丧失了法理基础。因此，在判断防卫人防卫的过程中，不能认为不法侵害人暂时停止侵害，其法益就为法律所承认，进而否定防卫人在其停止侵害后采取的防卫行为的合法性。

3. 肯定防卫手段的广泛性

当防卫人面临正在进行的不法侵害时，法律应当允许防卫人采取任何形式的手段自卫，不能要求防卫手段必须与不法侵害相适应，司法实践中一个典型的误区是当不法侵害人没有持有武器实施不法侵害时，防卫人也应当赤手防御，因为赤手空拳对人的伤害一般是不大的，防卫人持有武器反击属于超过必要限度的防御，给不法侵害人造成的伤害属于明显超过必要限度造成不必要的损失。在正当防卫过程中，过分强调防卫手段的适应性会明显限制防卫人的防卫行为，甚至根本不能让防卫人实现防卫目的，从而只能使防卫人遭受不法侵害。如果法律禁止公民实施某项救济其合法权益的行为，就必然要为其指出另一种可以保全其合法权益的行为，法律不能让人无路可走。现在，法律并没有为公民创设在防卫手段与不法侵害相适应的条件下的救济方法，故法律就不应当禁止公民采取强度超过不法侵害的防卫手段。面对严重危及人身安全的暴力犯罪，公民采取任何防卫手段给不法侵害人造成任何程度的伤害都应当属于"正当防卫"的范畴，不存在防卫过当的适用空间。只有在面对人身侵害性较弱的不法侵害时，法律才应当对防卫手段可能造成的不法侵害人的损害情况加以限制，但这并不意味着对防卫手段的限制。

（三）正当防卫证明标准宜采取高度概然性标准

在"正当防卫"的证明标准上，考虑到防卫行为本身的正当性、防卫人的证明难度以及社会大众的一般认知,司法实践中宜采取与民事诉讼相同的证明标准即高度概然性标准。法官在出现自由心证困难的情况下,可以少些逻辑推理,多些生活情理,从社会效果最大化的角度忖度。例如,“昆山龙哥案”认定为正当防卫而非防卫过当,就属于从符合社会常识的角度出发,综合考虑了法律效果与社会效果相统一的要求。

网络诽谤行为刑法解释立场的调和

陈梦婷*

摘　要：对于行为人为了实现败坏他人声誉的目的，而恶意散布明知为他人所捏造的事实的行为应该如何定性，学界仍有不同理解。持实质解释论立场的学者出于保护法益的目的，主张将行为人认定为诽谤罪的正犯。持形式解释论立场的学者出于尊重条文的目的，主张将行为人认定为无罪。尽管此种行为在情节严重时确有高度的可罚性，但是在法条尚未变动的前提下，对类似行为只能作无罪处理。诚然，学者放弃解释法律是对学者工作的背叛，但若为了个案的实质正义而肆意突破法律，乃至自设法律，更是对学者使命的亵渎。通过立法活动将此种行为纳入诽谤罪的法网十分必要，但在当下中国，比对个别实体正义更为重要的，是对罪刑法定原则的信仰和坚守。

关键词：网络诽谤；刑法解释立场；实质解释论；形式解释论

Reconciliation of the Interpretation of the Criminal Law in the Internet

Chen Mengting

Abstract: The academic community still has a different understanding of how the behavior of "knowing that the facts of others are still maliciously disseminated, to discredit the reputation of others". The scholars who hold the position of substantive interpretation will identify the actor as the criminal of defamation for the purpose of protecting the law. The scholar who holds the theory of form explains the actor to be

---

* 厦门大学法学院硕士研究生。

innocent for the purpose of respecting the provisions. Although such behavior does have a high degree of punishability when the circumstances are serious, it can only be treated innocently under the premise that the law has not yet changed. Scholars give up the interpretation of the law as a betrayal of the work of scholars, but to break through the law and even establish the law for the substantive justice of the case, it is also a violation of the mission of scholars. Activities will be this kind of behavior into libel laws through legislation is necessary, but in the present China, is more important than to individual entity justice, is the principle of legally prescribed punishment for a faith and stick to.

Keywords: Network defamation; criminal law explanation position; substantial explanation theory; the form of explanation theory

我国《刑法》第246条对诽谤罪以往的常见形态进行了细致的表述,但是,随着网络技术的高速发展,诽谤行为逐渐摆脱以往口口相传的传播形式,更多地借助网络这一新型传播方式,以实现信息的扩散。这种新型诽谤行为并未规定于传统刑法之中,但是否就可以直接由此认定该行为不受目前刑法的规制,仍有待商榷。

随着最高人民法院、最高人民检察院《关于办理利用信息网络实施诽谤等刑事案件适用法律若干问题的解释》(以下简称《解释》)的出台,以往如"利用网络媒介实施诽谤是否成罪"等相关问题得到了部分的解释。但是,《解释》同时也引发了许多争点,其中最大的问题即诽谤罪的构成要件应该采用"单一行为说"还是"复数行为说"。虽然司法界频频发声,学术界频频发文,社会公众频频发问,但至今为止,国内对此《解释》的态度仍褒贬不一,对此《解释》解决现实问题的能力也保留疑虑。

由于成文法所固有的字句的有限性和时间的滞后性,在具体实务中,要想将刑法与现实案件相对接,司法者必须借助刑法解释。目前,通说多采以张明楷教授为代表的实质解释论观点,主张以保护法益为指导,在遵循罪刑法定原则的前提下,适当对法条做出扩大解释,以实现处罚的妥当性①。但是,经过检证可以发

① 参见张明楷:《实质解释论的再提倡》,载《中国法学》2010年第4期。

现,张教授的文章逻辑上具有定义不清、论据不明、逻辑缺环等问题。诚然,此种行为在情节严重时确有高度的可罚性,但是在法条尚未变动的前提下,我们仍需秉持形式解释论观点,将缺乏刑法规定的行为排斥在犯罪范围之外,对类似行为作无罪处理,以维护罪刑法定原则的形式理性①。鉴于网络诽谤问题之“新”和刑法解释立场选择问题之“旧”,疑难点颇多,在诸多方面有研究的空间,故选择该课题予以研究。

一、网络诽谤行为的犯罪构成探讨

言论自由作为基本人权,具有极高的政治价值和人权价值。但是,极高的价值并不直接等同于绝对的自由,否则言论自由就成了诸多违法现象的“保护伞”。

我国《刑法》第261条规定了诽谤罪,其目的就在于平衡个人的言论自由和名誉权利之间的关系。随着网络技术的发展,人们更多选择将自身言论置于网络空间之下。在一个民主法治的社会里,网络不应该成为法外之地,因此对于网络诽谤言论的规制也就成了一个重要的议题。近年来,,司法机关虽也积极回应各类诽谤事件,然而如何对“捏造事实诽谤他人”行为定性,对于刑法条文如何进行解释,却始终是学界的一大争点。

传统刑法规定,诽谤的罪状即为捏造事实诽谤他人。《解释》亦规定,“在信息网络上散布明知是捏造的损害他人名誉的事实,以‘捏造事实诽谤他人’论。”对此,学界以张明楷教授为首的学者认为其属于诽谤罪随着社会生活事实的变化衍生出的真实含义,不属于扩大解释。而以付立庆教授为首的学者认为,《解释》突破了法条的含义射程,国民没有预测可能性,是将实质处罚合理性凌驾于法条用语可能含义之上的类推解释②。两者争论的关键在于:诽谤罪是单一行为还是复数行为。

(一)实质解释论下的单一行为说

持单一行为说的学者们认为,根据法条,诽谤罪的行为构造并不要求“捏

---

① 参见杨兴培:《刑法实质解释论与形式解释论的透析和批评》,载《法学家》2013年第1期。

② 参见付立庆:《恶意散布他人捏造事实行为之法律定性》,载《法学》2012年第6期。

造+散布”这样的顺序行为。与此相反,法条规定的行为更应解释为“以捏造的事实诽谤他人”或者是“利用捏造的事实诽谤他人”的单一行为。基于此,张明楷教授在《网络诽谤的争议问题探究》(以下简称《争议探究》)中,着重提出了以下论点:

第一,犯罪的本质乃是对法益的侵害,无法益侵害则无犯罪事实。在诽谤罪中,单纯的捏造行为缺乏法益侵害要件,不足称为犯罪,而散布侵害他人名誉的虚假事实,可对他人名誉造成伤害,因而其具有一定法益侵害性。所以,诽谤罪的实行行为仅为散布行为。

第二,刑法只惩罚某些犯罪中“常发常伴随”乃至于“必发必伴随”的行为。在诽谤罪中,捏造事实的行为并不必然导致损害他人名誉的效果,不具有违法性,捏造行为也就不可能成为构成要件争点。

第三,就单个人实施诽谤罪而言,复数行为和单一行为,往往在具体案件中的实害结果上,没有区别。若仅将复数行为治罪,却宽宥单一行为,会导致刑罚不平衡的结果,损害法律的权威性。

(二)形式解释论下的复数行为说

以付立庆教授为首的学者们认为,行为人仅恶意散布他人捏造的事实,不符合诽谤罪的构成要件①。其理由如下:

第一,将“捏造事实诽谤他人”解释为“以捏造的事实诽谤他人”违反语义规则及逻辑结构。法条以“或者”为标志,分为前后两种行为,分别描述侮辱罪和诽谤罪的不同基本罪状。因此,认为前段的“以”字能够统摄后面诽谤罪的内容,突破了一般人的日常认知,不具有国民预测可能性,也不符合人们的表述习惯。

第二,从语句文法上来看,捏造事实一词,属于动词加宾语的词序组合,属于典型的动宾结构,而“以”字往往跟随的是形容词加宾语的偏正结构短语,“以捏造的事实诽谤他人”在文法上存在问题,这样的解释方式无疑是为达到惩罚目的,而肆意脱离语脉的实质解释立场。

第三,从字词理解上来看,有人对“捏造”一词进行了实质化的理解,认为虽然诽谤罪的成立需要亲自捏造,但是恶意散布的行为能产生的实际效果与捏造

① 参见付立庆:《恶意散布他人捏造事实行为之法律定性》,载《法学》2012年第6期。

行为产生的实际效果并无差别。如此理解"捏造"一词,不仅超出其核心含义,更是超出其可能含义。捏造强调的是事实的有无,而散布强调的是知晓或者可能知晓事实的人的多少,两者有着天然的差别。当然,若散布者不仅对他人捏造的事实予以散布,还对此"原事实"添枝加叶,进行细节补充,使"新事实"的可信度更高,那么散布者构成诽谤罪,但是其入罪理由并非是因为在这种情况下,散布就等同于捏造了,而是在这种情况下,散布者的补充行为使原捏造者捏造的事实细节更为详细,可信度更高,此行为已经达到了二次创作的程度,能对败坏他人名誉做出独立的贡献。因此,即使在这种情形下,仍为复数说理论,只是对于捏造行为有了更深层的理解,包括从无到有,也包括从有到细等二次创作的行为。

第四,从立法本意上来看,此处的罪状描述应为立法者有意为之,而非是所谓的立法疏漏。从《刑法》第 291 条可见,立法者能够区分开"编造"和"明知是编造的而故意传播"这两种行为,也掌握了二者在立法上应有的立法技术。因此,若说立法者对诽谤罪的客观行为规定为"捏造事实诽谤他人"是因为立法技术欠缺,实难成立。更大的可能是立法者在此处之所以这样立法,是基于时代背景的限制以及民众名誉权意识淡薄的情形做出的考量之举。立法者认为此种行为不同于散布编造的恐怖信息具有足以动用刑罚处罚的可罚性,故而仅规定了捏造诽谤他人这一罪状,以缩小其处罚范围,而将单纯的捏造或者散布行为划到了犯罪圈之外。

二、网络诽谤行为的法律性质判断

实质解释论下的单一行为说存在定义不清、论据不明和逻辑缺环的问题,详述如下。

在今日的中国,除了极少数依然坚持"苏式四要件犯罪构成"模型的教科书仍坚持着旧时曲,大多数教科书都基于传统的犯罪客体理论违反了最基本的哲学原理这一理由,将苏联的犯罪客体理论换成了"法益"一词。然而,当人们为抛弃了传统的犯罪构成而欢欣鼓舞的时候,却没有想过,在年青一代的论文中随处可见的"法益"一词,是否摆脱了犯罪构成的固有弊病。杨兴培教授曾做过一个理论实验①,他将许多文章原来置放犯罪客体的位置换上"法益"一词,整个文章所要表达的意思没有发生一点儿变化。换言之,"法益"一词仅仅是拥有着崭新外衣的犯罪客体,变化的是说辞的文字符号,不变的是说辞的文化内涵。然而,吊诡的是,虽然直至今日,法益的边界仍不明晰,也无任何一个学者可以阐述法益的固定定义,但是每个国家的法学家们却都说各国规定为犯罪的行为都具有法益侵害性,即使是纳粹政权也不例外。

这一说法在刘仁文教授《再返弗莱堡》一文中也再次得到了印证,该文指出:法益理论在其诞生地——德国,并没有像在中国一样被如此重视,甚至并没有像在中国一样得到认同。以2008年德国联邦宪法法院审判的"兄妹乱伦案"为例,德国大法官在判决书中直接写道:"法益理论具有局限性。"刘仁文教授接着指出,"法益"一词并不是来自高深的理论,也没有什么实证背景的支持,只是为了方便表达"刑法所保护的利益"一词,而引申出的一个简称而已,其目的仅仅在于区别道德利益,促进沟通。

而单一行为说最大的一个问题在于,在现状下,"法益"一词尚未有确定的定义和内容,却被上升到犯罪本质的高度,甚至认为法益理论能够直接作用于案件,达到限制犯罪化的效果。

正如证据价值对证据证明力的深刻影响,文章的说服力也受制于论据的详实程度。单一行为论者始终认为诽谤包含了捏造事实或者利用捏造的事实的含义,但该认知结果得出所依据的论据材料却十分薄弱。

第一,从诽谤的文字含义来看,"诽谤"一词最早出自《说文解字》一书中,其写道:"诽,谤也。"其义为:背地议论,指责他人。并非像张教授所言,包含所谓捏造事实之意。

第二,从诽谤的法律适用来看,在帕米特诉库普兰案[Parmiter v. *Coupland* (1840)6*M* & *W* 105,p.108]中,法官将诽谤定义为:在没有正当或者合法理由的情形下,通过将某人置于被仇恨、羞辱或者嘲讽的情形下,从而导致他人名誉造成损害的行为②。这一定义也在优素福诉戈德温迈尔有限公司案(Youssoupoff v. *goldwyn_Mayer Ltd*)中再次得到扩展,人们认为除了将受害人置于被仇恨、羞

① 参见杨兴培:《刑法实质解释论与形式解释论的透析和批评》,载《法学家》2013年第1期。

② 转引自张明楷:《网络诽谤的争议问题探究》,载《中国法学》2015年第3期。

辱或者嘲讽的地位以外，如果某个行为倾向于迫使受害人进行回避或者躲避的话，那么也是诽谤，即使不存在对于受害人任何方面的道德侮辱。这两种解释也并未提及诽谤包含了捏造事实这一含义，由此本文怀疑“诽谤已经包含捏造”这种说法可能是学者的断言，而非通过分析质化资料得出的公认理解，作为论据过于单薄。

第三，《争议探究》将法条的应然层面和实然层面混为一谈。文章中举“广州艾滋女”一案为例，意图论证实害结果相同的行为应该得到相同罪行认定乃至于相同的刑罚处罚。这一想法好似法律的乌托邦，只能说这理应是法律的前进目标，却不能说是法律如今的现实处境。如拐卖儿童罪与拐骗儿童罪，从法律上讲，二者均为侵犯他人人身权利的犯罪，均使孩童脱离了亲生父母的控制；从事实上讲，两者都会使父母遭到丧子之痛，但是两者的罪名、法定刑、法定加重结果都大为不同，两者的最高刑是死刑与5年有期徒刑。若以罪责刑相适应为最高指令，而无论解释法条字词行为的合理性，那么对于拐骗儿童罪则应直接解释成拐卖儿童以实现实害结果相似下的公平刑罚，但这显然是违背罪刑法定原则的。这说明，在现行法中有许多实害结果相同或者相近的行为在立法的罪名设定和法定刑规定上依旧有很大的差别。换言之，实害结果是否相同或相近不能作为认定两个行为是否应该适用同一罪名的标准，更别说作为将生活行为归于犯罪圈这一行为的借口。

总体来说，实质解释论下的单一行为说在定义、论据、逻辑上均有较为明显的缺失，实务中采形式解释论下的复数行为说更为合理，即将诽谤罪认定为一种以捏造事实的方法诽谤他人的犯罪行为①。在诽谤罪中，捏造事实是行为方法，毁损他人名誉才是行为目的。从行为时间来看，两者既可以是共时性的，也可以是历时性的。从两者关系来看，捏造事实是方法性行为，散布是本体性行为。因此，诽谤罪的表现有两个不可或缺的行为：捏造和散布。

诚然，复数行为说的坚守可能会在短期内放纵一些危害他人名誉的恶性行为，使惩罚犯罪的初衷受到冲击，但是从长期来看，对罪刑法定原则的坚守，才是所有法律人存在的意义和社会信赖法律的基石。

---

① 参见陈兴良：《形式解释论的再宣示》，载《中国法学》2010年第4期。

三、网络诽谤行为的立法方向抉择

当一个行为具有高度的可罚性,司法却不能以突破罪刑法定原则为代价进行犯罪划归的时候,我们应当回溯立法演进,探求在立法环节予以突破,从而规范网络诽谤行为。

对于该问题学界目前有两种修正观点①:一为实质解释论学者主张的解释选择,即对争议问题概括定性。② 二为形式解释论学者主张的立法选择,即对所涉问题尽量全面规定,以保证解释有迹可循,处罚有法可依。

形式解释论者知道随着某些领域的法律规定已经与现代产业科技社会文化不相适应,会产生具有刑法保护不足的现象,但是他们认为,这种滞后问题根属于成文法而非形式解释论,或者,从另一角度来说,这种问题也不好称为弊端,更应该称为立法者在权衡保护人权这一利益和放纵犯罪这一弊害之间,"宁纵勿枉"的刑事司法观占据了上风的体现。诚然,因为法律的有限性和滞后性,部分放纵罪行不是形式解释的弊处。但是,由于形式解释论者常常拘泥于核心语义,导致形式解释论者对漏洞理解过于低端,往往认为只要不是依核心语义能得出的结论都属于漏洞。③ 加之形式解释论者又对立法活动极为热衷,所以"现象立法"层出不穷,刑法分则也因此一度膨胀。反观实质解释论者,则又走向了另一个极端,实质解释论者对于漏洞的标准抬得过高,认为"非我不能,不为漏洞",甚至以出神入化的"解释技术"的运用能力作为判断学者是否完成"学术使命"的标准,主张学者要利用自己的知识水平减轻立法者不应承受的工作负担。在许多问题上,实质解释论者确实表现得极为出色,如张明楷教授在《刑法修正案(八)》出台之前,对于危险驾驶行为尚未造成严重伤亡结果如何处理的问题,已有一套完整的解释方法来解决此类司法困局,但是这一出色的解释能力并非像实质解释论者所言,都减轻了立法者的工作,有时却使立法者的工作因此更为繁

① 参见苏彩霞:《刑法解释的立场与方法》,法律出版社2016年版,第3~5页。

② 参见许浩:《刑法解释的基本立场——对实用主义法律解释观的论证》,载《东方法学》2008年第6期。

③ 参见周详:《刑法形式解释论与实质解释论之争》,载《法学研究》2010年第3期。

重。[①] 再如,针对真军人招摇撞骗行为如何认定这一问题,张明楷教授也曾通过将"冒充"拆分成"冒用"和"充当"的高超解释技巧,论证了此行为入罪的必要性和合理性。由于张明楷教授的学术地位及学术造诣,这一论点马上被广大的学生乃至司法者所接受,一时间这类案件的判罚有了明显的逆转。随后司法部门马上叫停,通过立法解释明确指出冒充就是冒充,真军人不能为此罪,这才使司法活动回归立法者的期待。可见,在某些情况下,实质解释论的工作不仅不能减轻立法者的负担,反而会使立法者的解释任务更加繁重,同时由于实质解释论者出色的解释能力,加上其对于立法者主动立法的反对,采用实质解释论立场,很容易使"理论大家"替代"立法者"的角色,使立法活动陷入比被司法越权更绝望的境地。

实质解释论和形式解释论两者均有弊病,因此在立法具体条文上的变动便特别艰难。那是否意味着我们只能在两者中"两害取其轻"呢?答案是否定的,确立统一的解释标准或者是进行立法解释或许为更好的方法,而其中,更为科学的调和解释论或许可以给我们一个答案。

调和解释论是指以形式解释为优先,实质解释为辅助的解释论。由于传统的形式解释论者往往更愿意在概念的核心范围内打转,因此当新生事物产生时,传统解释论者的法条理解往往与实际案件的行为方式相距甚远,导致在实际案件中的个案正义难以实现,若碰巧又为恶性事件因形式解释被判处无罪,在短时间内易导致民怨载道,使法律的公信力下降。若适用实质解释论者的立场也有很多问题,因为概念的边陲地带往往是模糊的,因此以概念的边界意义进行解释时,常不自觉带有以"处罚必要性"作为行为界定标准的解释倾向,以至于形式解释的制约功能在很大程度上被削弱乃至消解了,罪行的边缘也就没有了标杆,从长远来看,就是将所有社会成员的个体自由暴露在司法者的大刀之下,推向极致可能连罪刑法定原则都变得在实际上虚无了起来。[②]

调和解释论的优势在此时就能得以发扬。调和解释论以形式解释论为主,意味着先确认刑法的边界,再以实质解释论为辅,意味着在核心意义至边界范围内,解释者可以以社会观念的演进、新生事物的出现等具体条件对法条进行解

---

① 参见蔡元培:《人权保障机能下实质解释论之反思——对25件实质解释案例的实证研究》,载《中国刑事法杂志》2014年第3期。

② 参见劳东燕:《刑法解释中的形式论与实质论之争》,载《法学研究》2013年第3期。

释。这样处理,一方面,可以使刑法的妥当性得以保证,对案件做出有条件的弹性处理,以维护个案正义;另一方面,也使司法者的"大刀"有确定的长度,不危害社会成员应有的个体自由,从而平衡"社会利益"和"个体自由"二者关系。当然,有些学者可能会质疑调和解释论就是形式解释论,以形式解释的价值判断为第一位阶,以实质解释的价值判断做第二位阶。[①] 调和解释论在本质上就是形式解释论,但相较于传统形式解释,其更强调扩大解释这一解释方法的适用,带有更多的实质解释色彩。

具体到立法解释上来,调和解释论对于漏洞的认定标准为"于边界范围内难以解释"的行为,调和解释论支持不利于被告人的扩大解释。换言之,调和解释的接受标准唯一,即"有无超过边界含义"。[②] 这样一来,在入罪层面,立法者可以减轻压力,无须受"不利于被告的漏洞只能诉诸立法者"这一规则的限制,从而减少现象立法的问题。调和解释论者对于漏洞的补充问题,主张以学者意见为指导、以立法意见为标准的态度,保证一方面尊重了立法者的绝对权威;另一方面也能让学者的学术自信得到支持。这样操作,有利于广大罪名解释问题的解决和部分问题立法限制作用体现的和谐现状的形成。这一立场的确立,也有利于促进"立法人员学术化、专业化"这一法治目标的实现。

---

① 参见刘艳红:《走向实质解释的刑法学——刑法方法论的发端、发展与发达》,载《中国法学》2006年第5期。

② 参见[德]阿图尔·考夫曼:《法律哲学》,刘幸义等译,法律出版社2004年版,第275页。

• 国际法论坛

论 CFIUS 的第四次改革及中国的应对

刘　彤[*]　周　昕[**]

摘　要:2018 年 8 月 FIRRMA 法案的出台标志着 CFIUS 第四次改革的开始,FIRRMA 法案增加了国家安全考量因素、扩大了管辖交易范围,使美国国家安全审查更加严格。CFIUS 第四次改革特别针对中国投资,给我国赴美投资提出了更大的挑战。为应对 CFIUS 的第四次改革,我国应当采取推进中美双边谈判、构建我国制衡机制、加快企业治理改革等措施积极应对。

关键词:FIRRMA;CFIUS;国家安全审查;对外投资

Discussion on the Fourth Reform of the CFIUS and China's Response

Liu Tong　Zhou Xin

Abstract: The introduction of FIRRMA Act in August 2018 marked the beginning of the fourth reform of CFIUS. FIRRMA Act added national security considerations, expanded the jurisdiction of transactions, and made the US national security review more stringent. The fourth reform of CFIUS, especially aimed at Chinese investment, posed greater challenges for China's investment in the United States. In order to deal with the fourth reform of CFIUS, China should adopt such measures as promoting bilateral negotiations between China and the United States, building China's balance mechanism, and speeding up the reform of corporate governance.

---

* 对外经济贸易大学法学院副教授。

** 对外经济贸易大学法学院硕士研究生。

Keywords:FIRRMA;CFIUS;national security review;foreign investment

2017年11月,美国参议员约翰·科宁(John Cornyn)提出了旨在改革美国外国投资委员会(the Committee on Foreign Investment in the United States, CFIUS)的《外国投资风险审查现代化法案》(the Foreign Investment Risk Review Modernization Act of 2018,FIRRMA)。该法案一经提出就引起了美国国内外的热烈讨论,经过美国国会内部长达数月的辩论、和解与修改,FIRRMA最终由国会两院通过,2018年8月13日经美国总统特朗普签署正式生效。FIRRMA的通过,标志着美国外资国家安全审查制度第四次改革的开始,CFIUS的权力进一步扩大,给对美投资者带来了更大挑战。

一、第四次改革的内因与外因

(一)改革前的制度存在问题

美国外资国家安全审查的权力机构是CFIUS。自1975年起,CFIUS共经历了三次改革。第三次改革发生在2007年,美国通过了《外国投资与国家安全法案》(the Foreign Investment and National Security Act,FINSA)。FINSA将CFIUS审查外国投资的权力正式写入法律,"强化了对事关国家安全的外资并购活动的监管"。[①] 但是,该制度仍然存在诸多问题。

在实体方面,原有的制度存在监管漏洞,无法涵盖所有的国家安全隐患。一是CFIUS忽略了"外国控制"以外的国家安全风险。传统上,CFIUS判断某项交易是否归属其管辖、是否能够通过的关键在于对外国投资者是否达到了对美国企业"控制"的判断。然而在实践中,即使外国投资未达到"控制"标准,却仍有可能产生国家安全隐患。如在一些合资项目中,美国公司仅以知识产权出资,而并不以任何资产出资,由于没有任何美国企业被外国控制,所以即使该合资可能导致美国关键技术的转移,CFIUS也没有管辖权。二是CFIUS不能进行事后审查。CFIUS仅在投资项目落地前进行审查,然而,一些投资交易,是随着后期交

① 沈双逸:《美国国家安全审查制度主要内容及我国应对之策——以中国国有企业在美并购失败事例为视角》,南京大学法学院2014年硕士学位论文,第17页。

易实施和后期变动,逐渐呈现对国家安全的负面影响,原有的法律框架下,CFIUS对其束手无策。

在程序方面,原有的美国外资国家安全审查制度也存在诸多问题。一是决断程序的不透明,剥夺了外国投资者的知情权,使外国投资者无从保护其权利。二是审查程序冗繁,在交易申报后,投资者尚要面临初始审查和后续调查。若CFIUS认为交易存在国家安全问题,可将交易提交总统,由总统作出放行、禁止或施加减缓措施的决定。全程历时最长可达120天,大量的准备材料和漫长的审查周期增加了投资者的时间和成本投入。三是总统决定享有司法审查豁免,若总统作出了不正确的判断,禁止了交易,投资者亦无从申诉,这一规定剥夺了投资者寻求救济的权利。

(二)改革前的制度无法适应外资形势的变化

此次FIRRMA诞生于中国投资大量进入美国的背景下。一方面,中国对美投资总量庞大,增长速度惊人。另一方面,中国对美的投资类型涉及关键行业、高新技术偏多,美国对于“中国威胁”的忧虑日益上升。此外,随着信息技术、人工智能、大数据等科技的发展,外资国家安全风险也呈现出了新的样态。首先,公司体量与国家安全的相关性日益减弱,小型创业公司也可能隐含巨大的国家安全隐患。其次,“控制”标准也不再是判断CFIUS管辖的唯一标准。许多投资交易中即使未涉及控制权的转移,但是通过技术转让等协议安排,同样可以使外国投资者获得关键技术和敏感信息。最后,国家安全与信息安全的相关性日益提升,信息泄露所带来的国家安全风险日益增多,但信息安全却并未得到CFIUS的充分关注。

二、第四次改革后的CFIUS审查更加严格

FIRRMA的出台开启了CFIUS的第四次改革。除国家安全审查的程序得到优化外,改革后的CFIUS对外资的审查也更加严格。

(一)CFIUS国家安全考量因素增加

FIRRMA延续了原先CFIUS相关法律的一贯做法,并未对“国家安全”作出

明确的定义,而仅对国家安全风险的考量因素进行了列举。FIRRMA 在 FINSA 的基础上扩充了国家安全考量因素,应特别关注的有以下两点:

1. 引入"特别关注国家"概念

与以往法律不同,FIRRMA 引入了"特别关注国家"这一概念作为国家安全风险考量因素之一。FIRRMA 在 sec. 1702(c)(1)中特别指出,CFIUS 在进行国家安全风险考量时,可以考虑管辖交易是否涉及特别关注国家(country of special concern),该国家曾表明或宣称收购美国关键技术与关键基础设施的意愿,且该等收购将影响美国在国家安全领域的领导地位。①

尽管 FIRRMA 的立法者并未明确特别关注国的范围,但是根据中美投资关系走向,观察近年来的中国对美投资变化,可以预测中国将出现在特别关注国的名单中。即使在"特别关注国"概念未提出之前,中国事实上已成为 CFIUS 的特别关注国。美国财政部公布的目前最新的 CFIUS 年度报告——2015 年度报告(公布于 2017 年)显示,从 2013 年到 2015 年,中国连续 3 年成为向 CFIUS 申报交易最多的国家,一共有 74 起交易接受了 CFIUS 审查,远远超过第二名加拿大(49 起)和第三名英国(47 起),占到了 3 年来所有 CFIUS 审查交易的 19%。② 考虑到中国对美投资的数量低于英国和加拿大,中国交易受到 CFIUS 审查的概率远高于他国。

2. 引入公民个人信息、网络安全方面的考量

在如今的信息时代,网络安全和信息安全在国家安全中的重要性日益凸显。而原有的 CFIUS 相关立法对于国家安全要素的考量侧重于国防、关键技术等传统领域,未能对信息技术等新产业中的新风险给予充分关注。美国是遭受黑客袭击最多的国家之一,FIRRMA 特别指出旨在影响美国联邦政府选举结果的网络活动应当被 CFIUS 纳入考量因素,这一修订特别针对 2016 年美国总统选举涉嫌黑客操作一事,体现了 CFIUS 的第四次改革对此类新型国家安全风险的特别关注。同时,新兴科技行业更受投资者欢迎,尤其是受中国投资者的欢迎。"基

---

① Foreign Investment Risk Review Modernization Act of 2018, Subtitle A of Title XVII of Public Law 115 - 232. H. R. 5515 - 5538 sec. 1702(c)(2018)[hereinafter FIRRMA].

② U. S. Department of Treasury, CFIUS Annual Report to Congress for CY 2015, https://www.treasury.gov/resource - center/international/foreign - investment/Documents/Unclassified%20CFIUS%20Annual%20Report%20 - %20(report%20period%20CY%202015).pdf. (last visited on 1 Mar 2019).

于中国在美国大幅投资人工智能、自动驾驶和互联网领域等新兴行业的趋势”,① FIRRMA 将信息安全、网络安全纳入国家安全考量因素,能够对外资,尤其是来自中国的外资进行更严密的监控。

(二)CFIUS 管辖交易范围扩大

CFIUS 第四次改革的重要举措之一在于扩大了 CFIUS 管辖交易的范围,力图尽可能地涵盖所有可能引起国家安全风险的交易,重点包括以下三方面:

1. 纳入不动产交易

在 FIRRMA 通过前,不动产交易并未作为管辖交易中的一种被纳入 CFIUS 的监管范围中,仅当不动产交易属于美国企业(the U. S. business)的一部分,并且形成“外国控制”时,不动产交易才会触动 CFIUS 审查。现实中,CFIUS 的审查早已开始关注临近敏感设施的不动产交易。如中国三一集团的关联公司 Ralls 收购希腊电网公司 Terna 位于美国俄勒冈州的 Butter Greek 风能发电项目一案,该项目由于收购发电设施位于美国海军基地附近而被 CFIUS 建议总统否决。此次 FIRRMA 法案将不动产交易作为“管辖交易”一节的内容写入法律,并对其作出了清晰的界定。一方面,这“很大程度上反映了 CFIUS 过往实践中的理解和态度,并将其以法律形式固化”;②另一方面,该规定也使纯粹的不动产交易可以作为管辖交易被审查,即使外国投资者仅购买一座空置不动产而不涉及任何美国企业的收购,CFIUS 对该不动产交易仍然拥有审查权限。

2. 纳入特定的非控制交易

FIRRMA 对于 CFIUS 管辖交易的另一个重大扩展,在于将部分不涉及“外国控制”(foreign control)的交易纳入了管辖范围,弥补了 CFIUS 的监管漏洞。

FIRMMA 提出了“其他投资”(other investment)③这一概念,该类型交易虽然

---

① 沈梦溪:《美国投资安全审查中的“国家偏见”:现状、历史和趋势》,载《国际贸易》2018 年第 11 期。

② 周成曜、吴昊思、王煜珩等(汉坤律师事务所),汉坤境外投资/ODI 视点:FIRRMA 扩大 CFIUS 权限——雷霆监管下中国对美投资是否还能成功落地?,LexisNexis—评论文章,载 https://hk.lexiscn.com/topic/legal.php?tps=cp&act=detail&id=305884&newstype=3&eng=0&keyword=CFIUS&crid=6bd54533-af1b-4db2-bb7a-0626c020bb05&prid=15e07bf4-dbe9-07b9-02b3-78d802888142,最后访问日期:2019 年 5 月 1 日。

③ FIRRMA, *supra* note 7, at sec. 1703“(a)(4)(B)(iii)” and “(a)(4)(D)”.

未达到“外国控制”的标准,但在同时满足以下两个条件的情形下,也会受到CFIUS的管辖:

一是外国投资涉及特定行业。根据FIRRMA sec. 1703“(a)(4)(B)(iii)”[修订后的《国防生产法》第721节(a)(4)(B)(iii),以下记作DPA sec. 721(a)(4)(B)(iii) as amended],特定行业包括:(Ⅰ)关键基础设施(critical infrastructure),主要包括电信、医疗、市政工程、交通、金融服务及为美国政府提供服务等领域;(Ⅱ)关键技术(critical technology),相比于以往的规定,FIRRMA对其进行了扩展,特别包括了《2018年出口管制改革法案》第1758节中确定的“新兴的基础技术”(emerging and foundational technologies);(Ⅲ)美国公民的个人敏感数据。

二是外国投资包含特定权力。当投资交易涉及以上行业时,尽管外国投资并未达到“控制”标准,但只要其包含以下特定权力,就仍然需要受到CFIUS的监管:(Ⅰ)在获得美国业务时,获取任何重要未公开技术信息;(Ⅱ)在董事会或类似机构中拥有席位或担任观察员,或拥有提名权;(Ⅲ)通过非投票权的其他方式参与美国企业的涉及关键技术、关键基础设施或美国公民敏感个人数据的实质性决策。① 虽然构成受CFIUS管辖的“其他投资”不要满足“外国控制”标准,但其所包含的权力都具有一定的关键性。

此外,FIRRMA特别明确了“其他投资”的例外情况——投资基金。根据FIRRMA sec. 1703“(a)(4)(D)(iv)”[DPA sec. 721(a)(4)(D)(iv)],当外国投资人在投资基金中不具有实际控制权力时,即使满足“其他投资”的两个条件,也不属于CFIUS的监管范围。由此可见,CFIUS对纯以获利为目的的投资具有一定包容度。

3. 纳入事后监管方式

根据FIRRMA sec. 1703“(a)(4)(B)(iv)”[DPA sec. 721(a)(4)(B)(iv) as amended],外国人对其投资的美国企业所享有的权力的任何改变如果构成“外国控制”或“其他投资”,那么该交易也将归于CFIUS的审查范围。

这一规定与FIRRMA在sec. 1702(c)(1)中提出的外国人“累积控制”(cumulative control)概念相互呼应,使CFIUS的审查从投资前扩展到了投资后。

① FIRRMA, *supra* note 7, at sec. 1703“(a)(4)(D)”.

即使外国投资在交易开始时不属于 CFIUS 审查范围，但只要其此后的任一时间点满足了管辖交易要件，就也要受到 CFIUS 的管辖。CFIUS 的持续性监管使外国投资者不仅需要在投资交易开始时关注 CFIUS 审查，还需要在交易后期的任何变化中警惕 CFIUS 介入的可能性。

（三）CFIUS 审查程序及机制有所调整

FIRRMA 使 CFIUS 的审查更加严格，但同时也优化了 CFIUS 的审查程序。在 FIRRMA 出台前，CFIUS 因审查程序的烦琐而备受外国投资者诟病。此次 FIRRMA 对 CFIUS 的审查程序作了较多改革，在强化 CFIUS 职能的同时，提高了审查效率。

1. 设立声明程序

在 FIRRMA 出台前，除 CFIUS 单方面启动审查程序外，①管辖交易双方若要主动向 CFIUS 申报应采用提交书面通知（written notice）的方式。② FIRRMA 创新性地引入了“声明”（declaration）这一程序。声明类似于书面通知的简化程序，交易双方仅需在声明中提供关于交易的基本信息（basic information），并且声明的长度不能超过五页纸。CFIUS 可以根据提交的声明判断交易方是否有必要提交有关交易的书面通知、是否有必要进行下一步审查，从而作出要求各方提交正式的书面通知、单方面启动审查或终止审查的决定。

一般情况下是否采取声明方式向 CFIUS 申报交易由交易方自行决定，但 FIRRMA 同时提出了强制声明这一程序，当交易满足“（1）投资人具有外国政府背景；（2）导致外国投资人在美国商业中拥有实质利益（substantial interest）”时，就必须向 CFIUS 提交声明。③

根据上述规定可以看出声明作为书面通知的简化和前置程序而存在。这一方面，减轻了投资者的申报负担，缩减了其时间成本；另一方面，也减轻了 CFIUS 的行政负担，在开始正式审查前就过滤掉不需要审查的交易，减少了 CFIUS 的工

---

① Section 721 of Defense Production Act, 50 U. S. C. App. 2170 § (b)(1)(D)(2015), (amended by the ForeignInvestment and National Security Act of 2007) [hereinafter Section 721 of Defense Production Act].

② Ibid., at § (b)(1)(A) and (C).

③ FIRRMA, *supra* note 7, at sec. 1706.

作量。同时,对于具有政府背景的、涉及实质利益的、对美国国家安全风险较大的外国投资,CFIUS 又规定了强制声明,以提高审查标准,防范外资引发国家安全风险。

2. 细化减缓措施

FIRRMA 细化了减缓措施(mitigation)的操作,尽管 FIRRMA 出台前减缓措施也经常被使用,但是减缓措施在实践中的具体操作并未以法律形式得以确定,此次改革中减缓措施的细化规定正式以法律的形式确定了下来。[①] FIRRMA,一是规定了在交易方主动选择放弃某些交易标的时,CFIUS 可以与交易方协商,通过签署减缓合约、强制执行减缓条件等方式以确保当事人放弃该交易标的的行为真实完成;二是规定了对已完成的交易同样可以施加减缓措施;三是对减缓措施应当定期追踪,审查其合适性,并及时地终结、取消或修改减缓措施;四是提出了判断减缓措施是否可行的评估要素;[②]五是对减缓合约的履行作出了相关规定,包括履行计划(compliance plans)、未履行的后果、纳入独立第三方监控履行等内容。[③] 这些细化的规定使减缓措施更具可行性,更易被投资者采纳和实施。

三、第四次改革下的赴美投资更加艰难

(一) CFIUS 第四次改革的价值导向

1. 安全利益优先于发展利益

国家安全审查制度改革的核心在于安全利益和发展利益的较量。FIRRMA 的支持者们认为中国大规模对美投资的动机在于"以对美投资为武器,利用美国国家安全制度的脆弱之处,包括美国军民两用技术的后台转移和相关专门知识,促进中国军事现代化并削弱美国国防产业基础"。[④] 出于对中国投资目的的曲解,相比于开放外资环境,FIRRMA 更关注对国家安全利益的保护。

2. 政治利益渗透入安全利益

由于国家安全利益与政治利益被错误地混为一谈,中国成为本次改革的首

---

① Ibid., at sec. 1718(1)-(4).

② Ibid., at sec. 1718(4)(A).

③ Ibid., at sec. 1718(7)(C).

④ Jonathan Wakely; Andrew Indorf, *supra* note 3, at 27.

要针对目标。FIRRMA 使投资来源国成为 CFIUS 外资国家安全审查的判断标准之一,并且特别要求 CFIUS 对中国投资进行更密切、更全面的监视,这一做法已然超出了安全利益的需要,而具有实现政治利益的目的。此外,FIRRMA 在国家安全考量因素中增加了美国领导地位(the United States leadership)这一政治性要素,这意味着在判断外国投资是否涉及国家安全时,CFIUS 还需要考虑外国投资对美国在相关领域"领导地位"的影响①。鉴于中国近年来的快速发展,中美差距日益缩小,中国已成为美国的头号假想敌。

(二)CFIUS 第四次改革对我国的影响

首先,我国投资者赴美投资的体量将进一步缩减。据美国数据,"2016 年中国对美新增投资达到历史峰值 274.3 亿美元,其中以并购方式对美国企业投资额高达 264.9 亿美元,占比 96.6%。但随着美国对中国投资的严加限制,2017 年中国对美新增投资约 139.7 亿美元,仅为 2016 年的 50.9%。2018 年上半年,中国企业对美国直接投资仅为 18 亿美元,同比下滑超过 90%"。② FIRRMA 后,CFIUS 的审查将更加严格,中国投资者赴美投资的意愿将进一步下滑,面临的困难也将进一步升级。

其次,我国为规避美国审查而付出的成本将更加高昂。一是 FIRRMA 给予了 CFIUS 更大的裁量权,尤其是将"特别关注国家"纳入国家安全考量因素,CFIUS 可仅凭投资来源国认定某项投资具有国家安全风险而不予通过。二是 FIRRMA 中的规定更加复杂。FIRRMA 颁布前,"控制"是外国投资者在交易规划中最关心的问题,在 FIRRMA 颁布后,即使未达到"控制"标准,只要涉及特定行业中的特定权力,也将受到 CFIUS 管辖。因此投资者仅仅避开"控制"标准已不能有效规避审查,而需要进行更复杂的交易结构设计,其交易成本也随之上升。三是 FIRRMA 规定了 CFIUS 的事后审查,投资者规避审查的工作不仅需要在交易获批前完成,还要在交易落地后延续。审查时点的增加同样提高了投资者的成本。

最后,我国技术升级的步伐更受阻碍。并购形式的对外投资是我国获取外

---

① FIRRMA, *supra* note 7, at sec. 1702(c)(1).

② 梁一新:《美国对华高技术封锁:影响与应对》,载《国际贸易》2018 年第 12 期。

国先进技术的重要手段之一。然而“随着中国经济和科技的发展,美国认为中美双方已经进入全球科学和技术领导权的争夺战,而这一争夺战的结果将对美国全球霸主地位产生直接影响”。[①] 美国在此认知的驱动下,扩大 CFIUS 的审查范围,“覆盖了中美两国技术合作的主要通道”,[②]“关键技术”及其他国家安全考量因素的范围也更多覆盖到了中国投资所感兴趣的主要领域。在这种情况下,中国通过投资获取美国先进技术的过程将更加艰难。

四、积极应对 CFIUS 第四次改革

面对更加严格的美国外资国家安全审查制度和趋于紧张的中美关系,我国应在充分分析的基础上,做好准备,以应对 CFIUS 第四次改革所提出的挑战。

(一)推进中美双边谈判,规范中美投资关系

改善赴美投资环境的基础工作是改善中美关系。CFIUS 的第四次改革作为美国压制中国的系列手段之一,在投资领域为我国设置了更多障碍,特别是 FIRRMA 中规定的“中国投资报告”,是中美关系恶化在投资领域的重要体现。中美双边投资协定(以下简称中美 BIT)是规范中美间投资关系的基础文件,对于改善中美投资关系具有纲领性作用。虽然目前中美 BIT 尚未达成,且在特朗普担任美国总统后一直处于停滞状态,但是基于“中美双向经贸大国身份和共同利益的存在,未来重启谈判的可能性很大”。[③] 中国应抓住机遇,利用中美 BIT 谈判的机会,对外资国家安全审查问题作出明确的安排。其中最重要的是根本安全例外条款的修订。国家安全例外条款是指当投资危及国家根本安全时“东道国停止对投资者实施公平待遇条款和国民待遇条款的豁免规定,是东道国对外

① 沈梦溪:《美国投资安全审查中的“国家偏见”:现状、历史和趋势》,载《国际贸易》2018 年第 11 期。

② 同上。

③ 参见冯纯纯:《美国外资国家安全审查的新动向及其应对——以美国〈外国投资风险评估现代化法案〉为例》,载《河北法学》2018 年第 9 期。

国投资者采取区别对待的许可”。① 在中美 BIT 谈判中,中国应积极争取对我国更有利的根本安全例外条款。如对根本安全例外条款的内容进行严格的限定,并细化国家安全例外条款的适用范围,以防止美国滥用根本安全例外条款、肆意扩大 CFIUS 审查范围;再如明确外国投资者面对东道国的国家安全审查可以寻求的救济渠道,以保护投资者的合法利益。

(二)完善我国相应机制,形成对美制度制衡

我国的外资国家安全审查制度,其法律规定松散而不健全,在对外资的约束力度上远不及美国。2015 年 1 月 19 日我国公布的《外国投资法(草案征求意见稿)》(以下简称《外资法草案》)将国家安全审查作为单独一章立法,首次对外资国家安全审查制度进行了系统、具体的规定。但是经过多次审议后,最后于 2019 年 3 月 15 日正式通过的《外商投资法》却仅在第 35 条作出了“国家建立外商投资安全审查制度”的概括性规定,而具体的制度建设仍留待此后通过专门立法解决。美国的 CFIUS 及其法律制度对中国赴美投资形成了一道巨大的“屏障”,而现行的中国外资国家安全审查制度却对美国赴华投资无法形成势均力敌的制衡。在此失衡的结构下,美国对中国投资的审查可能更加肆无忌惮。因此,为有效牵制美国、防止其滥用国家安全审查,我国必须继续完善外资国家安全审查制度,作出更加细致的立法安排。

(三)加快企业治理改革,改善企业国际形象

如前所述,在 CFIUS 第四次改革中,政治因素对 CFIUS 审查的渗透进一步加深。而中美关系的矛盾不仅来自中国对美国的赶超,也来自两种制度间的不信任。FIRRMA 对中国投资的特别关注,在一定程度上来自美国对我国经济体制的顾虑。中国的经济制度被美国称为“国家资本主义”(national capitalism),大量国企和国有资本参股的民企的存在,以及企业内党委会的设立和企业高层党员的身份,都使美国对我国赴美投资的企图充满怀疑。我国应继续推进和落实“政企分开”,完善现代企业制度和公司治理结构,帮助企业建立更加清晰的产权

---

① 李莹:《美国国家安全审查执法机构设置对中国的比较与借鉴》,华东政法大学国际法学院 2016 年硕士学位论文,第 42 页。

结构和更具现代性的治理结构,转变美国对中国企业的刻板印象,从而减少中国企业赴美投资的阻碍。

(四)规划投资内容形式,避开监管审查要点

一方面,投资者可以根据新的国家安全考量因素和管辖交易范围调整投资领域,避开美国监管当局重点关注的行业和要素,如将具有敏感性的不动产从交易标中剔除、避开可能涉及个人信息或网络安全的产业;另一方面,投资者应妥善设计对美投资的交易结构,避免涉及可能被纳入管辖交易的特定权力,如投资人的董事会或观察员席位、对公司重大决策和活动的否定权及接触重大非公开技术信息等权力。投资者应当综合考虑与权衡商业目的的实现和 CFIUS 申报义务及获批难度,谨慎考虑与 CFIUS 审批相关的反向分手费(reverse termination fee)、终止合同的权力等条款,慎重承诺为取得 CFIUS 批准而需要付出的努力标准,防止交易未获 CFIUS 批准时为此付出巨大的代价。①

(五)利用既存有利规定,提高交易成功概率

面对 FIRRMA 的出台,我国投资者应当充分了解和分析改革后的美国外资国家安全审查制度的新规定,并对其中有利于我国的部分加以利用。首先,投资者可以依据 FIRRMA 的新内容选择合适的投资方式,以规避 CFIUS 审查,如尽可能采取投资基金的方式对美投资,使交易落入 CFIUS 管辖交易的例外范围;其次,投资者可以利用 CFIUS 相关程序规定以降低审查风险,如积极利用声明程序减低受审查的时间成本,或主动达成减缓协议,避免投资项目遭总统禁止而蒙受巨大损失。

---

① 周成曜、王鑫、王煜珩等(汉坤律师事务所),汉坤境外投资/ODI 视点八:FIRRMA 未到,试点先行——简评美国财政部外国投资审查试点规定,LexisNexis—评论文章,载 https://hk.lexiscn.com/topic/legal.php?tps=cp&act=detail&id=310486&newstype=3&eng=0&keyword=firrma&crid=d23b6c4f-0e7d-4cb6-b4fd-6074338b5301&prid=2cc32bf0-e3e3-74af-17da-71ff2029605a,最后访问日期:2019 年 5 月 1 日。

法律的胜利

——在美国法院和 WTO 挑战“双重救济”*

汤文菡** 王双慧*** 李 念****

摘　要：十多年来，美国商务部对从中国进口的一系列产品同时征收反倾销税和反补贴税（“双反”），并采用“非市场经济”算法计算反倾销税中的正常价格，导致大量中国出口产品被重复征税。而 GATT 对国内产业补贴产生双重救济的可能性保持沉默，更使国际上对“双反”措施争议不断。为了应对这种困境，在 GPX 工程轮胎案中，中国积极探寻法律手段维权：一方面，通过美国国内司法审查制度质疑美国商务部会导致重复征税的“双反”实践；另一方面，诉诸 WTO 争端解决机制，试图改变由于 GATT 规定不清导致的双重救济规制困难状况。最终，中国在两条战线上皆大获全胜，促使美国通过新关税法，堪称法律的胜利。

关键词：GPX 工程轮胎案；双重救济；WTO

The Victory of Law

—The Challenge of “Double Remedy” in the U. S. Court and WTO

Tang Wenhan　Wang Shuanghui　Li Nian

Abstract: For decades, the U. S. Department of Commerce has imposed anti-

---

* 本文是在清华大学法学院杨国华教授的指导下完成的。感谢北京金诚同达律师事务所刘豪律师、上海对外经贸大学黄志瑾老师、北京大学法学院博士研究生马铭骏、清华大学法学院博士研究生徐朝雨和硕士研究生王语嫣等提出意见。

** 清华大学法学院本科生。

*** 清华大学法学院本科生。

**** 清华大学法学院本科生。

dumping and countervailing duties on a series of products imported from China at the same time, and used the "non-market economy" algorithm to calculate the normal price of anti-dumping duties, resulting in a large number of Chinese export products being repeatedly taxed. However, GATT's silence on the possibility of double relief for domestic industrial subsidies has made more controversies on "double-negative" measures in an international level. In order to cope with this dilemma, China actively sought legal means to safeguard its rights in the GPX tire case: on the one hand, it questioned the "double-negative" practice of the US Department of Commerce that would lead to repeated taxation through the US domestic judicial review system; on the other hand, it resorted to the WTO dispute settlement mechanism in an attempt to change the difficulty on regulating double-rescue caused by unclear GATT provisions. Finally, China won on both fronts, which promotes U. S. passed the new tariff law, constituting the victory of law.

Keywords: GPX tire case; double remedy; WTO

一、引　　言

GPX工程轮胎案是美国对华发起的第5起同时征收反倾销税和反补贴税(以下简称"双反")的调查。2007年,泰坦轮胎(Titan Tire)和普利司通(Bridgestone)两家美国轮胎制造公司要求对从中国进口的"非公路用轮胎"(New Pneumatic Off-the-Road Tires, OTR)进行"双反"调查。美国商务部随即选取3家生产者作为调查对象并裁定了倾销幅度。① 2008年9月5日,美国国际贸易委员会公布了肯定性损害终裁。

美国对从中国进口的同一产品同时征收反倾销税和反补贴税,并且使用所谓"非市场经济"算法(Non-Market Economy Methodology, NME)计算反倾销税中的正常价格。中国对这种做法提出强烈质疑,认为其结果是对同一补贴行为

① Certain New Pneumatic Off-the-Road Tires from the People's Republic of China: Countervailing Duty Order, 73 Fed. Reg. 51,627 (Sept. 4, 2008); Certain New Pneumatic Off-the-Road Tires from the People's Republic of China: Notice of Amended Final Affirmative Determination of Sales at Less Than Fair Value and Antidumping Duty Order, 73 Fed. Reg. 51,624 (Sept. 4, 2008).

赋予"受害国"两次重叠的救济。欧美国家采取 NME 的理由是:非市场经济国家的生产要素市场由于政府的介入存在扭曲,因此以该生产要素市场的价格计算生产成本是不可靠的。采取该算法的如美国关税法(Tariff Act of 1930)第 773 条(c)款和欧盟条例(The Basic Regulation)①第 2(1)条到第 2(7)条。在 WTO 法律文本中的直接依据则主要有两个:一是 GATT 第 6 条的第二个脚注②;二是《中华人民共和国加入 WTO 议定书》第 15 条(a)款。当下,美国仍然坚持认定中国为"非市场经济"国家,对从中国进口的商品同时征收反补贴关税和反倾销关税。从经济学理论上分析,这种做法确有可能导致同一补贴的受害国获得重复救济。

二、美国国内战线一览

(一)美国国际贸易法院的情况

1. 第一阶段

2008 年 9 月 9 日,中国(Guanggao Pinpai Xiaoshou,GPX)及其中国出口企业河北兴茂轮胎有限公司不满美国商务部对中国适用反补贴法,将美国政府和美国国际贸易委员会诉至美国国际贸易法院(Court of International Trade,CIT),之后撤回对美国国际贸易委员会的指控。2009 年 9 月 18 日,CIT 作出本案裁决。

(1)美国不公平贸易法没有阻止美国商务部对来自 NME 的产品征收反补贴税。CIT 认为,乔治敦钢铁公司案涉及的是过去苏联模式的"非市场经济"国家,但其并没有明确指出不得对当下的"非市场经济"国家适用反补贴法。实际上,美国反补贴法关于"国家"的规定很宽泛,并未对适用的国家类型作出限制,甚至可以说是"沉默"的。因此,美国商务部在反补贴法方面被赋予了决定补贴存在

---

① Regulation(EU)2016/1036 of the European Parliament and of the Council of 8 June 2016 on protection against dumped imports from countries not members of the European Union,Official Journal of the European Union,L 176(30 June 2016),p. 21.

② GATT 第 6 条第 1 款脚注 2 原文如下:"It is recognized that,in the case of imports from a country which has a complete or substantially complete monopoly of its trade and where all domestic prices are fixed by the State,special difficulties may exist in determining price comparability for the purposes of paragraph 1,and in such cases importing contracting parties may find it necessary to take into account the possibility that a strict comparison with domestic prices in such a country may not always be appropriate。"

的广泛自由裁量权,仅依据反补贴法条文无法解释出美国商务部无权对“非市场经济”国家的产品征收反补贴税。①

(2)美国商务部对中国的出口产品适用“双反”措施的解释以及计算方法不合理。CIT认为,法院有义务审查美国商务部在轮胎案中适用“双反”措施的解释和计算方法是否合理。若美国商务部不对其计算方法作出调整则很容易导致双重救济。CIT进一步指出,GPX不可能也没有义务证明存在重复计算。相反,鉴于重复征税的可能性很大,且美国商务部难以确定是否以及多大程度上会出现重复征税,美国商务部在没有准备好通过改进的方法或者新的法律工具处理该问题之前,就不得对所谓“非市场经济”国家的产品征收反补贴税,除非同时使用避免重复征税的方法,使这种平行的救济合理。②

(3)美国商务部拒绝“市场导向型企业”(Market-oriented Enterprise,MOE)申请的做法武断且反复无常。CIT将该案重新发回美国商务部,由其重新审理:或放弃对争议商品征收反补贴税,或制定新的政策和程序来调整对所谓“非市场经济”国家的反倾销和反补贴计算办法,以保障在“双反”情况下不会产生双重救济问题。

2. 第二阶段

2010年4月26日,美国商务部决定继续对中国轮胎征收反补贴税,但在反倾销税中抵销了反补贴税。③ 美国商务部称这一做法是为了避免重复计算,是符合法院指示的选择中引起最小混乱的方法。④ 然而,GPX及河北兴茂轮胎有限公司认为美国商务部的决定仍然不合理,未按照国际贸易法院的指示处理案件,又将美国商务部告上了CIT。CIT作出如下认定。

(1)没有必要对NME产品同时适用“双反”措施。CIT发现,发回重审后,抵销后的反补贴税与反倾销税的合计税率与未抵销前的反倾销税率相等。这会使反倾销和反补贴调查的同时进行变得没有必要,因为仅需对所谓“非市场经济”国家启动一项反倾销调查即可获得相同的救济效果。此外,这种抵销也不符合

---

① *GPX Intern. Tire Corp. v. United States*,645 F. Supp. 2d 1231(Ct. Intl. Trade 2009).

② Ibid.

③ US,Department of Commerce,*Final Results of Redetermination Pursuant to Remand* 2(26 April 2010),p. 59.

④ Ibid.,pp. 8 – 11.

《美国法典》第19卷第1677(a)节的规定,因为该节并未规定在反倾销税中扣除反补贴税的做法。因此,美国商务部的做法不合理,因为对所谓"非市场经济"国家实质无用(essentially useless)的反补贴调查将会产生额外的费用。① 在美国商务部无法决定是否和在多大程度上出现双重救济时,仅存的选择就是放弃对河北兴茂轮胎有限公司征收反补贴税。

(2)驳回GPX的MOE请求。发回重审后,美国商务部审理了河北兴茂轮胎有限公司的MOE申请,最终认为缺乏主要证据支持河北兴茂轮胎有限公司的MOE地位。但GPX声称美国商务部在证据评估上有缺陷,不符合国际贸易法院的指示。CIT认为,若所谓"非市场经济"国家的应诉方能够证明在一定的市场范围内存在可靠的市场价格,则可以进行行业或部门基础上的调整,但GPX未提供相应证据,从而无法证明其价格是基于可靠的成本,因此不能用市场经济国家的反倾销计算方法。② 最终CIT再次驳回了美国商务部的裁决,指示美国商务部放弃对河北兴茂轮胎有限公司的产品征收反补贴税。

(二)美国联邦巡回上诉法院的情况

鉴于"制裁"中国企业困难程度陡增,美国政府随即针对CIT的判决向联邦巡回上诉法院(The United States Court of Appeals for the Federal Circuit, CAFC)上诉。在2011年12月,CAFC还是作出了令美国政府失望的判决,认定美国商务部对"非市场经济"国家征收反补贴税违反国会的立法意志,没有法律依据。

1. 根据重新审查(review de novo)原则,CAFC有权重新审理美国反补贴法解释问题。CAFC认为,对反补贴法如何解释显然是一个法律问题,因此其有权重新审理并达成与CIT不同的结果,或采取不同的论证逻辑达成相同结果。CAFC认为法律是否禁止重复计算本身就不确定,且没有证据表明重复计算的情形确实存在。③ 但CAFC进一步强调,若穷尽传统的法律解释方法该法条内涵仍然模糊,就应予美国商务部的法条解释以"谢弗林尊重"。④

2. 文意解释并不能得出商务部有权对"非市场经济"国家采取反补贴措施。

---

① *GPX Intern. Tire Corp. v. United States*, 715 F. Supp. 2d 1337 (Ct. Intl. Trade 2010).

② Ibid.

③ *GPX Intern. Tire Corp. v. United States*, 666 F. 3d 732 (Fed. Cir. 2011), p. 11.

④ Ibid., p. 10.

CAFC认为,美国法律没有明确地赋予美国商务部对"非市场经济"国家采取反补贴措施的权力。因此,"非市场经济"国家政府的支付行为是否属于美国反补贴法律意义上"可以施加反制措施的补贴行为"是不确定的。

3. CAFC在一般情况下有义务遵守自己过去的判决。CAFC的判决逻辑与其在1968年判决的乔治敦钢铁公司诉美国案关系匪浅。本案中,CAFC认为"非市场经济"国家政府提供的"经济激励和利益"并不构成美国《1930年关税法》第303条规定的"政府赏金或拨款"(bounties or grants),[①]且没有证据表明美国国会有令该条适用于"非市场经济"的立法意图。[②] 应当注意的是,虽然美国《1930年关税法》第303条已被修改,但是修改的结果对乔治敦钢铁公司案的判决逻辑有效性并不产生实质性影响。

4. 根据立法批准(legislative ratification)原则,CAFC在乔治敦钢铁公司案中的解释结果符合国会的立法意图。[③] CAFC指出,即便立法历史中没有明示地援引先前解释,美国联邦最高法院也常常认定国会通过重新立法"批准"了下级行政机构或法院的某种解释。

5. 2000年和2010年的两次国会立法不是与本案相关的立法历史。美国国会在2000年表示支持美国商务部对中国进行"双反"的前提是中国已经成为市场经济国家,或者某一个产业的运行状况是符合市场经济的。这显然与本案的事实不同。而2010年的法案根本没有经过参议院的投票,CAFC认为从未通过的法案对解释先前法律条文不具有参照功能。[④]

综合上述分析,CAFC认定美国商务部对"非市场经济"国家征收反补贴税违反美国国会的立法意志,没有法律依据。如此激烈的判决也遭遇了激烈的反弹——在美国政府向CAFC提起复审期间,美国国会迅速通过了新关税法,新增加的701(f)明确否定了CAFC的判决结果。

三、WTO战线一览

2010年10月,WTO专家组认定美国商务部的做法不违反WTO协议。2010

---

① *GPX Intern. Tire Corp. v. United States*, 666 F. 3d 732(Fed. Cir. 2011), p. 12.

② Ibid., p. 13.

③ Ibid., p. 15.

④ Ibid., pp. 24–25.

年12月1日,中国向WTO上诉机构提出上诉。2011年5月,WTO上诉机构认定美国商务部“双反”做法违反了《补贴与反补贴措施协议》(以下简称《SCM协议》)第19.3条。

(一)专家组的裁决

WTO专家组认为,用NME确有可能出现双重救济(double remedy)问题。使用NME计算出来的倾销幅度,不仅反映了被调查企业在国内和出口市场的价格歧视(倾销),而且反映了影响生产商生产成本的经济扰乱情况。因此,若部分倾销幅度来自对出口产品的补贴,则根据NME计算出来的反倾销税既对应了倾销又对应了补贴。值得注意的是,专家组引用了美国国际贸易法院在GPX一案中的观点支撑该认定,即在没有一定调整措施的情况下,对中国产品进行“双反”很可能会导致双重救济。

WTO专家组进一步指出,虽然可能出现双重救济的问题,但WTO现有协定没有对这个问题作出规定。《SCM协议》第19.4条确定了可以征收反补贴税的限额,该限额仅取决于认定存在的补贴金额,对可能同时征收的反倾销税并不关注,因此没有涉及重复征税的情形。① 对于《SCM协议》第19.3条对反补贴税“适当金额”的要求,专家组认为,“适当金额”只意味着征收的反补贴税不超过“认定存在”的补贴金额,作用是约束调查机关不得滥用职权,因此NME对于反补贴税金额是否适当并无影响。此外,《SCM协议》的起草者无意通过该款禁止重复征税。② 因此,专家组裁定中国未能证明美国采用“双反”措施的做法违反了《SCM协议》第19.3条和第19.4条。GATT第6.5条“不得同时征收反倾销税和反补贴税以补偿倾销或出口补贴所造成的相同情况”的规定虽然明确涉及了双重救济问题,但仅仅是关于出口补贴的,不适用于本案的情况。③ 因此,专家组认定中方未能证明美方的做法违反了以上规定。

---

① “US-Definitive Anti-Dumping and Countervailing Duties on Certain Products from China”, Report of the Panel, 22 October 2010, WT/DS379/R, paras. 14.114.

② Ibid., paras. 14.128 – 129.

③ Ibid., paras. 14.117.

(二)上诉机构的裁决

上诉机构认为,本案的主要问题为如何解释《SCM 协议》第 19.3 条"在每个案件中收取适当金额的反补贴税"(in the appropriate amounts in each case),以及由于征收反补贴税而导致的双重救济是否妥当。

1. 上诉机构的分析

(1)对通常含义的解读

上诉机构指出:《SCM 协议》第 19.3 条的"适当"并非一个绝对标准,而是需要根据特定情形个案判断。另外,这一解释也与《SCM 协议》第 19.3 条的整体文义相印证:原则上应对所有补贴后的产品在非歧视基础上征收反补贴税,但对于宣布放弃补贴或接受价格承诺的进口产品除外。可见对在非歧视基础上征税这一要求不应作过于僵化的解读,而要考察具体的特殊情况。①

(2)对上下文的理解

上诉机构首先指出,《SCM 协议》第 19.4 条"不超过现存的补贴总额"设定了反补贴关税在量上的最大值。但是满足其第 19.4 条并不是反补贴关税"适当"的充要条件(专家组观点),而仅仅是必要条件,否则《SCM 协议》第 19.3 条就没有存在的意义了,且"在每个案件中"对个案分析的要求也没有体现出来。在此基础上,上诉机构转向第 19.2 条,该条鼓励当事国将反补贴关税与其实际需要弥补的损害(出口国的补贴造成的价格差异)相联系,与其第 19.3 条的文义形成了相互印证,②亦得到其第 19.1 条和第 21.1 条的文义支持。上诉机构认为,以上条款表明反补贴税金额的适当性与损害密切相关,不能抛开对进口国国内产品的损害征收反补贴税。③

此外,上诉机构考察了作为补贴和倾销两个协议起源的 GATT 第 6 条,尤其是第 6.5 条:"不得同时征收反倾销税和反补贴税以补偿倾销或出口补贴所造成的相同情况。"上诉机构指出该条所禁止的是"双反"所造成的"相同情况"(the

---

① "US-Definitive Anti-Dumping and Countervailing Duties on Certain Products from China", Report of the Panel, 22 October 2010, WT/DS379/R, paras. 552 – 553.

② "[C]ountervailing duties shall be levied, in the appropriate amounts in each case ... on imports of such product ... found to be subsidized and causing injury."

③ "US-Definitive Anti-Dumping and Countervailing Duties on Certain Products from China", *Appellate Body Report*, 11 March 2011, WT/DS379/AB/R, paras. 555 – 562.

same situation)——出口补贴原则上会导致出口价格的降低而不影响国内价格,从而提高倾销幅度,因此产生的补贴和倾销属于“相同情况”。该条是在传统反倾销关税算法下,用出口价格减去进口价格会抵销国内补贴,本来就不会产生双重救济的问题。但在NME下无法抵销,将导致同出口补贴(export subsidy)一样的问题,因此也属于GATT第6条所禁止的范围。①

上诉机构认为《SCM协议》第10条、第32.1条揭示了《SCM协议》与GATT和反倾销协议联系紧密。因此在解释《SCM协定》第19.3条的“适当金额”时,不能不考虑GATT第6条和反倾销协议。上诉机构进一步指出:成员国加入WTO相当于进入了一个累积的义务群(cumulative obligations),在实施一个协议下的权利时也应当注意不违反另一个协议下的义务。“适当金额”这一要求,起码意味着调查当局在设定反补贴税金额时,不能忽视反倾销税已经抵销了相同的补贴。②

(3)对宗旨与目的的发掘

《SCM协议》的宗旨与目的即为抵销补贴造成的损害,因此在确定反补贴税金额时应考虑针对相同产品征收的、用于抵销相同补贴的反倾销税,确保对同一补贴的救济不会超过其实际造成的损害。③

(4)对先前协定效力的分析

专家组认为《东京回合补贴守则》第15条也属于“上下文”。上诉机构认为,由于《东京回合补贴守则》已被现有协定替代,因此该守则第15条不属于《维也纳条约法公约》第31条所指的“上下文”,最多是缔约情形的组成部分,属于第32条所指的补充解释方法。而在本案中,第19.3条及其上下文已提供了足够的解释基础,没有必要再动用补充解释方法。更何况《东京回合补贴守则》第15条禁止的不仅是双重救济,而是所有同时征收反倾销税和反补贴税的情形。因此,《SCM协议》中缺少第15条这样的规定,不应当理解为WTO成员意在从协定中排除一项不同的、更窄的义务,如禁止双重救济。④

---

① “US-Definitive Anti-Dumping and Countervailing Duties on Certain Products from China”, *Appellate Body Report*, 11 March 2011, WT/DS379/AB/R, paras. 566 – 569.

② Ibid., paras. 570 – 571.

③ Ibid., paras. 573 – 574.

④ US-Definitive Anti-Dumping and Countervailing Duties on Certain Products from China, WT/DS379/AB/R, paras. 579 – 581.

2. 上诉机构的结论

基于以上分析,上诉机构认为专家组对第19.3条的解释是错误的。如果不考虑针对相同产品、抵销相同补贴的反倾销税,反补贴税金额的适当性便无法确定。因"双反"导致的双重救济不符合《SCM协议》第19.3条的规定。[①] 上诉机构进一步认为,调查机关有义务积极寻找相关事实,按照证据确定反补贴税的适当金额,其中包括充分考虑相同补贴是否以及在多大程度上已经被同时实施的反倾销税抵销过一次。本案中,利害关系方在调查中提出了双重救济问题,但美国商务部拒绝考虑对相同产品征收反倾销税的问题。因此,上诉机构认定美国商务部没有履行其确定"适当"金额的义务,从而违反了《SCM协议》第19.3条。[②] 据此,上诉机构进一步认为美国商务部在本案中适用"双反"措施的做法也违反了《SCM协议》第10条和第32.1条。[③]

3. 执行情况

WTO争端解决机构在2011年3月25日通过了专家组和上诉机构报告,要求美国在11个月内执行上诉机构裁决。但由于在美国联邦上诉法院进行的GPX国内诉讼当时仍未完结,直到2012年3月13日美国新关税法通过后,美国商务部才按照新关税法避免双重救济的规定调整了相关方的反倾销税额,以此执行了WTO的判决。[④]

四、殊途同归:美国修改关税法

2012年3月13日,新关税法经美国总统签署成为法律,明确授权美国商务部将反补贴税应用于"非市场经济"国家,同时设置了"双反"情况下避免双重救济的制度。

---

① US-Definitive Anti-Dumping and Countervailing Duties on Certain Products from China, WT/DS379/AB/R, paras. 582 – 583.

② Ibid., paras. 602 – 605.

③ Ibid., para. 610.

④ US-Definitive Anti-Dumping and Countervailing Duties on Certain Products from China, Status Report by the United States, 21 August 2012, WT/DS379/12/Add. 7.

(一)新关税法是对 WTO 和 CAFC 判决的直接回应

新关税法相比于原关税法共作出两处修改:首先是增加 701(f),明确将 701(a)中规定的反补贴税适用于“非市场经济”国家;其次是增加 777A(f),对“双反”情况下的反倾销税作出调整。

701(f)共有两项,其中第 1 项是一般规定,允许对从“非市场经济”国家进口的产品征收反补贴税。第 2 项提供了不征收的一种例外情况:当该“非市场经济”国家的经济由单一实体构成,导致调查机关无法识别和测量补贴时,即使满足了 701(a)的情况,也可以不征收反补贴税。

777A(f)用以解决同时征收反倾销税和反补贴税情况下双重救济的问题。其中第 1 项规定了减少反倾销税的三个要件:(1)被征收反倾销税的商品同时按照 701(a)征收了反补贴关税[不包括出口补贴,出口补贴的问题由 772(c)(1)(C)单独规定];(2)能够证明被征收反补贴税的补贴降低了进口商品在调查期间的价格;(3)反倾销税通过 773(c)中的替代国算法计算,且管理当局能够合理测量被征收反补贴关税的补贴在多大程度上扩大了这种算法下加权平均的倾销幅度。只有在同时满足这三个要件时,管理当局可以从反倾销税中减去(3)中补贴对倾销幅度的增加量。第 2 项则规定了调整的上限:减少的比例不得超过对该商品征收的反补贴关税税率。

从上述法条分析可知:对关税法的两处修改分工明确,701(f)是对 CAFC 判决的正面回应,明确表明立法机关允许将反补贴关税适用于“非市场经济”国家;而 777A(f)则是对 WTO 判决的初步执行——以制度规定要求调查机关充分考虑“双反”情况下相同补贴是否以及在多大程度上已经被同时实施的反倾销税抵销过一次,并对已抵销过一次的部分进行调整,避免双重救济问题。

(二)双线作战的意义

从诉讼过程上看,GPX 案的判决减少了中国在 DS379 案中的证明难度。可以说,CIT 在 GPX 案中的判决增加了 WTO 专家组和上诉机构认定“双重救济”存在的合理性,从而使中国在“事实”层面取得了诉讼上的压倒性优势。从诉讼结果上看,DS379 针对的是个案,WTO 争端解决机构采纳的上诉机构报告也只要求美国对 DS379 案中涉及的四项双反调查进行调整,未触及美国法律。GPX

案中,CAFC则直接对关税法作出了解释,认为法律不允许美国商务部对"非市场经济"国家征收反补贴税,从而使国会没有选择,只能通过修改关税法排除法院认定的"错误"立法意志。许多间接证据也表明,GPX案是推动美国关税法修改的真正原因。

事实上,WTO案件的执行情况大多不容乐观。相比美国—美国版权法第110条第(5)款案[US-Section110(5) Copyright Act[①]]和美国—"外国销售公司"的税务处理案(US-FSC)[②]等直接针对美国立法的WTO诉讼,DS379作为个案在上诉机构报告作出1年内就见证了美国关税法的修改和执行,很难完全归功于WTO系统。事实上,纵览整个关税法修改历程,美国国内的司法传统以及国家机构间的制衡关系起到了重要作用。首先,美国司法系统遵循先例的传统迫使国会在最短时间内修改关税法。CAFC之所以在GPX案中认定对"非市场经济"国家不应征收反补贴关税,很大程度上是出于对该法院1983年乔治敦钢铁公司案先例的遵循。[③] 其次,美国司法部门和立法部门相互制衡的关系也推动了新关税法的迅速通过。司法部门保持中立和保守的立场,在一定程度上平衡总统和国会的权力;而国会和总统也会积极地和司法系统博弈争取权力,以制定适应时代的政策。因此,众议院讨论中"纠正法院错误的判决"成为推动议案最主要的动力也就不足为奇了。当然,这绝不意味着WTO诉讼没有意义。假设没有DS379案,美国国会对关税法的修改很可能只停留在增加701(f)以推翻CAFC的判决,而将"双反"情况下的双重救济留给美国商务部在个案中解决。更重要的是,DS379案为《SCM协议》第19.3条"适当金额"的解释建立了先例,即在今后的调查中,进口国调查机关负有积极义务在"双反"时充分考虑同一补贴是否被重复征税,并进行相应调整以避免双重救济。[④] 因此,不仅是美国商务部对中国企业不能再采取类似做法,其他进口国的调查机关对包括中国在内的所谓"非市场经济"国家使用NME进行"双反"时,也应采取措施避免双重救济的问题,否则就存在被WTO裁决为不合法的风险。

---

① DS160.

② DS108.

③ 参见莫世建:《对非市场经济体适用反补贴规则前景初探——从〈GPX诉美国政府案〉的法律逻辑谈起》,载《澳门法学》2013年第4期。

④ 该解释被2014年的DS449案所认可。参见WT/DS449/R,pp.98-115。

上诉机构曾多次表示:当专家组和上诉机构在后来的案件中面对相同的法律问题时,应当遵循上诉机构在之前案例中对该法律作出的解释,除非存在令人信服的理由(cogent reasons)。① 因此,上诉机构在DS379案中对《SCM协议》第19.3条的解释在大多数情况下会被遵循,从而将长期影响WTO有关双重救济的判决。WTO的判决具有一定的"溢出效应",它不仅使美国负有国际义务在DS379个案中避免双重救济,也为将来同样涉及"双反"情况下的双重救济案件提供了有力的法律武器。如果对于GPX国内诉讼来说,修改关税法就是结局,那么对于WTO诉讼来说,这仅仅是一个阶段性成果——当美国或者其他国家再次因"双反"出现重复征税的问题时,DS379案中对《SCM协议》第19.3条的解释将持续发挥功能,帮助所谓"非市场经济"的出口国维护权益。

五、美国商务部的新关税法实践——以乘用车"双反"案为例

根据新关税法,美国商务部在"双反"调查中需要测量国内补贴对产品价格及倾销差额的影响程度,并从反倾销关税中相应扣除。实务中,美国商务部已根据777A(f)处理多起案件。在乘用车"双反"案(Investigation of Certain Passenger Vehicle and Light Truck Tires from the People's Republic of China)中,美国商务部于2013年10月1日至2014年3月31日对中国生产的乘用轻卡车车轮进行反倾销和反补贴调查,使用泰国作为NME中的替代国计算中国产品的正常价值,并于2015年6月12日作出了终裁结果。

(一)美国商务部对赛轮的双重救济调查问卷

美国商务部于2014年10月20日致信赛轮,要求其填写有关双重救济的调整问卷并提供相关数据和资料,以供美国商务部判断是否需要根据新关税法777A(f)项对它的反倾销税进行调整。问卷分为两部分,第一部分为7个一般性

① WT/DS449/R, p. 103, paras. 7.315 –7.316.

问题,第二部分为3个针对补贴的问题。① 从该问卷的内容可以看出,美国商务部主要想了解补贴和成本的关系(哪些补贴项目影响成本、影响的程度和频率)以及成本和销售价的关系(产品单价和销售价的关系、成本发生变化时企业如何调整价格),并要求企业提供会计报表、内部会议记录和相关负责人等信息以供查证。其目的在于判断被征收反补贴税的补贴是否降低了进口商品在调查期间的价格,如是,降低了多少。赛轮于2014年11月24日正式向美国商务部提交问卷,表明其出口产品的价格是根据每一次交易时不同的市场情况确定的,主要的考量因素是生产成本和市场主导价。其中的生产成本主要由四个生产要素(天然橡胶、合成橡胶、炭黑、尼龙绳)组成,均享受国内补贴。

(二)商务部认定应当调整对赛轮征收的反倾销关税

在2015年6月11日,美国商务部最终认定赛轮能够证明其涉及被补贴的项目与成本、成本与产品价格之间有联系,因此该补贴会相应地降低调查中的价格,符合777A(f)的构成要件,应调整对其征收的反倾销税以避免双重救济。美国商务部在计算双重救济的初裁文件(Preliminary Double Remedies Calculation Memorandum)中具体论证了为何本案中赛轮接受的补贴与其产品价格之间有联系,但该文件并未公开。本文尝试以美国商务部在2018年乘用车"双反"案中的相关说明为范本,解释美国商务部如何认定补贴与价格之间的传导关系(subsidy-price link)。

如前所述,补贴与价格之间的传导关系可以分解为两层:补贴和成本的关系以及成本和价格的关系。第一层传导关系很好证明,只要企业明确指出补贴的项目和产品制造有关即可。而第二层因果关系则容易受到质疑:成本的下降和销售价格的下降很可能是两个没有因果关系、独立发生的事件。它们在相同时段发生同方向的变化并不能说明成本和售价之间的传导关系。因此,企业往往需要举证内部决策过程,证明其对价格的调整是在成本变化的刺激下作出

---

① US, Department of Commerce, *Certain Passenger Vehicle and Light Truck Tires from the People's Republic of China(Sailun Group Co., Ltd)*: *Double Remedies Supplementary Questionnaire*, A-570-016 (20 October 2014) pp. 3-7.

的。[①] 证明内部决策过程的证据既可以是正式的企业会议资料，也可以是企业及其相关负责人对定价影响因素的陈述(如在2015年的乘用车"双反"案中，法院通过佳通公司在双重救济调查问卷中的直接陈述认定存在成本价格链[②])。当然，产品价格和原料成本之间多次相同的变化趋势以及紧密的时间联系(如在调查时段内，价格的每次变化都紧随成本变化作出)也有利于辅助因果关系的建立。

(三)调整的方法

在对同一产品同时征收反倾销税和反补贴税的情况下，可能存在两处需要调整：一是根据关税法772C1(c)调整出口补贴造成的双重救济；二是根据关税法777A(f)(2)调整国内补贴造成的双重救济。

对于由国内补贴引发的双重救济，美国商务部将调整的过程表述为：根据不同项目的补贴率和对应项目的成本进行加权平均，计算出单个补贴对总成本的补贴率；[③]然后将这些补贴率加总，得到总补贴影响总成本的比例；最后乘以彭博指数(Bloomberg ratio)，计算成本减少的比例传导到销售价格上的结果。美国商务部曾对此算法作出解释，认为其强调的是宏观上补贴对总体成本进而对总体价格的影响，而无须从微观上考察每一类成本对售价的影响，因而拒绝通过比较中国特定原料价格和美国特定原料价格计算调整数额。[④]

---

① US, Department of Commerce, *Certain Passenger Vehicle and Light Truck Tires from the People's Republic of China: Issues and Decision Memorandum for the Final Results of the 2015 - 2016 Antidumping Duty Administrative Review*, A-570-016(9 March 2018), p.10.

② Ibid., p.21.

③ US, Department of Commerce, *Final Determinations: Section 129 Proceedings pursuant to the WTO Appellate Body's Findings in WTO DS 379 Regarding the Antidumping and Countervailing Duty Investigations of Laminated Woven Sacks from the People's Republic of China*, A-570-916(31 July 2012), p.35；具体计算过程见US, Department of Commerce, *Certain Passenger Vehicle and Light Truck Tires from the People's Republic of China: Double Remedies Final Calculation Memorandum*, A-570-016(11 June 2015), p.2。

④ US, Department of Commerce, *Decision Memorandum for the Final Determination in the Antidumping Duty Investigation of Certain Passenger Vehicle and Light Truck Tires from the People's Republic of China*, A-570-016(11 June 2015), p.23.

(四)调整的效果和影响

在排除出口补贴以及进口补贴的影响后,赛轮的倾销差额由36.26%减少至29.01%,具体计算过程为:36.26% -0.28%(出口税对商品价格的影响)-7.33%(国内补贴对产品成本的影响)×94.96%(彭博指数)=29.01%。[①] 由于反倾销税税额=完税价格×反倾销税税率,而赛轮每年的出口数额相当可观,故该变化可以有效减轻企业的赔偿责任,从而有利于企业进一步实施或扩大出口业务。

---

① 由于终裁文件中的具体调整数额不公开,以上数据来自初裁文件。参见US,Department of Commerce,*Certain Passenger Vehicle and Light Truck Tires from the People's Republic of China:Double Remedies Preliminary Determination Memorandum*,A-570-016(26 January 2015),Attachment 1.在终裁中,美国商务部对以上数据仅做细微调增。See US,Department of Commerce,*Certain Passenger Vehicle and Light Truck Tires from the People's Republic of China:Double Remedies Final Calculation Memorandum*,A-570-016(11 June 2015),p.2.

RCEP 规则体系推进的影响因素与进路分析

袁 正[*] 张志国[**]

摘 要:2012 年《RCEP 谈判指导原则和目标》的签订,标志着以 RCEP 规则体系为主要内容的区域经济合作机制迈向了实质化阶段。RCEP 已历经近 30 轮谈判,但在构建 RCEP 规则体系上仍有分歧,尚未形成一致意见。RCEP 规则体系在促进区域经济合作上有其独特优势,但原产地规则与知识产权制度、投资保护、争端解决机制等因素在不同程度上制约了 RCEP 规则构建的速度和成效,亟须梳理并予以解决,以加快推进 RCEP 规则体系的构建,推动 RCEP 区域经济体的形成和发展。

关键词:RCEP;经济合作机制;规则体系;区域经济体

An Analysis on Influence Factors and Access Methods for Advancing RCEP Rule System

Yuan Zheng Zhang Zhiguo

Abstract: The signing of the Guiding Principles and Objectives of RCEP Negotiation in 2012 marks the substantial stage of regional economic cooperation mechanism with RCEP rule system as its main content. RCEP has gone through nearly 30 rounds of negotiations, but there are still differences on the construction of RCEP rule system, and no consensus has yet been formed. RCEP rule system has its

* 北京市京悦律师事务所律师助理,北京师范大学法学本科(辅修),北京联合大学国际经济与贸易专业经济学学士。

** 北京师范大学法学院博士研究生,北京市密云区人民法院法官助理。

unique advantages in promoting regional economic cooperation, but factors such as rules of origin, intellectual property rights system, investment protection, and dispute settlement mechanism restrict the speed and effectiveness of RCEP rule construction in varying degrees, which needs to be sorted out and solved urgently in order to speed up the construction of RCEP rule system and promote the formation and development of RCEP regional economies.

Keywords: RCEP; economic cooperation mechanism; rule system; reginal economies

一、RCEP规则体系的生成动因、内容及其优越性

为有力地应对世界经济的不确定性,增强区域经济发展的黏合度,激活区域经济活力,东盟10国发起《区域全面经济伙伴关系协定》(Regional Comprehensive Economic Partnership, RCEP)的谈判,RCEP规则体系应运而生。RCEP规则体系聚焦区域经济发展的重点内容,旨在缓解WTO规则陷入"空转"带来的负面影响,促进区域经济一体化和区域经济发展。

(一)RCEP规则体系的生成动因

东盟国家为了提高区域的一体化程度,于2011年2月26日在缅甸进行的第十八次东盟经济部长会议上首次提出了关于RCEP的概念及其草案。草案在东盟第十九次领导人会议中才被正式批准,并且通过了《东盟区域全面经济伙伴关系框架文件》。2012年8月,东盟"10+6"经济部长会议在政策方面达成实质性共识,签订了《RCEP谈判指导原则和目标》,标志着RCEP规制的实质化推进。① 由于RCEP的成员包含了发达国家与发展中国家,需要对多元化经济体的不同利益进行整合,一致的发展需求成为RCEP成立的最主要动因。

(二)RCEP规则体系的焦点内容

RCEP的谈判焦点集中在八个关键领域,具体包括:第一,实现对货物贸易的

---

① 参见张彦:《RCEP背景下中国东盟经贸关系:机遇、挑战、出路》,载《亚太经济》2013年第5期。

高标准关税减免,并且对发展水平低的国家采取灵活性的特殊待遇。第二,实现对成员国之间服务贸易的限制和歧视政策的根本消除,达到全面的、高质量的服务贸易自由化。第三,创造一个高水平的、便利的、开放的投资环境,并将促进、保护、便利和自由化四个关键问题涵盖到投资协议中。第四,在所达成的经济合作的基础之上,对经济技术合作的各方面给予承诺,如电子贸易方面的承诺。第五,通过经济一体化进程的推进,促进对知识产权使用、保护和执行方面的合作,减少与知识产权相关的贸易投资壁垒。第六,对竞争领域内存在的显著差别有所认识,加强竞争政策方面的合作,如竞争促进、经济高效、消费福利等方面的合作。第七,为协商和解决争端提供一个透明的、高效的、迅速的机制。第八,其他的一些问题。

(三)RCEP 规则的优越性

RCEP 规则相对 FTA 规则而言,在区域合作方面具有以下优势:

首先,RCEP 平台能够有效利用 FTA 投资争端解决机制保护对外投资。RCEP 可以建立公平透明的规则,并通过相应的规则推动区域内的经贸往来;RCEP 的规则可以为解决争端提供有效的路径。FTA 投资争端解决机制可以兼顾效率与公平性,降低争端解决的成本。其中,中国—东盟的双边投资协定中的投资争端解决机制,可以帮助《争端解决机制协议》确立投资争端解决规则,为磋商、调停和调解、仲裁、执行和中止减让提供法律、法规保障。①

其次,RCEP 规则具有包容性和灵活性。RCEP 这一经济一体化协议,具有覆盖范围大、现代、综合、高标准的特征,可以使各个成员国实现包容性的互利互惠。RCEP 在议题设置及其规则上均参照了参与国的不同国情和发展水平,涉及 7 个主要领域,包括货物贸易、服务贸易、投资、经济和技术合作、知识产权、竞争和争端解决等。RCEP 可以进一步拓宽属于 WTO 框架下的贸易规则,在双边自由贸易协定的基础上,整合与提升规则的包容性、灵活性与合理性,提高区域经济一体化水平和区域经济发展水平。

---

① 参见《中国—东盟“早期收获”计划》,载中国—东盟自由贸易区网:http://www.cafta.org.cn/show.php?contentid=70791,最后访问日期:2019 年 9 月 22 日。

二、影响RCEP规则体系构建的因素

当前,RCEP已经进行了27轮谈判,对货物贸易、服务贸易和投资等方面的多项议题进行了逐步深入的谈判和磋商。2019年第八届RCEP北京部长级会议期间,各成员国就市场准入和投资等关键章节达成了共识,尚有部分内容存在争议,未达成一致意见,但预计今年年底或可结束谈判。[①] 影响RCEP规则体系推进的因素主要集中在以下几个方面:

(一)原产地规则与知识产权因素

原产地规则和知识产权的保护是国际贸易规则中重要的组成部分,此两者相关的法律法规的完善是国际贸易发展的重要保障。但是由于各成员国知识产权发展水平不同,RCEP在推进这方面的谈判中遇到了一定的阻碍。

在现有的协定当中,原产地规则的种类繁多,过多的原产地规则在实际适用过程中产生混杂的问题。在东盟"10+1"FTA中,只有30%的关税数目采用了相同的原产地规则。[②] 如果要构建更加完善的RCEP规则体系,需要建立和推广统一标准的原产地规则。目前来说,由于各国的经济发展情况不同,各国原产地规则不统一问题突出,这在一定程度上影响了RCEP规则体系的构建与完善。

从知识产权方面来看,近几年来,东盟各国在立法上取得了一定的进展。新加坡于1987年就已经构建了独立的知识产权保护制度,包含工业设计以及商标权等方面的知识产权保护制度;文莱和菲律宾的立法参考了世界知名产权组织方面关于知识产权的具体规定;马来西亚在知识产权法律制度构建上取得了一定进展,但囿于其国内司法能力和程序问题导致案件滞压;其他国家则在保护制度上存在争议,还有待协商解决。

当前东盟分别与中国、日本、韩国、印度、澳大利亚和新西兰签署了FTA。与此同时,该5国之间也相互签订了FTA,各双边自由贸易协定中不同的服务贸易

① 参见《RCEP或将于11月结束谈判》,载商务部:http://www.mofcom.gov.cn/article/i/jyjl/j/201908/20190802888506.shtml,最后访问日期:2019年8月15日。

② 参见杨丽艳、秦建荣:《FTA与中国——东盟自由贸易区投资争端解决机制研究》,广西师范大学出版社2015年版,第187~211页。

条款交织的话,形成了“服务贸易意大利面条碗”效应。[①] 意大利面条碗的意思便是各个协议的不同的优惠待遇和原产地规则就像碗里的意大利面条,混在一起导致效率低下。当前协定关于原产地规则以 GTAS 为基准,但 GTAS 在服务贸易原产地规则上存有缺陷,如在判断服务贸易原产地时,因没有直接针对服务本身而难以确定原产地。RCEP 各成员国签署的双边自由贸易协定中对服务贸易原产地的规定上尺度不一,导致在国际市场上的贸易是难以兼顾多标准,自贸区提升服务贸易受到巨大的限制。

在多边谈判中,谈判方之间缺乏原有的关税减让成为构建新规则的优势,不用受制于不同协定间复杂的原产地规则和不一致的关税减让安排,能够在新的平台建立统一的关税减让安排。[②] 东盟成员国里除新加坡外的其他国家均是发展中国家,经济发展和水平上差异明显,使东盟在主导构建 RCEP 规则体系上较为乏力。

(二)投资保护因素

在区域经济一体化的进程中,贸易便利化是合作的一大内容。要实现贸易投资最大便利化,就需要消除贸易壁垒、建立良性的贸易环境、依法保护投资行为。由于 RCEP 成员国的经济发展水平以及市场经济结构存在差异,市场投资准入的标准亦有不同。如果要快速推动区域经济的发展,就需要有更加协同的市场准入标准。RCEP 的机制应当推动、拓展投资领域,降低准入门槛,更好地发挥资本、人才、技术的作用。

投资方面的公平、公正待遇。目前,RCEP 欲要在投资领域方面创造突出自由性和竞争性的良性投资环境。在实践中,相关工作组已经成立,RCEP 章程中涵盖的国际投资协定的主要条款也已接近完成。但从投资仲裁机制来分析,机制对于外来投资者上赋予了对东道国起诉的基本权利。

在 RCEP 谈判中,各成员国在最惠国待遇、国民待遇上较容易达成一致意见,但是在保护的最低标准、征收和补偿标准等方面还存在分歧。间接征收争议

① 参见刁莉、郎婷婷:《我国应在 RCEP 的区域服务贸易一体化发展中发挥更积极作用》,载《经济纵横》2015 年第 8 期。

② 参见许多:《对特惠贸易协定设置开放准入条款的思考——以 RCEP 协定谈判为例》,载《江海学刊》2016 年第 1 期。

是国际投资纠纷的重大诉由,占有相当大的比重。① 在RCEP规制设定上需要明确征收和补偿的主体、条件、程序和法律责任等内容,但由于区域各国的不同利益诉求一时难以调和,阻碍了RCEP谈判的进程。另外,在投资保护领域还存在制度差异所带来的障碍。如我国国企投资者在国际投资保护中身份的尴尬,如果RCEP规则体系中又不明确其投资者地位,极可能被排除出投资保护的范围,②这是在当前构建RCEP规则体系时需要解决的。

关税减免程度及承诺。在分析RCEP协定设置开放准入条款的现实问题中,最大的难题是出现在关税减让安排上。主要原因在于五个特惠贸易协定的贸易自由化程度各不相同,尚有部分谈判方之间还未签订特惠贸易协定,其相互间的关税减让安排需要借助RCEP协定谈判来确定。

(三)现存贸易协定与RCEP标准的差异较大

目前,RCEP的贸易自由化程度还有待发展,与现有的制度相对比有着广泛的自由性。贸易自由化进展方面,RCEP的16个成员国经济体一体化主要存在于以东盟—中国(FTA)、东盟—日本经贸合作协定(EPA)、东盟—韩国FTA、东盟—印度FTA和东盟—澳大利亚—新西兰FTA这的5个“东盟+1”协定的大框架下。

区域贸易自由化机制方面,16个成员国在服务贸易开放上尚显保守,正在推行渐进发展方向。贸易规则与投资规则分立,使整体的贸易交互受到了限制。国民待遇与最惠国待遇方面,东盟—中国FTA和东盟—韩国FTA的《服务贸易协议》及东盟—澳大利亚—新西兰FTA在贸易的国民待遇上作出了规定,其中前两者还未规定最惠国待遇条款,只有东盟—澳大利亚—新西兰FTA作出了贸易最惠国待遇规定,东盟成员国贸易自由化程度较低。区域内贸易自由化程度总体不高且程度不一,也在一定程度上制约了RCEP规则体系的推进。

区域内国家发展程度差距大,贸易壁垒和制度障碍成为影响区域经济合作的关键因素。区域成员经济发展水平不一,对贸易、投资自由化的利益诉求也存

---

① Special Update on Investor-State Dispute Settlement: Facts and Figures, IIA Issues Note, November 2017, Issue 3, p.6.

② 参见刘雪红:《中国海外投资保护的法律障碍与制度重构——基于北京城建诉也门等五案的分析》,载《华东政法大学学报》2019年第2期。

在较大差异,一时间不易调和,致使 RCEP 规则体系构建迟缓。①

当前需要解决的制度性的障碍包括市场准入壁垒、具体承诺义务壁垒和非关税壁垒。由于各成员国的对外贸易政策与其本国的经济利益息息相关,在整合机制的过程中会不可避免地遇到各方阻力。这需要多方的努力来克服,通过削减贸易壁垒,来促进合作机制的整合。由于整合的难度较大,亟须建立高效的对话协商机制,增强互信。

(四)争端解决机制因素

RCEP 的文本构建了以仲裁为中心的纠纷解决机制,一旦通过双方或多方磋商和调解以及调停后还没找到统一的解决方案,就进入仲裁程序。缔约方之间约定保密条款,不公开审理,并通过预定的规则选择专门人员组成仲裁庭。在效力上是一裁终局,不得上诉。

RCEP 谈判涉及的争端机制中,以专家组和仲裁组来组成。在 RCEP 争端解决机制中,采取了国际上惯用的争端解决方式,如通过专家组作出裁决,强调用和平手段解决纠纷。RCEP 规定仲裁庭作出的裁决结果对于缔约国之间都具有法律效力,且效力和法院作出的裁决相同,确立了以仲裁为核心的争端解决机制。

RCEP 规则体系中的争端解决机制的优势在于争端解决的周期相对较短,时效性较强。这是对当前 WTO 争端解决机制在运行过程中所反映出来的弊端的回应,也是基于快速解决国际贸易争端的现实考虑。就其内容而言,首要解决就是争端解决机制的适用范围,其实质是管辖权的问题。就现阶段区域贸易争端解决机制的发展趋势来说,越来越多地将数字产品、跨境数据等新兴经济形态的争端纳入管辖之中。② RCEP 既有发达经济体又有发展相对落实的国家,为削减是否应当将新兴经济形态的争端纳入争端管辖之中的矛盾,有学者建议可排除争端解决机制对新兴经济领域的适用,采用其他方式解决。③ 适用范围是争端解

---

① 参见杨勇:《中美对亚太多边化区域贸易平台主导权的争夺》,载《武汉大学学报》(哲学社会科学版)2019 年第 3 期。

② 参见龚红柳:《TPP 协定下的常规争端解决机制:文本评析与启示》,载《国家行政学院学报》2016 年第 1 期。

③ 参见王茜、高锦涵:《RCEP 争端解决机制构建研究》,载《国际展望》2018 年第 10 期。

决机制的核心内容,RCEP 争端解决机制的适用范围尚未有一个明确的定论,不利于 RCEP 规则体系的推进。

另外,透明度担忧也在一定程度上制约了 RCEP 争端解决机制的构建。良好的透明度是保障国家投资贸易争端得到公平解决的重要制度保障,也是构建一个区域认可、科学、合理争端解决机制的重要因素。RCEP 规则的制定由东盟主导,然而东盟区域内的争端解决机制透明度不高,缺乏可操作性和指引性,实际作用不明显①。在 RCEP 规则谈判中包括东盟国家在内的成员国,对 RCEP 争端解决机制存在一定担忧,进而影响了 RCEP 争端解决机制的构建和 RCEP 规则体系的完整性。

RECP 是东盟近年来首次倡导并主导的协议,是缔约国之间互相约定开放相关市场、便利经贸往来的重要形式。参与 RCEP 谈判的缔约国在发展要求上近似,在制定相关争端解决机制的时候,会从维护缔约国的最大利益方面进行衡量,创制公平公正的争端解决环节。RCEP 推动区域内的贸易自由化,高流通性的贸易是构建 FTA 的基础。

三、构建与完善 RCEP 规则体系的进路

在推进 RCEP 规则体系构建过程中,削减影响 RCEP 规则体系构建的因素至关重要,在某种程度上能不能消除构建 RCEP 规则体系中的不利因素决定了 RCEP 规则体系的未来走向和最终发展。为此,要对影响 RCEP 规则体系构建的因素加以重点解决,以推进 RCEP 规则体系的构建,推进区域经济一体化,实现区域经济的融合与发展。

(一)完善原产地规则与知识产权法律制度

1. 原产地规则的构建

我国以磋商的方式来降低原产地规则上的差异,解决当前因规则混乱的现状问题,达成共赢局面。我国在支持东盟 RCEP 主导方的基础上,积极引导

① 参见孙志煜:《区域贸易协定争端解决机制中的制度选择:基于交易成本的分析》,载《暨南大学学报》(哲学社会科学版)2014 年第 5 期。

RCEP 的谈判磋商机制,并解决当前协议规则中因原产地证书重叠而出现"意大利面条碗"效应的问题,降低各谈判成员国的参与成本。①

笨重的程序、高额管理费以及武断的原产地规则分类所引起的延迟,是当前 FTA 利用率低的主要原因。② 这表明在多个国家参与的自贸协定中统一原产地规则的重要性。当前采取的原产地规则方案利用电子数据交换以加速和简化原产地规则的确定程序。

推进贸易和投资便利化,应简化通关程序,削弱非关税壁垒,合理化原产地原则,并提高管理水平。应使原产地规则的行政手续透明化、协调化,防止轮轴—辐条结构在东亚地区的 FTA 中出现,降低"意大利面条碗"的负面效应,提高政府服务质量,减少企业运用 FTA 优惠政策的官僚障碍及交易成本。若能够建立一个"10 +3"共同承认的原产地标准,使 13 国范围内生产的产品只需一个证明即可,进一步推动便利化。目前而言,使用国际上实施原产地规则的惯例依旧是便利的选择。③

对于 RCEP 规则体系的完善而言,可采取如下措施促进投资便利化:其一,采取优惠政策,同时加快海外投资的立法进度,保障投资企业的利益。其二,改善服务业的准入条件,加大相互投资的力度。

2. 完善知识产权保护制度

推动经济一体化,减少知识产权相关的贸易投资堡垒成了 RCEP 规则谈判的议题。2013 年 9 月,RCEP 的第二轮谈判中,各成员国开始就知识产权议题交流意见。通过多轮论谈判,初步达成了共识。

就我国而言,若 RCEP 文本关于知识产权保护的条约签订并生效,我国不需要大量修改法律就能完成 RCEP 文本规定的关于知识产权方面的保护义务。从宏观方面分析,我国的立法现状是对关于知识产权方面的法律法规不断进行修改和完善,使对知识产权的保护已经尽到了国际条约中所规定的相关义务并且已经达到较高的保护水准。

---

① 参见王旭峰:《RCEP 框架下中国贸易效应研究》,云南财经大学 2017 年硕士学位论文,第 65 页。

② 参见沈铭辉:《应对"意大利面条碗"效应——简论东盟在东亚合作中的作用》,载《亚太经济》2011 年第 1 期。

③ 参见刘一姣:《中国东盟经贸关系中的竞合》(第 4 版),中国经济出版社 2015 年版,第 176 页。

从微观方面分析,我国在知识产权制度保障层面存在以下问题:(1)版权保护的制度规定是否需要强化;(2)商标保护是否增加可注册商标的相关因素;(3)专利保护方面借鉴先进国家的保护措施的程度;(4)如何充分利用中国现有的案例经验和已有的法律措施。①

RCEP 谈判的顺利,会对中国关于知识产权的保护起到推动作用,也会缩小成员国内较为发达的国家与东盟国家之间在关于知识产权方面保护水平上的差距,促进知识产权方面的相关经济合作以及区域融合。

(二)投资保护方面的完善

RCEP 在投资议题的谈判范围中,设置了投资促进、投资保护、投资便利化与投资自由化四大投资相关议题②,为促进谈判成员放宽外商投资限制创建了自由便捷的投资环境。

由于 RCEP 谈判中存在不利于外来投资的消极因素,包含东道国政府及其政府机构带来的外来因素,以及团体组织方面的各种作为而构成投资风险。RCEP 条文中关于损失赔偿方面仅局限在缔约国一方的投资者在另一个缔约国由于无法预见的意外事件而受到的损失,需要进行恢复原状、补偿并给予该国投资者的最惠国待遇。在没有完备的法律规定的情况下处理风险,会对投资造成消极作用。需要进一步完善 RCEP 规则中投资征收和补偿相关法律制度,谋求区域成员国利益最大公约数,弥合征收和补偿等投资保护领域的分歧。

在规避政治风险方面,可通过设立专门的监督机构,对相关境外投资风险进行规避和防范,来减少各方因素对于投资方面产生的消极影响。

(三)缩小现存贸易协定与 RCEP 标准的差异

第一,通过参与 RCEP 推动产业在开放中进行结构转型和升级,提升竞争力。RCEP 谈判将进一步规划贸易协议中的新规则,并促进各国国内体制的完善,使东亚地区成为完整供应链的生产基地。在很大程度上,RCEP 推出的新规

---

① 参见刘璇:《RCEP 谈判中法律问题研究》,黑龙江大学 2017 年硕士学位论文,第 68 页。

② 参见全毅、沈铭辉、仇莉娜:《如何构建区域全面经济伙伴关系(RCEP):中国视角》,载《和平与发展》2017 年第 5 期。

则和各国自身体制的完善对各国产业机构的升级都具有良好的推动作用。

第二,提出对困难问题专项研究的方案,考虑建立 RCEP 谈判进程中的专家支持机制。首先,我国在服务贸易开放方面将会受到很大挑战。我国的服务贸易软肋多、体制机制问题大,同制造业的国际化程度比具有相对较低的开放程度。在 RCEP 谈判过程中,如何在公平竞争的环境下维护我国利益需要相应的政策应对。其次,在投资开放方面,我国总体是具有优势的,但仍在两个方面面临较大开放压力:管理体制和敏感部门。除中国—东盟 FTA 外,东盟与其他国家之间的自贸区投资协定均就投资达成了投资准入前国民待遇的一致意见。在此,我国需要成立专门的专家研究团队或者小组,随时跟踪 RCEP 和其他相关合作机制的谈判进程,为谈判提供各种分类研究报告,为谈判确定立场,为推进 RCEP 谈判献计献策、提供智力支持。

(四)构建 RCEP 争端解决机制

第一,通过频繁的交流来建立相关法律文献的专门数据库。由于 RCEP 成员国之间的经济发展水平、政治制度、文化、历史以及法律的发展水平各有差异,往往会在国际平台上引用国外法律来处理贸易争端,而且外国法律文献在译文的准确度上会影响相关争端解决。各个成员国需要构建专门的一个法律文献数据库,通过交流与合作来推进数据库内的双边及多边条约的确立,囊括各成员国的国内法及相关官方语言。该数据库有利于投资者了解相关法律来确保得到投资保护。

第二,进一步推进 RCEP 成员国的司法协助。RCEP 各成员国通过司法互助,缔结双边或多边条约来承认以及执行仲裁机构甚至是法院作出的裁决。通过区域内司法协定构建相互承认和相互执行机制。各国也可以根据实际情况建立动态化的司法协助沟通机制,通过各国专设相关联络部门来促进这个机制的建立和运行。

第三,设置争端解决机制的涵盖领域和实施保障。通过完善争端解决机制的涵盖领域,对不同情况进行具体分析,为各领域设立独立有效的争端解决方法,并对不同领域的争议在程序设计上争取细化。要进一步明确争端解决机制的适用范围、仲裁人员的选择等方面的内容,提高争端解决机制的透明度和可操作性。由于东盟“10 + 1”FTA 争端解决机制中仲裁庭均是根据实际需要临时组成,容易在仲裁庭的组成时效、裁决的公正性等方面收到质疑。为使争议得到高效和公正解决,需要在各国资金和人才的支持下,效仿 WTO 设置一个常设机构为处理争议提供支持。

论对非国家行为体行使自卫权的正当性与合法性
——以私营军事安保公司为视角

吴　昊*

摘　要：非国家行为体的日益兴起，使国际社会不得不重新审视国际法主体的认定标准，思索非国家行为体与主权国家相比，在享有权利和履行义务方面有何异同点。遭受武力攻击的受害国，对私营军事安保公司等非国家行为体行使自卫权，其正当性基础在于国际社会追求自由和正义，世界人民普遍反对与和平相对立的一系列行为；合法性基础来源于习惯国际法以及联合国安理会为和平解决国际争端而通过的决议。根据现行条约，非国家行为体在武装冲突过程中依然需要遵守国际人道法，若违反也应承担相应的责任。主权国家要在合法使用武力的条件与范围内行使自卫权，切忌以此作为推行单边主义和强权政治的工具，威胁世界和平与国际秩序的稳定发展。

关键词：非国家行为体；私营军事安保公司；自卫权；武装冲突

Legitimacy and Legality of Exercising the
Right of Self-defense against Non-state Actors
—from the perspective of private military and security company

Wu Hao

Abstract: With the development of non-state actors, international community has to re-examine standards of international law subjects and identify similarities and

---

* 中央财经大学法学院硕士研究生。

differences between non-state actors and sovereign states in terms of rights and obligations. Sovereign states may exercise their right of self-defense against non-state actors such as private military and security company when they suffer from force. Legitimacy lies in the pursuit of freedom and justice by international community. Moreover, people among the world tend to protect global peace generally. Legitimacy derives from customary international law and resolutions adopted by UN security council which aim to settle international disputes peacefully. According to the existing treaties, non-state actors still need to abide by international humanitarian law as well as undertake corresponding responsibilities in condition of armed conflicts. Sovereign states should exercise the right of self-defense properly and avoid transforming it into a tool of unilateralism and power politics that threaten world peace and international stable order.

Keywords: non-state actors; private military and security company; self-defense; armed conflicts

一、问题的提出

近年来,有关非国家行为体本身存在的问题,国内外虽已有不少业界学者在研究,但国际上对这一主体尚未形成具有强制力的规范。针对主权国家能否对非国家行为体行使自卫权,以及各国主张行使自卫权的国际法依据目前并不统一。本文以非国家行为体的发展背景为切入点,结合国际法理论并借助各国实践中的案例,在已有研究的基础上,希望通过辨析其国际法地位,进而厘清对其使用武力行使自卫权是否正当合法。当前国际政治形势复杂,国家安全成为世界各国的重要议题。特别是面对私营军事安保公司这类特殊的非国家行为体,正是因为对其缺乏有效的国际监管和明确的跨国追责机制,才造成被侵犯人权的受害者无法得到及时和充分的救济。美国虽然已经通过了《武器出口管制法》和《国际武器转让条例》以惩处私营军事安保公司和雇员的违法行为,但由于国内法本身的发展限制造成这一问题不能被长期有效地解决。因为法律规制的侧重点应在于公司和雇员本身,而非武器这一"物",这就显得国内法针对性不强。因此,从国际法的角度入手,探讨对非国家行为体行使自卫权的正当性与合法性这一问题是十分必要的。

二、非国家行为体的国际法律地位

非国家行为体实施跨国活动,参与国际交往日益活跃,其产生背景和国际关系的变化密不可分。如果军事行动的参与者和武装冲突的当事方不再仅限于主权国家,就需要讨论非国家行为体的国际法主体资格,判断是否要将这一主体列入国际法规制框架之内。当非国家行为体拥有法律人格时,也要享有和承担国际条约下的权利和义务。但该主体在国际社会的交往中到底处于何种地位,是否需要被国际法中的权利和义务所约束,需要进一步分析。

(一)新型国际关系下的非国家行为体

非国家行为体本是国际政治领域的概念,在全球化、私有化发展的国际背景下,其数量不断增加,活动范围日趋广泛。20 世纪 80 年代后出现的非国家行为体,引发了世界的高度警惕和关注。虽然第二次世界大战结束后世界总体趋于和平,但区域性武装冲突依旧存在。应运而生的叛乱团体、私营军事安保公司,因加剧了地区局势的紧张而遭到多数人民的反对。联合国安全理事会(以下简称"安理会")2004 年通过的第 1540 号决议对非国家行为体作出定义:没有得到国家授权而开展决议范围内的活动实体或个人,是非国家行为体。① 该定义表明,从事非法活动的组织,以及特定活动的个人,均可成为非国家行为体。"冷战"结束后,在武装冲突中,除国家正式武装力量外,还出现了叛乱团体、雇佣兵等非国家行为体参与军事行动。② 这些非国家行为体的产生,也带来诸多不安定的因素,对国家主权和国民安全形成危害,促使国际社会开始探索一种新的国际治理秩序和行为归责原则。

(二)非国家行为体的国际法主体资格

国际法主体的标志是法律人格者的存在。法律人格者,是指获得习惯法承

---

① 联合国安理会第 1540 号决议:《防止核生化武器扩散》。

② See Dino Kritsiotis, *Mercenaries and the Privatization of Warfare*, 22 Fletcher F. World Aff. 11 (1998).

认,能够享有权利和履行义务,并可以提起国际诉讼,以及可以授予这些能力的实体。具有国际人格和行为能力需要具有三个要素:第一,求偿的能力;第二,签订条约和协定的能力;第三,可获得管辖权豁免。① 若非国家行为体拥有以上能力,则可被视为拥有国际法律人格。然而,拥有国际法律人格,并不意味着享有与国家完全相同的权利和义务。世界卫生组织就一国在武装冲突中使用核武器是否违反国际法义务一案请求国际法院释明,国际法院咨询意见表明:"国际组织受特定原则支配,虽是国际法主体,却没有一般的权能,即创造它们的国家赋予它们某些权能,但仅限于推动这些国家委托他们的共同利益这一职能。"②

国际法中确定的法律人格者包括国家、法律上接近于国家的政治实体、共管、国际化领土、国际组织、国际组织的机构和国家机关。以上法律人格者并不能详尽包括在国际上积极活动的所有机构,如国家通过条约创设的法律人格者即跨国公司,被称为"政府间私法公司"或"国际公法中的公司",也在行使重要职能。③ 目前国际法领域主要讨论的是雇佣兵和私营军事安保公司,这些非国家行为体一旦具有了国际法主体资格,则它们在国际法层面就拥有了权利和义务,同样在从事某种行为时要受到强行法的限制。在武装冲突领域,非国家行为体要具备一定的条件才可成为法律人格者。

武装冲突中的私营军事安保公司,通常被视为雇佣兵而具有非法性和非正当性,也会被认为是国家的代理人,对此至今仍有争议。私营军事安保公司的雇员与雇佣兵是否是同一含义,在国际法学界并没有达成一致意见。非洲在条约法上认为雇佣兵是为参加武装冲突中的战斗而特别招募的,对其从事的犯罪活动可进行追诉。④ 而联合国将雇佣兵的定义扩大适用到经特别招募专为参加旨在推翻某国政府或破坏该国宪法秩序或领土完整的"集体暴力行为"的人。⑤ 雇佣兵能否成为国际法主体,没有统一的判断标准,但根据《日内瓦公约》的规定,

① 参见[英]伊恩·布朗利:《国际公法原理》,曾令良、余敏友等译,法律出版社2007年版,第55页。

② Legality of the Use by a State of Nuclear Weapons in Armed Conflict (Request of the World Health Organization) (1996) at para. 25.

③ Sorensen, 101 Hague *Recueil* (1960), 139 – 141; Friedmann, *The Changing Structure*, pp. 181 – 184.

④ 《非洲统一组织(OAU)消除非洲雇佣兵制度公约》第1条。

⑤ 《反对招募、使用、资助及培训雇佣兵的国际条约》第1条。

被俘的雇佣兵无法获得战俘地位。① 现实中私营军事安保公司的雇员一般为企业或组织提供安全运输、搜集情报的服务，此时并没有推翻一国政权的动机，不可与雇佣兵等同。但也有国家雇佣私营军事安保公司对另一国实行进攻，侵犯其他国家主权，这种情况下可以将其雇员视为雇佣兵；若存在犯罪行为，能追究其国际刑事责任。因此，对于私营军事安保公司与雇佣兵的关系，需要参照不同的情况加以讨论。

（三）非国家行为体在国际法中的权利和义务

虽然目前的国际社会以国家为主导，但权利和义务的来源应是能力，而非主体性。当今的非国家行为体，实际上已拥有足够的法律人格来直接享有和承担一般国际条约项下的权利和义务。国际组织中的非政府组织若能在多个国际场所主张其受国际保护的权利，则也能具有成为国际义务承担者的能力。② 并且现代国际法将国际责任的主体由国家扩展到了个人，即使是私营军事安保公司这样的公司法人，其雇员若在武装冲突中实施了国际法所禁止的行为，也可因其能力达到从事一定行为的程度，而被要求行使相应权利，履行应尽的义务。

在武装冲突中，叛乱武装部队的个人成员因具有履行条约、承担责任的能力而成为国际战争法的主体，无论他是否代表国家行事。③ 2004 年塞拉利昂特别法庭上诉庭的判决表明：即便只有国家才能成为国际条约的缔约方，但武装冲突中所有当事方，无论是国家或非国家行为体，都应受到国际人道法的约束，④例如尊重平民和禁止使用导致不必要痛苦的武器。因此，《日内瓦公约》以及两个附加议定书所规定的义务同样适用于非国家行为体，行使自卫权的一方更要遵守条约义务。国际机构通常认为，主权国家批准相关规范的事实足以为武装反对团体承担义务提供法律基础。将国际法理解成是受各国控制的法律，各国自然

---

① 《1949 年日内瓦公约第一议定书》第 47 条。

② See Karsten Nowrot, *Legal Consequences of Globalization: The Status of Non-Governmental Organizations under International Law*, 6 Ind. J. Global Legal Stud. 579, 645(1999).

③ 参见［英］安德鲁·克拉帕姆：《非国家行为人的人权义务》，陈辉萍、徐昕、季烨译，法律出版社 2013 年版，第 92 页。

④ Prosecutor v. Sam Hinga Norman, Case No. SCSL-2004-14-AR72(E).

有权依据国际法决定是否向武装反对团体授予权利和施加义务。①

三、非国家行为体和使用武力的相互影响

主权国家作为联合国的会员国,从事的行为必须遵守《联合国宪章》的宗旨和原则。使用武力的前提是在武装袭击的情形下行使自卫权,且针对的对象同样是主权国家,师出无名的武装攻击难以获得正当合法的认可。因此"禁止使用武力或以武力相威胁原则"具有一定拘束力,但随着新型自卫权的产生和战争私人化的出现,非国家行为体对这一原则形成了挑战。由于非国家行为体不是主权国家,在不同情况下能否作为行使自卫权的对象,也要进行具体的界定。

(一)禁止使用武力原则对非国家行为体的约束

禁止使用武力或以武力相威胁是国际法的基本原则之一。② 在国际关系中,单边使用武力的基本规则是禁止使用,除非在发生武装袭击的情况下行使个人自卫或集体自卫权。禁止使用武力或以武力相威胁是禁止在国家间关系中发起军事行动,但联合国的会员国可以获准在其本国领土内采取武力措施镇压叛乱,或为争取独立而奋斗的民族解放运动发动战争。因而一国在其领土范围内,可对叛乱团体、民族解放运动这些非国家行为体发起的攻击进行武力镇压。

(二)非国家行为体对合法使用武力的挑战

由于"禁止使用武力或以武力相威胁"已具有强行法的性质,③国际条约中的任何条款违反强行法均无效,其拘束力不仅限于联合国的会员国,所有国家和国际组织均不得违反该原则。因此,即使作为国际组织或其他种类的非国家行为体,也不得滥用武力。然而非国家行为体在武装冲突中的日益发展,已对国家

---

① 参见[英]安德鲁·克拉帕姆:《非国家行为人的人权义务》,陈辉萍、徐昕、季烨译,法律出版社2013年版,第360页。

② 《联合国宪章》第2条第4款规定:各会员国在其国际关系上不得适用威胁或武力,或以与联合国宗旨不符合之任何其他方法,侵害任何会员国或国家之领土完整或政治独立。

③ "尼加拉瓜案"中明确了禁止使用武力或以武力相威胁原则构成国际习惯法的一部分(ICJ Reports,1986,pp. 99-101)。而且,国际法院院长Singu和Sette-Camara法官在个别意见中均认为:不使用武力原则属于强行法的范畴(ICJ Reports,1986,pp. 153,199.)。

合法使用武力的要求形成挑战和新的突破。

雇佣兵、私营军事安保公司衍生于战争经济,他们被本国、本民族或外国、外民族用金钱招募,提供军事服务。在战争私人化的背景之下,这些主体负责使用军事性武力,提供专业军事训练,评估风险并搜集情报。① 局势动荡的叙利亚、伊拉克等地,都有雇佣兵和私营军事安保公司的身影存在。20 世纪 80 年代之前,雇佣兵通常以个人或小团体的形式进行活动,被国家或利益集团所雇佣。2003 年联合国大会禁止外籍雇佣兵这类职业后,雇佣兵开始按照现代商业模式建立公司管理体制,以合法的集团公司即私营军事安保公司,作为一种新型的"战争服务业"对外承揽业务。

(三)对二者相互影响的分析与评价

非国家行为体介入武装冲突或战争,已经打破了传统的国家军队参与军事行动的惯例,使世界上出现了战争私人化的趋势,对国际刑法、人权法、人道法造成了较大冲击。由于私营军事安保公司的雇员通常是退伍军人,他们战斗力强,军事素养较高,一方面,使一些国家克服了兵员不足的问题,节省部分国防开支;②另一方面,私营军事安保公司由于缺乏国际和国内的有效规制,又对弱国造成了现实的威胁。例如,1961 年 4 月,美国中央情报局策划多名雇佣兵入侵古巴,企图推翻卡斯特罗革命政权。

国际人道法中的海牙法规定了武装冲突中交战方在作战方式上的权利和义务,通过对非国家行为体的国际法律地位的探讨,上文已经明确私营军事安保公司这类非国家行为体也应遵守国际人道法。私营军事安保公司的雇员若被编入冲突一方的武装部队,则可能成为战斗员,从而有权直接参加敌对行动,③但实践中难以认定的是他们提供的服务是否构成"敌对行动"?若构成,则受害国对其使用武力便具有了行使自卫权的前提条件;若不构成,即使对受害国造成了人员与财产损失,也无法基于合法使用武力的理论,对非国家行为体开展另一场武装冲突。

---

① 参见宋世峰:《私人军事和安全公司的国际法地位评述》,载《探索与争鸣》2009 年第 3 期。

② 参见白雪涛:《私营军事安保公司对国际法的冲击及其规制》,载《国际法研究》2016 年第 1 期。

③ 《日内瓦四公约关于保护国际性武装冲突受难者的第一附加议定书》第 43 条。

四、行使自卫权的理论依据和国际实践

既然合法使用武力原则无法穷尽行使自卫权的所有条件,则有必要通过各国的具体实践和理论主张,分析主权国家对非国家行为体行使自卫权的具体情形与国际法依据,从而使自卫权的适用范围和武力攻击的标准趋于细化和类型化。这种自卫权的行使合法与否,与非国家行为体自身实施攻击的地点和程度有关;而正当性,又与主权国家打击非国家行为体的目的有关。

(一)自卫权的适用条件和范围

自卫权是禁止使用武力的合法例外,《联合国宪章》赋予国家为自卫而使用武力的权利。① 自卫作战是联合国安理会采取适当措施前的一种补救措施,须立即向安理会报告,行使限度须遵守必要性和相称性原则。国际法对合法自卫的要求是:存在自卫的必要性,这种自卫需刻不容缓即没有时间思考运用哪种方法行使自卫权更为妥当,且行使自卫权的行为必须有理由或并非过分。② 这说明固有自卫权要以不法行为为前提,只有对国家带来即刻的巨大威胁或危险,并采取与威胁或危险相称的措施,才是合法行使自卫权。

可军事侵略早已不再限于《联合国宪章》第51条所规定的情形,国际上逐渐出现武装力量及志愿者团体在外国政府的支持下,对另一国领土进行渗透,旨在推翻外国政府或介入外国内乱的情况。例如,以色列攻击位于黎巴嫩、突尼斯的巴勒斯坦训练营;南非攻击位于安哥拉的西南非洲人民组织训练营和军队,并入侵莱索托、赞比亚和斯威士兰。以色列和南非均认为,间接侵略为它们行使自卫权提供了正当性基础。这种间接侵略包括组织、协助、煽动、资助、鼓动或容忍针对外国的分裂或恐怖活动,由此引发了国际法自卫范围是否可以扩大到包括针对间接侵略作出反应的问题。

国家实践似乎表明,某一国家能否对支持叛乱或恐怖主义的行为进行自卫

---

① 《联合国宪章》第51条。

② 卡罗林原则:若一个国家在他国领土上使用武力的行为成立合法自卫,则其使用武力的行为必须受到限制。其中的必要性体现为事态的紧迫性,即存在紧迫的、压倒一切的重大危险且不能选择其他手段。另外,武力行为还必须与所受到的威胁形成一定比例,停留在必要范围内。

主要取决于支持的程度和证据、国际法院或其他有权的联合国机构对该证据的评估、反应的相称性以及反应方式的合法性。[①] 只有支持国的援助达到一定程度、权威机构对间接侵略活动所呈现的证据作出行为性质的认定或者自卫符合比例原则,才可承认自卫的合法性。

(二)自卫权中武力攻击的认定标准

合法行使自卫权以受到武力攻击为前提,这不仅包括正规部队的行为,还包括受派遣的非正规部队或团体从事的实际武力攻击,其严重程度与正规部队造成的相当。[②] 从国际实践中可以归纳出受害国需要举证的两方面内容:一方面,要证明受到的攻击足以达到规定的程度;另一方面,要证明是在本国领土内使用武力进行自卫,或征得他国同意后在他国领土内对非国家行为体行使自卫权。

自卫权适用于他国武装攻击毋庸置疑,但对非国家行为体能否适用自卫权则应按照具体情况进行分析。倘若国家派遣雇佣兵从事武力行为,达到了由正规军队可能进行的武装攻击的严重程度,那么使用武力进行自卫就可能是正当的。因为雇佣兵是以派遣国的名义进行军事行动,有国家授权,又符合武力攻击这一条件,受害国自然可以对其行使自卫权。

(三)行使自卫权的特殊情形之讨论

若一主权国家以提供武器或者后勤支持的形式向某个非国家行为体施以援助,受害国面对非国家行为体的武力攻击,可能会对支持国进行自卫。这种自卫是否正当,需要讨论支持国援助的程度。如果支持国给予的援助未达到规定的程度,受害国对支持国行使自卫权就是不适当的;若这种援助达到构成威胁或使用武力,抑或对受害国的事务形成干涉,那么自卫就可能是正当的。因为使用威胁或武力干涉他国内政是对一国主权完整和政治独立的挑衅。如果援助没有达到应有的或确定的程度,则不能作出武力反应,更不能行使自卫权。

然而国际法院在“尼加拉瓜案”中,并不承认自卫权可以延伸适用于第三国对武装团伙援助的情况。[③] 虽然训练与外国中央政府对抗的叛乱者,或为其提供

---

① 参见[意]安东尼奥·卡塞斯:《国际法》,蔡从燕等译,法律出版社2009年版,第483页。

② 联合国大会第3314(XXIX)决议附件的《侵略定义》第3条(g)项。

③ ICJ Reports,1986,pp. 103 - 104;76 ILR,pp. 437 - 438.

经济、军事、后勤或其他援助,将被视为使用武力威胁或干涉外国对内或对外事务,但这些行为尚不构成军事攻击,除非为叛乱团体提供的重要军事支持是大规模且可以被证实的。詹宁斯法官在反对意见中指出:为合法的自卫规定不必要的严格条件,为禁止使用武力的两种例外留下很大空间是十分危险的,因为联合国不存在旨在填补漏洞而使用武力的机制。①

此外,在实践中很难明确划分第三国援助程度的界限。国际法院在"隔离墙咨询意见案"中指出:以色列的行为不适用《联合国宪章》第51条,因为这些行为是针对源自被占领土内的威胁,不能归因于另一国家。② 可这并不意味着对非国家行为体从目标国控制范围之外的领土上发起的攻击不存在自卫,③只不过是国际法院避开了对非国家行为体进行的攻击采取自卫行动这一问题。例如,国际法院在"刚果诉乌干达案"中指出:没有充分证据证明刚果政府卷入对乌干达的攻击,且攻击也并非来自刚果派遣或代表刚果的武装团伙和非正规军,所以证据表明这种攻击不归因于刚果。④ 由此可见,法院认为乌干达不存在对刚果行使自卫权的实际情形和法律依据,对大规模非正规部队行使自卫权的条件和适用情形便不再具有讨论的必要性。所以国际法院并没有对第三国援助程度确定一个较为明确的划分标准,而是从另外一个维度,即是否存在证据证明武装攻击的可归责性,来判断国家能否行使自卫权。

五、非国家行为体的责任认定基础

主权国家对非国家行为体行使自卫权之后,各主体间的责任分配以及跨国追责机制需要进一步明确。私营军事安保公司的雇佣国、领土国、登记国和被雇佣者的国籍国,各方的责任分配也应公平合理,努力为受害者提供可操作性的救济。

---

① ICJ Reports, 1986, pp. 543 – 544; 76 ILR, p. 877.

② ICJ Reports, 2004, pp. 136, 194.

③ 参见[英]Malcolm N. Shaw:《国际法》,白桂梅等译,北京大学出版社2011年版,第900页。

④ ICJ Reports, 2005, p. 168.

(一)侵害平民人权的责任承担

根据习惯国际法理论和国际交往中的普遍实践,无论是非国家行为体还是交战国的战斗员或平民,都应具有人权的承认和保护。另外,非国家行为体也要和国家一样遵守区分原则,将平民和战斗员加以区分,不能滥杀无辜。如果私营军事安保公司的雇员杀害了平民,则雇员个人应承担国际刑事责任。若杀戮的数量和范围较大,公司本身也要担责。

(二)侵犯雇员权利的责任承担

在武装冲突中,身份赋予了当事方权利和义务。伤者、病者、遇难者、战俘和平民,由于不参与实际作战,因此可以得到国际法的保护。尽管私营军事安保公司的雇员拥有武器,参加军事运动,但不能因其手持武器就否定他们的平民身份。虽然《日内瓦公约》不承认雇佣兵的战俘待遇,但事实上,私营军事安保公司的雇员若遭到没有缘由的杀戮,也应成为受保护的主体,雇佣兵也有人权。利用或无视联合国,进而以武力行动维护国家利益的行为并不是完全正当的。

作为主权国家的交战一方对私营军事安保公司行使自卫权,需要明确各自须遵守的国际法律义务,对私营军事安保公司形成规范的管理。中国、美国、阿富汗、伊拉克、南非、瑞士等 17 个国家于 2008 年签署了《蒙特勒文件》①,该文件为今后规范和治理非国家行为体在立法层面提供了良好的范本。② 遗憾的是,《蒙特勒文件》并不具有法律拘束力,也不是在联合国的主导下签署的,若想在实践中得到广泛应用,还需要各国的认可和国际社会的通力合作。

(三)地区和平与国家利益冲突下的责任追究

因为私营军事安保公司的业务范围覆盖面较广,其雇佣国、领土国、登记国和雇员的国籍国都对其享有不同程度的管辖权。然而在实践中,领土国对其在领土内开展的业务,有时也并不能执行法律并开展司法审判。例如,南非执行结

---

① 《蒙特勒文件》,全称为《武装冲突期间各国关于私营军事和安保服务公司营业的相关国际法律义务和良好惯例》。

② 参见王秀梅:《〈蒙特勒文件〉对私营军事和安保服务公司的规制评析》,载《西安政治学院学报》2009 年第 5 期。

果公司为塞拉利昂政府提供军事服务时,当地政府不能控制国内局势从而对公司及其雇员进行监管和惩罚。① 若外国受害者有意追究私营军事安保公司雇佣国的责任,则国家间达成的协议会在一定程度上阻挡该种问责的实施。例如,美国曾与哥伦比亚约定任何为哥伦比亚工作的私营军事安保公司雇员不得因在境内的任何违法行为被调查或起诉,哥伦比亚政府也不得将违反国际人道法的人员交由国际刑事法院处理。② 这种刑事司法管辖豁免,一方面成为国家间政治交往的有利方式;另一方面也加大了获取正义的问责难度。

私营军事安保公司的登记国或国籍国,目前在世界上主要分布在美国和南非。这就造成很多国家认为私营军事安保公司这一非国家行为体事不关己,也对国际合作的达成形成阻碍。当对国籍国追究责任时,虽然美国和南非拥有刑事管辖权和国内法层面的惩罚条款,但由于跨国追责行为具有取证难、起诉难和侵权行为认定难等困境,使即使主权国家已行使自卫权达到保护本国国家安全的目的,却依然不能实现国际法下的国民救济。

---

① 参见曹瑞璇:《私营军事安保公司人员责任追究之困境》,载《中国市场》2017年第7期。

② See Jose L. Gomez del Prado, *Private Military and Security Companies and the UN Working Group on the Use of Mercenaries*, 13 J. Conflict & Sec. L. 429(2008).

• 个人信息法研究专栏

个人信息权网络侵权的归责原则探究

甘文强*

摘　要:对个人信息权的保护,《侵权责任法》第6条同《民法总则》第111条相结合之规范路径不具可操作性,个人信息权保护主要路径仍应依赖《侵权责任法》第36条以及未来《民法典侵权责任编》的有关规定。互联网环境下,个人信息权侵权行为泛滥、举证困难,归责原则不甚清晰。应在《侵权责任法》第36条之基础上,根据侵权主体的不同而适用不同的归责原则,构建以过错责任与过错推定相结合的二元归责体系,以更好地保护个人信息权。

关键词:归责原则;网络侵权;过错原则;个人信息权;过错推定

Research on the Principle of Imputation of
Personal Information Network Infringement

Gan Wenqiang

Abstract: To protect the right of personal information, the standard path of Article 6 of the Tort Liability Law and Article 111 of the General Principles of Civil Law is not operational. The main path of personal information protection should still rely on Article 36 of the Tort Liability Law and the future Civil Code infringement relevant provisions of the Responsibility. Under the Internet environment, the infringement of personal information rights is rampant and difficult to prove, and the principle of imputation is not clear. On the basis of article 36 of tort liability law,

* 中南财经政法大学法学院硕士研究生。

different imputation principles should be applied according to different torts, and a binary imputation system combining fault liability and fault presumption should be constructed to better protect the right of personal information.

Keywords: imputation principle; network infringe; personal information rights; fault liability; fault presumption

一、个人信息权网络侵权的现实困境

个人信息,也称个人数据,理论界和实务界也常常混用,通说认为二者具有同一内涵,可以等同。[①] 我国《电信和互联网用户个人信息保护规定》[②]《互联网个人信息安全保护指南》[③]《中华人民共和国网络安全法》[④]均以"定义+列举"的方式对个人信息进行了界定。我国《民法总则》第111条虽未明确个人信息的内涵,但并不构成开放的法律漏洞。[⑤]《民法总则》未直接明确个人信息的含义存有遗憾,未来即将出台的《民法典人格权编(草案三次审议稿)》第813条[⑥]将弥补这一不足。

我国《民法总则》第111条规定的"个人信息"本质上是一种独立的民事权利,是一项具体的人格权。我国学界通说认为,应包含知情权、决定权、被遗忘权

---

① 参见姜盼盼:《大数据时代个人信息保护研究综述》,载《图书情报工作》2019年第15期。

② 《电信和互联网用户个人信息保护规定》第4条规定:本规定所称用户个人信息,是指电信业务经营者和互联网信息服务提供者在提供服务的过程中收集的用户姓名、出生日期、身份证件号码、住址、电话号码、账号和密码等能够单独或者与其他信息结合识别用户的信息以及用户使用服务的时间、地点等信息。

③ 《互联网个人信息安全保护指南》3.1个人信息:以电子或者其他方式记录的能够单独或者与其他信息结合识别自然人个人身份的各种信息,包括但不限于自然人的姓名、出生日期、身份证件号码、个人生物识别信息、住址、电话号码等。

④ 《中华人民共和国网络安全法》第76条第5项规定:个人信息,是指以电子或者其他方式记录的能够单独或者与其他信息结合识别自然人个人身份的各种信息,包括但不限于自然人的姓名、出生日期、身份证件号码、个人生物识别信息、住址、电话号码等。

⑤ 参见[德]卡尔·拉伦茨:《法学方法论》,陈爱娥译,商务印书馆2003年版,第255页。

⑥ 《民法典人格权编(草案三次审议稿)》第813条规定:自然人的个人信息受法律保护。个人信息是以电子或者其他方式记录的能够单独或者与其他信息结合识别特定自然人的各种信息,包括自然人的姓名、出生日期、身份证件号码、生物识别信息、住址、电话号码、电子邮箱地址、行踪信息等。

和删除权等。[①] 有学者认为,实定法为我国个人信息侵权保护提供了两条路径,一定程度上可以化解我国个人信息权保护的现实困境,为我国个人信息权的保护在实定法框架下提供法律救济。[②] 第一条路径为《侵权责任法》第36条的网络信息侵权条款及其司法解释;第二条路径为《侵权责任法》第6条过错侵权条款配合《民法总则》第111条。[③] 为验证两条路径在司法实践中的可行性和效果,本文做了判决检索。从判例检索的情况来看,后者在司法实践中几乎找不到判例支撑。如表2和图1、图2所示,《民法总则》出台后的近两年时间里,并没有直接与个人信息权直接相关的判决,表明第二条路径在保护个人信息权的司法实践上不具有可行性。

表2　无讼网上包含"个人信息"的侵权民事判决[④]

名誉权	健康权	生命权	隐私权	人格权	身体权	姓名权	其他	总数
819个	267个	150个	239个	150个	142个	142个	390个	2299个
35.62%	11.61%	6.52%	10.40%	6.52%	6.18%	6.18%	16.97%	100%

① 经济合作与发展组织(OECD)《关于隐私保护与个人资料跨国流通的指针的建议》第13条确立了个人信息权包括:查询权、异议权和更正权;德国《联邦个人资料保护法》规定个人信息权包括:告知权、更正权、删除权和封锁权;我国台湾地区"个人资料保护法"第3条规定个人信息权包括:查询、复制、请求更正或者补充、请求停止利用处理或者请求删除;我国澳门地区《个人资料保护法》规定"资料当事人的权利"包括:咨询权、查询权、反对权、不受自动化决定约束的权利和损害赔偿等五项权利。参见陈星:《大数据时代个人信息权在我国民法典中的确立及其地位》,载《北京行政学院学报》2016年第6期。

② 参见叶名怡:《个人信息的侵权法保护》,载《法学研究》2018年第4期。

③ 参见吕炳斌:《个人信息权作为民事权利之证成:以知识产权为参照》,载《中国法学》2019年第4期。

④ 检索平台为无讼网,检索关键词为"个人信息""民事""侵权",方式为全文检索,检索结果显示相关判决为6097篇,表格中只对侵权纠纷案由进行了统计,其余部分以数据可视化的形式展现。而以《民法总则》第111条为关键词进行全文检索,仅有5篇案例,截至2019年9月8日。

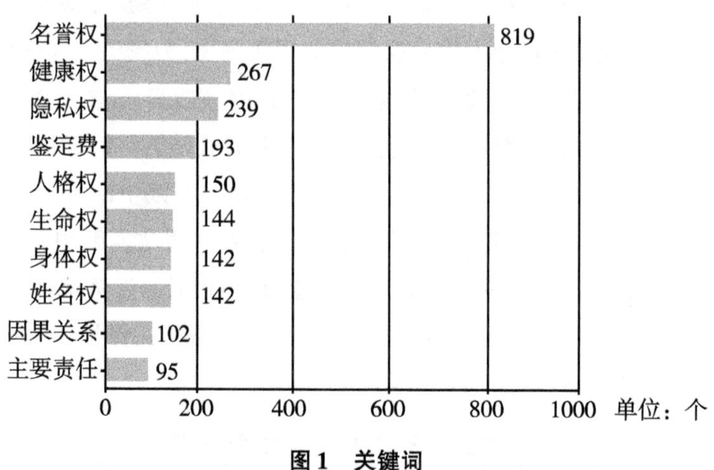

图1 关键词

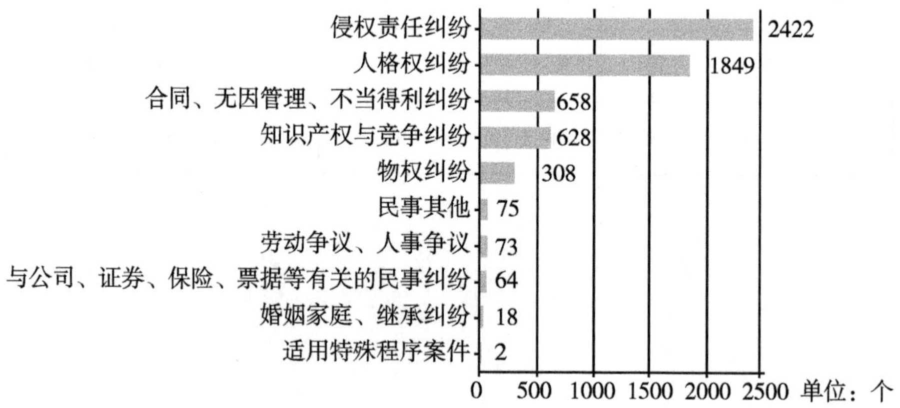

图2 案由分布

实践中,侵害个人信息权情形大量存在的现实与司法判决数量极少的现状形成鲜明对比,充分凸显了我国个人信息权保护的尴尬境地。《侵权责任法》的功能之一是填补损失,对于个人信息侵权所遭受的损失亦需遵循填平规则,但以补偿性赔偿为责任形式的救济模式在应对网络侵权时也存有诸多弊端。

第一,网络环境下的个人信息侵权不易发现且违法成本极低甚至成本为零,与低风险、低违法成本相伴的是高收益,利益驱使下更加容易诱发个人信息网络侵权的风险。第二,补偿性赔偿机制的预防功能不足,无法在侵权行为发生之前有效地震慑网络服务提供者以及潜在的侵权人。第三,信息权人遭受侵权后维权成本高昂,网络环境下个人信息侵权具有隐蔽性,加大了被侵权人的证明难度，实践中往往出现被侵权人只能证明部分甚至不能证明损失的情形。上述情形迫使被侵权人在个人信息权遭受侵害后往往放弃寻求法律救济，这将纵容网络服务提供者的侵权行为。①

回到有关“个人信息”的判决检索结果中，表中的“其他类型”包含鉴定费、主要责任、因果关系。尽管所占比例较小，仍可说明《侵权责任法》可对个人信息权的保护提供现实可行的路径。司法实践中，《侵权责任法》第36条在一定程度上确能发挥保护个人信息权的作用，因此《侵权责任法》第36条及其司法解释在个人信息权保护的具体制度架构上如何设计便显得尤为重要。归责原则作为承担侵权责任的基本规则，与侵权责任的构成要件（过错）以及免责事由密不可分，其在侵权责任法中据有核心位置和关键地位，因此要解决个人信息网络侵权，归责原则便不能回避也无法避免。② 该条作为个人信息网络侵权的重要请求权基础，存在归责原则不明的弊端，个人信息网络侵权的归责原则便有了进一步讨论的必要。

二、个人信息权网络侵权归责原则概述

（一）比较法上个人信息权网络侵权归责原则评析

欧洲国家对于个人信息权的研究起步较早，理论也更加成熟，因此完全可以吸纳一些有益的经验为我国个人信息权的制度构建所用。比较法上对个人信息网络侵权归责原则大致有以下两种：

1. 一元制归责原则

个人信息权网络侵权采用一元归责原则主要是无过错原则，立法体例上采用无过错原则立法例的有欧盟、荷兰等国家或组织。

1995年欧盟《个人数据保护指南》第23条，以“非法处理操作和违反根据国家法律指示所采取的方式”为归责基础。荷兰《个人数据保护法》第49条、匈牙利《个人数据与公共利益数据公开法》第18条均以“违反本法规定的行为致人损

---

① 参见陈年冰、李乾：《论网络环境下人格权侵权的惩罚性赔偿》，载《深圳大学学报》2013年第3期。

② 参见刁胜先：《个人信息网络侵权规则原则的比较法研究——兼评我国侵权责任法相关规定》，载《河北法学》2011年第6期。

害"为归责基础,由数据控制者承担无过错责任。① 背后的利益衡量在于个人数据的控制者相较于个体居于优势地位,被侵权人证明侵权人主观过错难度较大。

一元制归责原则的特点在于责任严苛,一律以无过错责任追究互联网服务提供者的侵权责任,过于保护信息权主体权利而忽视了互联网服务提供者的利益。从程序法的角度来看,侵权人和互联网服务提供者常被列为共同被告。无论在赔偿能力还是证明难度上,被侵权人都更倾向于选择向互联网服务提供者主张侵权责任。这将导致互联网企业疲于应付各种诉讼而不能更好地投入互联网发展,故以无过错原则的一元制归责原则不宜为我国个人信息网络侵权的归责原则制度所借鉴。

2. 多元制归责原则

德国以及冰岛采用的是多元制归责原则,即依据责任主体的差异而适用不同归责原则。冰岛《有关个人数据的保护法》第43节,以违法为基础,属于无过错归责原则;数据处理者的过错损害责任,属于过错责任。奥地利《联邦个人数据保护法》第33条第1款强调过失或故意侵权,是过错原则的体现。我国澳门特别行政区《个人资料保护法》第14条采纳的是过错推定的归责原则,立法者考虑到信息权人在信息处理中处于明显弱势地位,被侵权人负担证明网络服务提供者具有过错的证明责任难度过大,并配置了举证责任倒置规则,信息控制者若不能证明对于损害发生不存在故意或者过失,就应承担不利后果负相应赔偿责任。②

多元归责体系的特点在于适用性强,且平衡了信息权主体和互联网提供者和服务者之间的利益,兼顾了不同主体与不同侵权类型,在类型的划分上更为具体全面,避免了"一刀切"的简单粗暴。过错原则和过错推定原则值得我国在个人信息权网络侵权归责原则制度构建时加以借鉴。

(二)我国个人信息权网络侵权归责原则评析

我国《侵权责任法》第36条为个人信息网络侵权提供了重要依据,是个人信

① 参见王秀哲:《大数据时代个人信息法律抱回制度之重构》,载《法学论坛》2018年第6期。

② 参见杨翱宇:《个人信息保护的特别机制研究——以澳门〈个人资料保护法〉为考察样本》,载《图书馆》2018年第3期。

息网络侵权的一般性请求权基础。① 由于网络环境下个人信息权侵权因果关系证明复杂,应考虑收集和使用个人信息的方法以及侵害人的类型不同从而适用不同的归责原则。② 鉴于此,我国《侵权责任法》第36条以及《民法典侵权责任编》均将网络侵权置于责任主体的特殊规定中,但在归责原则的适用上存在不同见解。我国《侵权责任法》确立的归责原则有过错、过错推定和无过错三种。③ 对于个人信息侵权的归责原则,我国学界大致有两条研究进路:第一条进路是以《侵权责任法》第36条为基础,探究个人信息网络侵权的归责原则;第二条进路是以个人信息权的主体和采用的技术处理手段的不同来区分适用归责原则。

1. 以《侵权责任法》第36条为基础的多元归责体系

该条文分为3款,第1款④是对网络用户和网络服务提供者利用网络侵权的一般规定。考虑到网络用户与网络服务的提供者在数据处理手段以及在举证能力上更具优势,因此根据主体不同而适用不同归责原则的做法更为合理。

第2款⑤的归责基础是网络服务提供者在"接到通知后未及时采取必要措施",本质是过错原则的体现。但被侵权人证明侵权人主观上具有过错十分不易,故采过错推定原则由网络服务提供者对其主观上不具过错承担举证责任更为合理。

第3款⑥中"知道"的解释只包括"明知"还是应当包括"应知"学界存在争议,⑦持肯定观点的学者占多数。《侵权责任法》第36条第3款中的"知道"在实践中也常常被理解为"明知"或"应知"。其中,"明知"指的是实际知悉,而"应

---

① 参照冯术杰:《论网络服务提供者间接侵权责任的过错形态》,载《中国法学》2016年第4期。

② 参见程啸:《民法典编撰下的个人信息保护》,载《中国法学》2019年第4期。

③ 参见王利明:《侵权责任法研究》(上卷),中国人民大学出版社2010年版,第200~201页;杨立新:《侵权责任法》(第2版),法律出版社2012年版,第65~67页。

④ 《侵权责任法》第36条第1款规定:网络用户、网络服务提供者利用网络侵害他人民事权益的,应当承担侵权责任。

⑤ 《侵权责任法》第36条第2款规定:网络用户利用网络服务实施侵权行为的,被侵权人有权通知网络服务提供者采取删除、屏蔽、断开链接等必要措施。

⑥ 《侵权责任法》第36条第3款规定:网络服务提供者知道网络用户利用其网络服务侵害他人民事权益,未采取必要措施的,与该网络用户承担连带责任。

⑦ 支持者的观点认为包括应当知道;反对的观点认为不应当包括应当知道,理由在于从解释论的角度来看。文义解释中的知道是一种实际知晓的事实状态,而应当知道主观上是一种过失状态,是实际上是不知道的。因此如果将"知道"解释为包括"应当"知道,实际上是把知道解释为包括不知道。从立法解释的角度看,《侵权责任法》草案第一稿和第二稿均使用"明知",第三稿改为"知道",第四稿改为"知道或应当知道",最终使用的"知道",表明立法者认为"知道"仅包括"明知"。

知”被赋予两种含义:一是推定的知道,在证据法上表现为达到高度盖然性之证明标准;二是因违反注意义务应当知道而不知道。最高人民法院《关于审理利用网络信息侵害人身权益民事纠纷案件适用法律若干问题的规定》第9条对是否“知道”进行了不完全列举,概括而言依据处理的方式手段等推定其具有过错。据此,对于第36条第3款应采用过错推定的归责原则。①

2. 以侵权主体和数据处理方式划分的多元归责体系

有学者认为,对于个人信息侵权应当根据主体地位以及数据处理方式的不同采用三元归责体系。② 根据侵权情形划分为直接侵权和间接侵权两种,现分述如下:

(1) 直接侵权

第一,无过错原则。该原则的适用有两种情形:第一种是针对国家机关作为侵权主体;第二种是通过数据自动处理技术侵犯了个人信息权。只有在这两种情形下才可适用无过错归责原则,该观点的依据是《网络安全法》第74条③,本文对此并不赞同。首先,该条文位于《网络安全法》第六章,该章是对于网络服务提供者违反法律规定侵害个人信息权应承担法律责任的规定。从处罚的方式来看,实行的是双罚制,包括由行政主管部门责令改正、罚款并对直接负责的主管人员处一定数额罚款。且《网络安全法》性质为公法,依据该法规定侵害个人信息权的行为所承担是行政责任。综上所述,将具有公法性质的法律作为私法规范之判断依据,稍显不妥。

第二,过错推定原则。对于非公务机关的信息侵权应采用过错推定原则。由于非公务机关缺少公权力行使的便利,掌握的资源相对较少,获取数据、分析处理数据的能力相对较低,因此应当赋予较低的注意义务,采用过错推定原则。且从比较法的角度来看,除德国数据法外,欧盟《数据条例》第5条第2款也是过错推定原则的体现。④ 而对于《网络安全法》第74条,应对采用数据处理技术的

① 主张网络服务提供者侵权适用过错原则,且过错的判断标准为诚信善意之人的注意程度,包括应当区分被传播的信息、区分网络服务提供者的类型、区分商业模式等的不同来认定网络服务提供者的主观过错。参见陈锦川:《网络服务提供者过错认定研究》,载《人民司法·应用》2010年第17期。

② 持该观点的代表学者是叶名怡。

③ 《网络安全法》第74条规定:违反本法规定,给他人造成损害的,依法承担民事责任。

④ 该条文规定,数据的持有者对其持有的数据的合法性、合理性、透明性、目的限定、数据最小化、准确性、完整性和机密性承担证明责任。

非公务机关设定过错推定原则。此观点立论的依据同样是带有公法性质的《网络安全法》,将该条文配合《行政诉讼法》作为国家公权力机关侵犯个人信息权的解决路径较为圆满。

第三,过错原则。对于未采用自动数据处理系统的数据处理者,应采用过错原则。其保护的路径为我国《侵权责任法》第 6 条第 1 款配合《民法总则》第 111 条。此种路径在本文第一章第(二)部分已经论述,在实践中不具有可操作性,在此处不再赘述。

(2)间接侵权

网络服务商对于其收集和储存的数据,当被第三人发布于网络平台时,网络平台可能承担间接侵权责任。而这种情况下,持此种观点的学者认为应该采用过错推定的归责原则。从比较法的角度,支持该原则的立法例有美国的中立理论、欧洲避风港原则以及加拿大分发者理论。其中避风港原则不仅由于兼顾各方利益,适用范围最广,也为我国《侵权责任法》所采纳。

综合上述两条归责原则的研究路径,根据主体和信息处理方式采纳不同归责原则的多元归责体系适用性较强,但根据信息处理方式进而适用不同归责原则的操作方式将使问题复杂化,实践中也不易操作。该路径适用的前提是对数据自动处理方式进行明确界定,否则将导致司法实践适用混乱。另外,网络用户使用数据自动处理技术侵犯个人信息权适用过错推定原则也有不合理之处,网络用户并非都具备专业知识,即便客观使用数据自动处理技术,其主观上也未必明知,令其证明主观上不具有过错几乎不可能。在实践中,可以将网络服务提供者扩大解释为包括技术工作人员以及曾具有从业背景的技术工作人员在内,从而解决其利用专业优势实施侵权行为而使用过错原则对被侵权人保护不利的问题。以《侵权责任法》第 36 条为请求权基础的规范路径,从侵权法内部寻找规范基础,遵循了体系性和科学性,但该路径并未对网络用户和网络服务提供者适用归责原则进行区分,应该根据条文的文义解释和目的解释并平衡不同主体利益进一步确定归责原则。

三、我国个人信息权网络侵权归责原则的制度构建

针对上文对我国个人信息网络侵权归责原则的两种进路的研究及论述,我

国个人信息侵权的归责原则,应依据侵权主体不同,在《侵权责任法》第36条基础上,采纳过错推定与过错原则相结合的二元归责体系。

(一)个人信息网络侵权不适用无过错归责原则

个人信息网络侵权归责原则的制度构建上,无过错原则应当谨慎适用。我国实定法体系下,既没有法律明确规定个人信息网络侵权适用无过错原则,也不宜将其适用在个人信息网络侵权的情形下。下文将从解释论的角度论证两种路径中的无过错原则均不适用于个人信息网络侵权。

1.《侵权责任法》第36条无法解释出无过错原则

无过错原则是侵权法所赋予的最为严苛的归责原则,在适用过程中应当依据法律的明文规定。法律的适用首先在于解释,在该法第36条归责原则比较模糊的情形下,应当运用法律解释的方法解决。

(1)从文义解释来看,《侵权责任法》第36条的文本内容无法得出第36条采用的归责原则是无过错原则。相反,该条文第3款多次使用的"利用"一词常常含有主动、故意的含义,而该条含义常常与过错原则和过错推定原则联系更为紧密。

(2)从体系解释来看,侵权责任法第36条位于《侵权责任法》第四章责任主体的特殊规定,并非归责原则的规定;第五章是对特殊侵权类型的列举规定,无法直接得出网络侵权的归责原则。

(3)关于我国《侵权责任法》的归责原则,学界通说认为以过错为原则、以无过错为例外。既然《侵权责任法》并未将第36条明确列入特殊侵权的具体类型,则应当遵循该原则以保持逻辑的一贯性。①

(4)从《侵权责任法》的立法精神和目的来看,个人信息网络侵权采用无过错原则并不可取。理由如下:

第一,无过错责任是为了适应社会发展所带来的环境污染、工业灾害等社会责任,社会法学痕迹明显,目的是平衡社会不同力量的强弱。网络作为一种工具,本身并不具有造成人身或财产损害的危险性。② 第二,要求网络服务提供者

---

① 有学者认为一般侵权与特殊侵权的区分标准在于立法方式,一般侵权针对的是概括式的立法条款,而特殊侵权针对的是列举式的特别规定。侵权责任法的归责原则与侵权类型也没有必然联系。

② 参见张宝新、任鸿雁:《互联网上的侵权责任:〈侵权责任法〉第36条解读》,载《中国人民大学学报》2010年第4期。

对自身发布的内容逐一审查，既不现实也不合理。第三，无过错原则也不利于平衡诸多主体的利益。若对网络服务提供者苛以如此严格的注意义务无疑将对该行业造成毁灭性的打击。第四，从比较法的角度来看，其他国家或地区也很少采用无过错责任原则。

2.《网络安全法》作为个人信息权网络侵权的归责原则依据存在弊端

有学者另辟蹊径，提出个人信息网络侵权的归责原则是无过错原则。依据的是《网络安全法》第 74 条，该观点存在诸多弊端：

(1)仅从《网络安全法》第 74 条的法律文本无法得出采用的是无过错原则的结论。除《侵权责任法》外，有关个人信息保护的规范还散落规定在其他法律及司法解释中，[①]若仅凭法律条文的文字表述，就轻易得出立法者采纳的是无过错原则的结论，未免过于草率。

(2)无过错责任又称严格苛责，是所有归责原则中最为严格的一种，且作为归责原则中的例外，需法律明确方可适用。

(3)国家机关虽在财力、技术以及举证和诉讼能力上相对于自然人具有优势，但在民事领域，二者民事法律领域地位平等，且对于这种优势地位已经在行政诉讼的举证责任中加以限制。既然在民事诉讼中双方具有平等的法律地位，不宜仅凭二者主体的地位差异而适用不同的归责原则。否则对以 BAT 为代表的互联网商业巨头，相对于自然人而言亦具有突出的优势。对国家机关采用无过错的归责原则而忽视商业巨头的优势地位，既没有保持逻辑的一贯性，实践中也缺乏“优势”的认定标准，不具有可操作性。

(二)构建以《侵权责任法》第 36 条为基础的二元归责体系

1.网络用户实施个人信息权侵权适用过错原则

个人信息权网络侵权的本质仍是侵权问题，故其制度构建应与《侵权责任法》的逻辑体系保持一致。前文已经排除了无过错归责原则在网络侵权中的适

---

① 如《消费者权益保护法》第 14 条、第 29 条、第 50 条、第 56 条对消费者个人信息保护作出了规定；《居民身份证法》第 13 条、第 15 条以及《护照法》第 12 条、第 20 条对身份信息识别保护方面作出了规定；《电信条例》第 56 条对于通讯中个人信息保护作出了规定；《互联网电子邮件服务管理办法》第 9 条对于互联网个人信息保护作出了规定。《信息安全技术公共及商用服务信息系统个人信息保护规定》《电信和互联网用户个人信息保护规定》等规范性文件亦对个人信息保护起到了积极的作用，在现行法律体系下为个人信息保护提供了规范支持。

用,因此讨论的范围就限缩在过错原则和过错推定原则之内。《侵权责任法》第36条第1款中对于网络用户实施侵权应采用过错原则,与《侵权责任法》的归责原则和逻辑体系保持了逻辑一致,也与学界通说吻合。①

2. 网络服务提供者侵害个人信息权适用过错推定原则

我国《侵权责任法》第36条第2款以及第3款应适用过错推定原则。其内部逻辑在于,第2款和第3款对于网络服务提供者所赋予的注意义务不同。第2款的适用前提是被侵权人需先尽通知义务,网络服务提供者在收到删除通知后及时删除并断开链接为一项义务而并非权利。在此情形下,网络服务的提供者与侵权行为人构成共同侵权,应负连带赔偿责任。主观方面,共同侵权的各加害人并不要求具有共同故意,在共同侵权中也不要求二者之间存在意思联络。网络服务提供者在知道网络用户提供互联网实施侵权行为事实后,未及时采取必要措施,仍放任损害结果发生,主观上具有过错,因此其应就扩大部分的过错范围内与信息发布者承担共同侵权责任。客观方面,侵权人与网络服务提供者的加害行为具有紧密关联性,二者密不可分,两个原因的共同结合导致了网络信息侵权损害结果的发生。若网络服务提供者及时采取删除或断开链接的措施则不会导致损害后果的扩大。此外,过错推定原则也足以解决国家权力机关侵害个人信息权以及通过数据自动处理技术侵害个人信息权两种情形。从比较法的角度来看,欧盟采用的"连带责任+过错推定"模式与此相同。②

概括而言,对于网络服务提供者均应采用过错推定原则。理由在于:网络服务提供者是否知道侵权人利用网络实施了侵权行为的主观状态只能借助客观的行为,而即便如此也将使网络服务提供者主观过错的认定十分不易。网络服务提供者的过错由被侵权人证明负担过重,不利于平衡信息主体与网络服务提供者的强弱地位。并且此处的救济措施不利于事前预防和事中控制个人信息网络侵权,让被侵权人主张网络服务提供者主观上存在过错几乎不可能实现,将使个人信息权保护的目的落空,个人信息权保护制度形同虚设。

---

① 参见杨立新:《侵害公民个人电子信息的侵权行为及其责任》,载《法律科学》2013年第3期。

② 参见朱宣烨:《新时代个人信息民事保护路径研究——以存在第三方信息处理者情况下的民事责任分配为视角》,载《法学杂志》2018年第11期。

个人信息保护的权利基础

——兼评《民法典人格权编(草案三次审议稿)》

许素敏[*]

摘　要: 目前,学界关于个人信息保护的权利基础存在较大争议。争议的焦点主要在于个人信息商业化利用所产生的财产利益应该通过单独设立财产权予以保护,还是通过完善人格权理论予以保护。因此,目前学界主要形成“人格权说”和“兼具财产权与人格权说”两大阵营。基于对隐私与个人信息之间关系的不同见解,人格权说又主要分为隐私权说和独立的具体人格权说。个人信息保护权利基础的确立应充分考量我国权利发展的事实。我国应当将个人信息权确立为一项独立的具体人格权,如此既能保护个人信息之上的人格利益,也能保护其财产利益。

关键词: 个人信息;隐私权;财产利益;人格利益

The Right Basis of Personal Information Protection

—Comments on personality right compilation of

Civil Code(The Third Draft)

Xu Sumin

Abstract: At present, there is a great dispute about the right basis of personal information protection in academic circles. The focus of the dispute is whether the property interests arising from the commercial use of personal information should be protected through the establishment of separate property right or through the

---

* 厦门大学法学院民商法学硕士研究生。

improvement of the theory of personality right. Thus, the academic circles mainly form two camps: "the theory of personality right" and "the theory of both property right and personality right". Based on the different views on the relationship between privacy and personal information, the theory of personality right is mainly divided into the theory of privacy right and the theory of independent specific personality right. The establishment of the right basis of personal information protection should fully consider the development of the rights of China. China should establish the right of personal information as an independent and concrete personality right, which can not only protect personality interests of personal information, but also protect its property interests.

Keywords: personal information; privacy right; personality interests; property interests

目前,我国尚未出台专门的个人信息保护法,学界有关个人信息保护的研究主要集中于个人信息的权利基础、侵权救济、商业化利用、概念界定、知情同意机制、付费模式等方面。我国个人信息保护制度的完善,首先应该明确个人信息保护的权利基础。一方面,只有明确个人信息权的性质,方能明确相应的权能。另一方面,当个人信息主体的信息权益受到侵害时,其通过诉讼寻求救济时必须提出具体的事由,而且权利性质的不同也会影响最终的侵权责任承担。目前,坚持"兼具财产权与人格权说"和"人格权说"两类观点的学者占多数,因此本文主要讨论这两类学说。

一、"兼具财产权与人格权说"和"人格权说"简述

(一)"兼具财产权与人格权说"

近年来,作为与"人格权说"相对立的一类学说,很多学者主张"兼具财产权与人格权说"。"兼具财产权与人格权说"与个人信息财产化理论的发展密切相关。刘德良教授是国内较早开始研究个人信息财产化的学者。[①] 刘德良教授认

---

① 企业可以通过收集大量的个人信息,对用户的喜好、信用等进行分析,从而有针对性地制定相应的企业战略。大数据分析可以给企业带来丰厚的经济利益。

为个人信息商业化利用问题使传统民法的财产权与人格权区分观面临困境，归根结底在于“权利客体”与“权利对象”的混淆使用。“权利对象”是较具体的范畴，如个人信息；“权利客体”则是较抽象的利益，包括人格利益和财产利益。① 权利性质的区分关键在于客体的特殊性。刘德良教授据此主张个人信息只是一种权利对象，在它之上可能同时体现人格利益和财产利益。如此，个人信息之上可以同时存在人格权和财产权，其中人格权的客体是个人信息之上所承载的人格利益，财产权的客体为个人信息之上所蕴含的财产价值。②

（二）“人格权说”

“人格权说”认为个人信息体现个人的人格尊严和人格自由，因此应以人格权对个人信息进行保护。“人格权说”又主要分为隐私权说以及独立的具体人格权说两种观点。隐私权说主张以隐私权为个人信息保护的权利基础，同时认为隐私权应随着时代的发展而发展。理由如下：其一，在信息时代，隐私权的具体内涵具有了积极的权能，个人信息主体有权自主决定个人信息是否由他人收集、使用；③其二，我国现行立法并未为个人信息保护单独设立一项民事权利，我国《民法总则》第111条只是明确个人信息受法律保护，但未将其确立为一项民事权利。再者，目前司法实践关于个人信息保护的多数民事案件皆以隐私权作为裁判依据，因此，以隐私权保护个人信息符合现实需求。④ 独立的具体人格权说认为个人信息与隐私之间只是交叉关系，而非包含关系或等同关系。主张独立的具体人格权说的学者认为个人信息与隐私之间存在明显的界限，故而个人信息保护不宜置于隐私权之下。一方面，在互联网时代，很多个人信息具有财产性，而传统隐私权所保护的利益仅为精神利益，隐私权对此无法提供充分的保护。⑤ 另一方面，对于隐私权的保护侧重于消极防御，在隐私权遭受侵害之时也

---

① 刘德良教授认为“‘身份利益’并不独立，它要么体现为人格利益，要么体现为财产利益”。参见刘德良：《网络时代的民商法理论与实践》，人民法院出版社2008年版，第30页。

② 参见刘德良：《网络时代的民商法理论与实践》，人民法院出版社2008年版，第30～31页、第45～46页。

③ 参见陈红：《个人信息保护的法律问题研究》，载《浙江学刊》2008年第3期。

④ 参见冷传莉、李怡：《司法保护视角下的隐私权类型化》，载《法律科学》（西北政法大学学报）2017年第5期。

⑤ 参见石佳友：《网络环境下的个人信息保护立法》，载《苏州大学学报》（哲学社会科学版）2012年第6期。

主要以精神损害为由向侵权人主张赔偿。个人信息保护则赋予权利人更多的积极性权能,被侵权人在主张精神损害赔偿外也可采取财产救济方法维护自身利益。[①] 此外,隐私利益具有很强的私密性,若自然人主动公开则不构成隐私;而个人信息的保护不以私密性为前提,无论是否公开均不影响个人信息利益保护。[②]

二、个人信息并非财产权的客体

(一)个人信息商业化利用的立法安排

个人信息作为一项人格要素,其是否能够作为财产权的客体,取决于人格权商业化利用的立法安排。关于人格权商业化利用的立法归属,有的学者主张借鉴美国的"公开权"模式,另行确立一项财产权,以保护人格权的商业化利用。[③] 也有学者认为应借鉴德国模式,通过完善人格权体系赋予人格权商业化利用合法地位。[④] "兼具财产权与人格权说"实际上借鉴了美国的公开权制度,[⑤]将个人信息之上的财产利益独立为一项财产权。但任何制度的引进都应考虑其在本国所具有的特殊含义。在美国,财产权"乃泛称任何具有保护价值的经济利益而言"。[⑥] 因此,美国的财产权具有较大的包容性,将人格权中具有财产价值的部分独立出来设立一项财产权,具有充分的理论依据。相比之下,我国并不具备这样的立法条件。在我国,财产权并不只保护经济利益,一定条件下也保护精神利益,如《最高人民法院关于确定民事侵权精神损害赔偿若干问题的解释》第4条确立了对与精神利益

① 参见王利明:《论个人信息权在人格权法中的地位》,载《苏州大学学报》(哲学社会科学版)2012年第6期。

② 参见陈星:《大数据时代个人信息权在我国民法典中的确立及其地位》,载《北京行政学院学报》2016年第6期。

③ 参见蓝蓝:《人格与财产二元权利体系面临的困境与突破——以"人格商品化"为视角展开》,载《法律科学》(西北政法学院学报)2006年第3期。

④ 参见王利明:《论人格权商品化》,载《法律科学》(西北政法大学学报)2013年第4期;刘召成:《人格商业化利用权的教义学构造》,载《清华法学》2014年第3期。

⑤ 例如,刘德良教授曾于其著作中言,"传统的隐私权、肖像权、姓名权等人格权和公开权应该是传统技术条件下存在于姓名、肖像、隐私等直接个人信息上的两种权利"。参见刘德良:《网络时代的民商法理论与实践》,人民法院出版社2008年版,第31页。

⑥ 参见王泽鉴:《人格权法:法释义学、比较法、案例研究》,北京大学出版社2013年版,第264页。

有关的财产权利的保护,在特殊情形下财产权受到侵害,也可请求精神损害赔偿。[①]换言之,我国法律制度下的财产权内涵与美国的财产权内涵之间存在较大差异,不宜盲目照搬。“兼具财产权与人格权说”曲解了我国法律语境下财产利益与财产权之间的区别,二者并不等同。

采取人格权路径解决人格权商业化利用的立法归属也是有迹可循。从此次颁布的《民法典人格权编(草案三次审议稿)》(以下简称《草案》)来看,立法者倾向于在人格权编解决个人信息商业化利用的立法问题。例如,《草案》第776条明确规定民事主体可以许可他人使用自己的姓名、名称、肖像等人格要素。该条款使用“等”字即为个人信息等其他人格要素的商业化利用提供解释的空间。此外,《草案》第四章对于人格权商业化利用的典型,即肖像权的商业化利用作了详细规定,且《草案》第803条明确了其他人格要素的许可使用,可以参照肖像许可使用的有关规定。可见,我国《民法典》的立法者倾向于在人格权编部分赋予人格权商业化利用相应的法律地位。此外,根据我国《民法总则》第111条所处的位置也可以推断出立法者倾向于在人格权部分确立个人信息商业化利用的合法地位。《民法总则》第110条列举了各项具体人格权,紧接着在其第111条明确个人信息保护,且明确使用“买卖”“使用”等个人信息商业化利用术语,其第112条则是强调法律保护自然人因婚姻、家庭关系等产生的人身权利,其第113条才规定财产权。因此,从《民法总则》第五章的条款设置来看,于人格权部分规定个人信息商业化利用也是具有充分的法律依据。反观《民法典各分编(草案)》其他各编,尤其是物权编并未对个人信息商业化利用作出相关的规定。[②]因此,我国立法者还是倾向于借鉴类似于德国的立法模式,通过完善人格权的内容,在人格权的体系内为人格权商业化利用提供相应的法律依据。

(二)个人信息权的客体与目的界分

“兼具财产权与人格权说”的形成某种程度上也与“客体即利益”的观念相关。如前所述,在个人信息商业化利用的背景之下,传统民法理论下的财产权与

---

① 参见陈现杰:《〈关于确定民事侵权精神损害赔偿责任若干问题的解释〉的理解与适用》,载《人民司法》2001年第4期。

② 从《民法总则》第111条以及第127条来看,立法者似乎采取了个人信息保护与数据保护区分的立法设计思路,但是首次公布的《民法典各分编(草案)》中并没有相应的条款单独规定数据的保护。

人格权区分标准面临较大困境,因此刘德良教授试图在传统民法理论之下对该现象重新作出解释,该观点在逻辑上具有一定合理性,但是却混淆了利益与客体两个概念。耶林认为权利人主张权利的动机取决于利益关心以及法感情的有效性。① 由此可见,耶林将利益视为主张权利的动机之一,即利益只是权利行使的目的。至于权利客体与权利对象两个概念,笔者认为仍应坚持国内多数学者的主张,二者具有同一含义。正是因为权利主体基于某种目的行使权利,作用于客体,才实际享有利益。据此,利益是权利所追求的目的,也是权利作用于客体所产生的实际效果。因此,客体与利益之间具有明显的界限,客体并非利益。

笔者认为,在利益与客体明确区分的基础上,以客体作为权利区分的标准更有利于维护财产权与人身权二分的权利体系。且在此类标准下,面对"人格权商品化"以及"财产人格化"现象,可以合乎逻辑地进行解释,以避免多年来构建起来的民事权利体系崩塌,也无须不断地增设新型权利,节约立法成本。通常所说的人格权保护人格利益,财产权保护财产利益,都是针对核心利益而言。② 因此,人格权和财产权之中均可能蕴含人格利益和财产利益。单纯依据权利所保护的利益性质,显然无法区分权利类型。权利性质区分的标准在于其作用的客体不同,③至于权利行使的目的即利益,则根据具体情境之不同,可以体现不同性质的利益。④ 在此理论基础之上,个人信息商业化利用所引发的民事权利二元划分困境可以妥当地进行解释。个人信息权的客体为个人信息,⑤当个人信息权在商业

---

① 参见[德]鲁道夫·冯·耶林:《为权利而斗争》,胡宝海译,中国法制出版社2004年版,第52页。学者们多从耶林的经典观点,即"权利是法律所保护的利益"出发,探讨利益与权利之间的关系。参见郑晓剑:《人格权客体理论的反思——驳"人格利益说"》,载《政治与法律》2011年第3期;崔聪聪:《个人信息控制权法律属性考辨》,载《社会科学家》2014年第9期。

② 参见陈龙江:《人格标志上经济利益的民法保护:学说考察与理论探讨》,法律出版社2011年版,第217页。

③ 参见李永军:《从权利属性看人格权的法律保护》,载《法商研究》2012年第1期;黄芬:《人格要素的财产价值与人格权关系之辨》,载《法律科学》(西北政法大学学报)2016年第4期。

④ 国内亦有多位研究人格权商业化利用的学者认为人格权包含精神利益和财产利益。参见刘召成:《人格商业化利用权的教义学构造》,载《清华法学》2014年第3期;王利明:《论人格权商品化》,载《法律科学》(西北政法大学学报)2013年第4期;洪伟、郑星:《试论人格权的商品化》,载《浙江社会科学》2008年第12期。

⑤ 个人信息权的客体为个人信息,已经为国内多数学者所肯定。参见杨立新:《个人信息:法益抑或民事权利——对〈民法总则〉第111条规定的"个人信息"之解读》,载《法学论坛》2018年第1期;胡卫萍:《新型人格权的立法确认》,载《法学论坛》2011年第6期;王利明:《论个人信息权的法律保护——以个人信息权与隐私权的界分为中心》,载《现代法学》2013年第4期。

利用的情境下作用于其客体即个人信息时,权利的目的体现为个人信息财产利益。当个人信息权在人格自由发展的情境下作用于个人信息,则权利的目的体现为个人信息人格利益。因此,个人信息权在性质上虽然属于人格权,亦能同时保护财产利益和人格利益。

(三)小结

将人格权体系中个别领域的商业化利用,视为人格权领域的普遍现象是以偏概全。[①] 除姓名权、肖像权等个别标表型精神性人格权外,大部分人格权不存在人格权商业化利用空间。而像身体权、生命权等物质性人格权是绝对不能允许权利主体对其进行商业化利用的,因为这涉及人格权核心利益的维护。因此只需采取解释的思路,在人格权体系内为人格权商业化利用提供一席之地,而无须大刀阔斧地对财产权制度进行改革,便能实现部分人格权商业化利用的有效保护。若仅因某些人格权具有一定的财产利益,就呼吁要将其中的财产利益独立出来单独设立为一项财产权,那么将导致整个财产权制度体系极为庞杂,也会对现行民事权利体系造成一定的冲击。况且,若人格权商业化利用领域采取单独设立财产权的立法思路,那么在财产权领域,如有纪念价值的物,针对其中所包含的人格利益,是否也应在人格权体系内单独设立一项新的人格权,以维护某些财产权中所具有的人格利益?显而易见,如若按照这种立法思路,无论是人格权,还是财产权,其整个体系都会变得无比庞杂,十分浪费立法资源,甚为不妥。因此,笔者认为应将个人信息权确立为一项人格权。

三、个人信息权是独立于隐私权的具体人格权

(一)个人信息隐私权保护模式的司法考察

个人信息隐私权保护模式无法合理保护个人信息主体的利益。近年来,个人信息权与隐私权相区分的理念逐渐为法院所认可。

---

① 参见黎桦:《专属性人格权与财产性人格权分离论——基于人格权商品化研究之检讨》,载《湖北社会科学》2015年第10期。

1. 隐私权保护模式的不足之处

一是个人信息侵权的司法实践中,法院经常认为隐私权所保护的是私密的个人信息,由于公开的个人信息不具有私密性,因而不应由隐私权保护。[①] 然而,由于大数据分析技术的发展,这些公开的信息可以推导出当事人的诸多隐私。此外,即便是公开的个人信息,个人信息主体也应当有权控制其公开的范围及程度,即个人信息在哪种地域范围或者哪些人群中公开。只要不是基于公共利益、个人信息主体授权等合法原因对公开的个人信息进行处理,仍旧侵害个人信息主体的利益。

二是个人信息侵权的司法实践中,有些法院将个人信息侵权的表现形式界定为公开个人信息,因而例如个人信息被非法知悉、收集等情形难以获得救济。例如,在"朱某与北京百度网讯科技公司隐私权纠纷案"[②]中,法院依据最高人民法院《关于审理利用信息网络侵害人身权益民事纠纷案件适用法律若干问题的规定》(以下简称《信息网络侵权解释》)第12条[③]的规定,认为利用信息网络侵害个人隐私和个人信息的构成要件之一为公开个人信息。由于该案中百度公司并没有公开原告的个人信息,因而法院认为不存在侵害个人信息的行为。个人信息具有多维的价值,因此个人信息侵权的表现形式不应仅局限于公开个人信息。《民法总则》第111条将个人信息侵权界定为非法收集、使用、加工、传输、买卖、提供、公开个人信息,肯定了个人信息侵权表现形式的多样性。

2. 个人信息权与隐私权相区分的理念逐渐为法院所认可

有些法院基于"整体信息观"认为,虽然从单独来看,被侵害的个人信息不属于隐私权保护的范畴,但是一旦聚合在一起,其整体信息属于隐私权保护的范畴。例如,在"庞某某与北京趣拿信息技术有限公司等隐私权纠纷案"中,法院认为,姓名和手机号本身不构成隐私信息,但是姓名、手机号和行程信息结合在一起形成的整体信息属于隐私信息。采取"整体信息观"的法院其实已经意识到

---

① 例如,"汤某某与佛山市南海区大沥镇河东村联胜一股份合作经济社、曾某某隐私权纠纷案",参见广东省佛山市南海区人民法院(2017)粤0605民初12312号判决书;"樊某某与征某某隐私权纠纷案",参见江苏省苏州市吴江区人民法院(2017)苏0509民初1283号判决书。

② 参见江苏省南京市中级人民法院(2014)宁民终字第5028号判决书。

③ 有学者指出,《信息网络侵权解释》第12条虽然说明"利用网络公开个人隐私和个人信息的行为"是侵害个人隐私和个人信息的构成要件,但并未规定其是唯一的侵权方式,也没有排除其他侵权方式。二审法院的观点未能从理论上解释网络隐私内涵及对应的侵害方式。参见宋素红、罗斌:《个人网络信息的隐私性及侵害方式——网络服务提供者收集和使用个人信息的性质分析》,载《当代传播》2016年第2期。

隐私权模式具有诸多缺陷,无法全面保护个人信息,因而希望借由“整体信息观”加以完善,以保护非隐私个人信息。该思路实质上体现了个人信息权与隐私权相区分的理念。但是“整体信息观”只是在隐私权模式无法充分保护个人信息利益的情形下的一种权宜之计,其仍旧依附于隐私权模式之下,无法实现与隐私权模式的真正“切割”。

我国《民法总则》颁布以来,有些法院认识到隐私权和个人信息权之间的界限。有些个人信息虽然不属于隐私权,但仍归属个人信息权范畴。例如,在“丁某某与汪某某隐私权纠纷案”中,法院明确界定自然人信息权与个人隐私权的内涵,并且明确指出隐私信息只是自然人信息的一部分。个人信息只要具备以下三个特征之一便不构成个人隐私:不超过一个“一般人”的“社会容忍度”;不涉及敏感的信息;已经公开的个人信息。虽然法院认为被侵害的个人信息不属于隐私权范畴,但是仍认为被告违反了个人信息受法律保护的规定。本案法院在隐私权无法提供保护时,引入个人信息权以维护个人信息主体的合法权益,值得借鉴。笔者认为,此类裁判思路比“整体信息观”更具优点,体现在:整体信息是否具有隐私性过于依赖法官的主观判断,而且“隐私”本身就具有较大的模糊性,因此非隐私信息受到侵害能否获得合理的救济具有较大的不确定性;相比之下,“个人信息”的范畴则具有较为广泛的共识(识别说①),因此明确阐释个人信息权与隐私权的概念,在隐私权无法提供相应保护时,直接适用个人信息权的有关规定,更能充分保护个人信息主体的利益。

(二)立法对于隐私权与个人信息之间关系的界定

我国《民法总则》第 111 条首次在民事基本法层面明确个人信息受法律保护。《民法总则》第 111 条虽未直接采用“个人信息权”的概念,但实际上已经将个人信息权确立为一项能够与隐私权相区分的具体人格权,理由如下:

第一,《民法总则》第 111 条之所以未直接采用“个人信息权”的表述,主要是考虑个人信息与隐私权之间存在较大范围的交叉。事实上,在人格权领域,权利

---

① 参见齐爱民:《中华人民共和国个人信息保护法学者建议稿》,载《河北法学》2019 年第 1 期;王利明:《论个人信息权在人格权法中的地位》,载《苏州大学学报》(哲学社会科学版)2012 年第 6 期;冯源:《〈民法总则〉中新兴权利客体“个人信息”与“数据”的区分》,载《华中科技大学学报》(社会科学版)2018 年第 3 期。

与权利之间存在客体上的交叉以及发生请求权竞合是一种普遍现象,个人信息与隐私权之间存在交叉并不影响其成为一项独立的具体人格权。例如,名誉权与隐私权的存在一定的交叉。某些侵害隐私权的行为,例如未经同意散布他人隐私信息,同时又造成被侵权人社会评价降低,便同时涉及隐私权侵权和名誉权侵权。最高人民法院《关于审理名誉权案件若干问题的解答》规定这种情形按照侵害名誉权处理。在人格权领域,权利与权利之间存在密切的联系,所保护的客体存在一定的交叉并不能阻碍其成为一项独立的权利类型。个人信息与隐私权的交叉部分主要为隐私信息。因此,立法者可以借鉴名誉权与隐私权竞合的处理思路。涉及隐私信息的侵权行为按照隐私权侵权处理,涉及其他个人信息的侵权行为按照个人信息权侵权处理,从而明确二者的界限。

第二,《民法总则》是《民法典》其他各编制定的指导思想。《草案》立法者也是按照《民法总则》的思路,将个人信息权与隐私权并列保护。虽然《草案》第六章“隐私权和个人信息保护”未直接采用“个人信息权”概念,但是从条款的具体内容来看,立法者实际上已经承认了个人信息权独立于隐私权。例如,《草案》第六章“隐私权和个人信息保护”分别界定了隐私与个人信息的内涵。隐私所包含的个人信息类型为自然人不愿为他人知晓的私密信息。相比之下,个人信息的定义则强调其识别性,即能够单独或者与其他信息结合识别特定自然人的各种信息。《民法总则》第111条是否将“个人信息权”确立为一项独立的具体人格权之所以存在较大争议,主要在于《民法总则》第110条和第111条未明确隐私权以及个人信息的定义。《草案》第811条第2款以及第813条第2款弥补了这一欠缺,进一步佐证了个人信息权与隐私权的并列保护。

(三)小结

隐私权与个人信息权之间的关系是个人信息保护立法不可回避的重点和难点。法院与立法者均不认可隐私权包含个人信息权的观点。多数法院还是遵循传统隐私权观念保护个人信息,并未将个人信息权的内容全面纳入隐私权之中。立法上,并未有法律明确将个人信息权置于隐私权之下进行保护。相反,《民法总则》以及近期公布的《草案》都体现了“个人信息权与隐私权相区分”的立法理念。个人信息权独立更有利于维护个人信息的多维价值,而不必受限于传统理论对隐私权的理解。

• 实务论坛

ADR视角下中国律师调解制度的自治性构建[*]

杜　崇[**]

摘　要：中国的律师调解是全球ADR发展潮流影响下的产物，也是开启后诉讼时代的重要力量。在构建律师调解制度时应以实现“自治”为导向，以域外ADR的“自治性”实践为镜鉴，充分认识审调分离原则、调解程序的功能价值以及律师的职业特性。除了保持好已经形成的良好法制氛围外，还要对自治性不足的各种问题“对症下药”，最终为律师调解的自治性构建提供合理的方案。

关键词：ADR；律师调解；调解的自治性；审调分离

The Autonomy Construction of Chinese Lawyer Mediation System from the Perspective of ADR

Du Chong

Abstract: China's lawyer mediation is a product of the global ADR development trend and an important force in the post-action era. In the construction of the lawyer's mediation system, we should take the "autonomy" as the orientation, take the "autonomy" practice of the ADR outside the domain as a mirror, fully understand the principle of distinction between trial and mediation, the functional value of the mediation process, and the professional characteristics of lawyers. In addition to maintaining a good legal atmosphere that has already been formed, it is

* 本文系西南政法大学法学院2019年度学生科研创新项目《民事调解无争议事实记载机制研究》(FXY2019083)的阶段性成果。

** 西南政法大学法学院硕士研究生。

necessary to "prescribe the right medicine" for various problems of insufficient autonomy, and finally provide a reasonable plan for the autonomy of lawyers' mediation.

Keywords: ADR; lawyer mediation; autonomy of mediation; principle of distinction between trial and mediation

一、引　言

替代性纠纷解决机制(Alternative Dispute Resolution, ADR)的发展已成为全球民事司法改革的潮流。按照张卫平教授对我国民事司法制度发展脉络的分析,"2001年前可以被称为前诉讼时代,此后进入诉讼时代,其特征在于争议解决方式逐渐单一化、集中化。后诉讼时代是一个民事纠纷可以被多种方式合理解决的时代"。[①] 而当前我国正处于诉讼时代与后诉讼时代的过渡阶段,寻求多元化的纠纷解决之道,打破法院积重难返的困境已经成为共识。在这样的时代背景下,最高人民法院、司法部《关于开展律师调解试点工作的意见》(以下简称《试点意见》)和《关于扩大律师调解试点工作的通知》(以下简称《扩大通知》)相继发布,开始了全国范围内律师调解的构建和推广工作。

在过去较长一段时间里,我国司法制度的发展偏重于诉讼程序的构建,导致包括调解在内的其他纠纷解决机制均围绕诉讼展开,出现了调解与审判同质化的问题。笔者将通过介绍域外ADR调解模式的"自治性"经验,以图解决当前我国律师调解"自治性"构建不足的问题,促进律师调解步入后诉讼时代的正轨。

二、律师调解的自治性基因

(一)民间调解的自治性溯源

调解制度起源于我国,素有"东方经验"之称。我国传统社会的法制具有"重刑轻民"的特点,"各朝代的实体法偏重于刑事法,其关于民事法的部分甚少,大

---

① 张卫平:《中国民事司法改革的基本构想》,载《中国社会科学》(英文版)2002年夏季号。

率委于民间习惯法”。[①] 因此,民事纠纷往往通过民间调解来处理。乡土社会有着丰厚的民事习惯、乡规民约和族规家法等资源,“自治性”成为传统调解的主要特征。

(二)后诉讼时代律师调解重塑自治性的使命

诉讼时代的调解注重规范性,而忽略自治性。第一,调解为审判服务,受制于司法公权力。法院调解具有了审判的性质,调解书具有与判决书同样的效力,而且法院调解越来越多地倾向于借助社会力量,调解员不再只是审理案件的法官,其身份有时甚至难以界定。第二,以人民调解为代表的民间调解协议自身的效力不彰,依赖于双方当事人共同申请司法确认来保障。甚至有人误解民间调解协议只有被司法确认后才发生法律效力。因此调解协议的自觉履行率较低,致使民间调解陷入一种无用的尴尬境地,纠纷又被导向诉讼。第三,调解在公权力的干预下被限定为一种社会公益性的服务,虽然调解员并不缺乏,但是调解的管理成本和负担过重,仅仅依靠政府资助、社会捐助等方式难以发挥实效,调解员的积极性也不会高涨。由此,具有后诉讼时代意义的司法改革不得不迅速上马,而律师调解实际上就承担着后诉讼时代司法改革的使命。

(三)域外律师主导的 ADR 对“诉讼中心主义”的反思

20 世纪,随着各国诉讼成本的不断增加,法院案件积重难返等诸多不利因素出现,以诉讼为中心的纠纷解决机制被宣告“破产”。美国、英国等国相继开始了 ADR 的探索。1981 年,美国联邦最高法院大法官伯格访问中国,在上海听到一起调解案件后深受启发,将调解带回了美国。与我国素来“自上而下”推进政策实施的方式不同,域外 ADR 的兴起主要表现为一种“自下而上”的推动,这后来演变为一种由律师主导下对“诉讼中心主义”的反思。新兴的专家群体(纠纷解决中的专业人士)自觉地专门从事于纠纷解决事宜,“促使律师反思自己的职业状况。通过反思,律师们决定不再局限于咨询顾问和代理人的角色,而开始充当中立的斡旋人,并发展出专门的技巧来充实他们的和解策略”。[②] 当前世界上最

---

① 戴炎辉:《中国法制史》,台北,三民书局 1986 年版,自序。

② [英]西蒙·罗伯茨、[英]彭文浩:《纠纷解决过程:ADR 与形成决定的主要形式》,刘哲玮等译,北京大学出版社 2011 年版,第 6 页。

大的私人性替代性纠纷解决机构——美国司法仲裁调解服务有限公司(JAMS)的调解员、评估员等有50%都是律师。①

三、我国律师调解构建的自治性倾向与不足

(一)《试点意见》《扩大通知》等文件的自治性导向

1. 拓展律师调解业务领域

《试点意见》明确要在人民法院、公共法律服务中心设立律师调解工作室,在律师协会设立律师调解中心,在律师事务所设立律师调解工作室。《扩大通知》则进一步表示,除前述领域外,可以根据需要在医疗纠纷、道路交通、劳动争议、消费者权益保护等领域或行业设立律师调解组织。除此之外,法院特邀调解、"互联网+律师调解"等也基本反映出以律师参与调解为主的调解制度构建。从一系列相关文件对律师调解业务领域的基本规范上看,最高人民法院、司法部对律师调解的领域几乎不加限制,有意使律师最大范围地参与调解制度的更新建设,试图让律师在调解中发挥广泛的主导力量。

2. 强化律师调解程序保障效力

《扩大通知》强调"进一步畅通诉调对接渠道,制定详细的全流程操作指引,确保委派调解、委托调解案件文书规范、档案完整、资料齐全、流程清晰。对法定期限内未能调解的案件,要及时转入审判程序";"完善律师调解协议的司法确认机制,畅通确认渠道,建立便捷高效的律师调解司法确认程序"。这些意见明显有进一步强化律师调解程序保障效力的作用,与以往人民调解等调解平台上的调解有所不同。这些强化是律师调解实现自治性构建的司法后盾,反映了最高人民法院、司法部等机关对律师调解发挥作用寄予厚望。

3. 构建律师调解经费保障机制

《扩大通知》提出"以市场化方式开展律师调解业务,按照有偿和低价的原则收取调解费用,探索建立与各地经济发展水平相适应的以市场调节价为基础的律师调解业务收费机制"。"市场化方式"能够从市场层面扩大律师调解的影响

① 参见龙飞:《中国"律师调解"事业的发展前景》,载多元化纠纷解决机制公众号:https://mp.weixin.qq.com/s/LB_8ZcXASpa9nI8LXvhZvA,最后访问日期:2019年9月9日。

力,促进律师调解的蓬勃发展,保证律师参与调解的收入,提升律师工作的积极性。

4. 建设律师调解队伍

一个行业领域自治的前提是要有专业的行业队伍。《扩大通知》要求"坚持律师调解的专业化方向,鼓励发展专事婚姻家庭、合同纠纷、知识产权、金融证券、公司股权等领域纠纷调解的专业化律师调解员队伍或者调解工作团队"。如果能在各种领域成长起来各种律师调解的专业团队,实现律师调解行业的创立和崛起,那么律师调解的自治性构建就有了基本的人力保障。

(二)当前我国律师调解自治性不足的表现

虽然《试点意见》《扩大通知》等相关文件对律师调解的自治性构建创造了诸多便利的条件,但诉讼时代调解制度的遗留问题以及新的挑战仍不可避免的存在。

1. 法院司法权过度干预律师调解

2016 年最高人民法院发布《关于人民法院特邀调解的规定》(以下简称《特邀调解规定》)明确律师作为特邀调解员参与法院委派调解与委托调解的程序。《特邀调解规定》第 19 条、第 20 条规定了人民法院委派或委托调解达成调解协议的效力,委派调解达成的调解协议当事人可以申请司法确认,而委托调解达成的调解协议由人民法院审查并制作调解书结案。① 浙江省高级人民法院、浙江省司法厅《关于开展律师调解试点工作的实施意见》(以下简称《浙江省实施意见》)规定,②人民法院委派律师调解的案件在达成调解协议后,当事人要求人民

① 《特邀调解规定》第 19 条第 2 款规定:"委派调解达成的调解协议,当事人可以依照民事诉讼法、人民调解法等法律申请司法确认";第 20 条规定:"委托调解达成调解协议,特邀调解员应当向人民法院提交调解协议,由人民法院审查并制作调解书结案。"

② 《浙江省实施意见》第六部分关于调解结果的规定:"经律师调解达成调解协议的,按下列情形分别处理:1. 人民法院委派调解的案件,由律师调解员制作出具经双方当事人及律师调解员签字的《律师调解协议书》,并加盖律师调解员所在律师事务所印章;当事人要求人民法院出具调解书的,人民法院应及时立案,对符合条件的,依法出具调解书;2. 人民法院委托调解的案件,由人民法院出具调解书,律师调解员应及时将双方当事人签字确认的调解协议等材料移交人民法院;3. 公共法律服务中心(站)、有关政府部门移送的案件,由律师调解员制作出具经双方当事人及律师调解员签字的《律师调解协议书》,并加盖律师调解员所在律师事务所印章,将结果告知公共法律服务中心(站)或者有关政府部门;4. 律师调解中心或者律师调解工作室自行接受调解申请的案件,由律师调解员制作出具经双方当事人及律师调解员签字的《律师调解协议书》,并加盖律师调解员所在律师事务所印章。"

法院出具调解书的,人民法院应及时立案,对符合条件的,依法出具调解书;人民法院委托律师调解的案件,当事人达成调解协议后,由人民法院出具调解书;而对公共法律服务中心(站)、有关政府部门移送律师调解的案件和律师调解中心或者律师调解工作室自行接受调解申请的案件,即人民调解性质的律师调解的案件,当事人达成协议后并不能要求人民法院出具调解书,只能向人民法院申请司法确认、支付令等。

由于调解书在我国具有与判决书同样的法律效力,《浙江省实施意见》规定的法院委派律师调解,当事人可以要求法院据律师调解协议制作调解书,明显有审判权深入调解程序的色彩,这是一个比较明显的调解与审判相混同的例子。其实整个法院特邀律师调解制度从调解层面上看都有审判权干涉调解的倾向。律师作为中立的第三方,其身份并非法官,律师调解是为促进当事人之间的合意,基本不具有审判的功能。

2. 律师调解程序设置单一且不灵活

《试点意见》大致对律师调解的工作模式和工作机制作出了部署,却没有关注到律师调解程序设置灵活多样的重要性。当前律师调解的程序较为简单,只是突出了律师作为调解员的象征性作用,依然遵循传统老套的单一调解方式,却没有注意律师在程序设计方面的创造力。律师的职业性和专业性本可以发展出多种类型的调解形式,以满足当事人的需求,产生不错的市场价值和社会效益,生发出超强的活力。但当前一方面公权力机关在强迫律师遵循既有模式参与调解;另一方面律师群体也没有看到调解中存在的"商机",整个律师调解工作十分僵化。

3. 律师被迫参与具有公共服务性质的调解

《试点意见》规定在律师事务所设立的调解工作室按照有偿低价原则向双方当事人收取费用,在公共法律服务中心、律师协会、人民法院设立的律师调解中心的经费由政府采购方式解决。《扩大通知》规定公益性律师调解服务纳入政府购买名录,而律师事务所的律师调解则鼓励其探索市场化运营模式,还规定了律师参与调解的记录考核制度和工作激励制度。这些意见都有值得肯定的地方,但仍然带有将调解视为公共服务的传统错误倾向。特别是记录考核制度,仍然具有公权力迫使律师参与公共服务的意思,律师参与调解的"市场化方式"构建不足。

4. 律师调解成果没有合理的程序保障

律师调解协议可以由当事人向法院申请司法确认来赋予其强制执行力。但是如果律师调解协议未通过法院确认,那么其效力又如何?如果不能明确这个问题,律师调解协议的效力将很大程度依赖于法院的司法确认。没有法院司法确认的律师调解协议的效力就不能得到保障,这明显是将司法权强加于协议效力之上,导致协议本身的效力不足。《试点意见》《扩大通知》等文件未就司法确认的救济机制进行规定,从侧面影响律师调解协议的自觉履行,对整个律师调解的自治性构建形成了干扰,这个问题亟待明确解决。

四、域外ADR模式下律师调解的自治性

(一)司法附设ADR调审职能的完全分离

"在美国,法院附设调解中调解和审判是相互独立与分离的,程序设计者在主持人选任、调解时机、调解向诉讼的转化方面采取了一系列措施,以尽量避免调解对审判的影响和干扰。"①这样的方式也避免了审判对调解的干扰,能够使调解充分发挥其自治性,不以审判为中心。另外,调解成果不被直接当作审判成果,也是"调审分离"的基本要求。加拿大安大略省的法院附设调解在调解成功后,具体调解方案需经书面记录并由当事人及其代理人签名。如果一方当事人不履行调解方案,另一方当事人可以据调解方案直接向法院起诉或者继续原来的诉讼。调解方案可以作为起诉的证据。② 这样调解就不会受到审判的影响,不会出现为审判而调解的状况。

(二)ADR律师调解程序设置的灵活多样性

域外法院附设ADR作为国家司法系统的一部分,调解由法院的调解委员会主持。类似于仲裁员的选任,调解员也由当事人根据法院提供的调解员名册选择,当事人双方可以分别选择一名调解员,再共同选择第三名调解员。如果不能共同选择第三名调解员,可以由法院指定。调解可以遵循一定的程序,也可以根

---

① 范愉:《ADR原理与实务》,厦门大学出版社2002年版,第468~469页。

② 参见齐树洁:《外国ADR制度新发展》,厦门大学出版社2017年版,第40~42页。

据当事人的同意灵活选择适当的方式。

ADR有三种基本类型:建议性ADR、推荐性ADR和决定性ADR。建议性ADR包括"中立听者协议"和"密歇根调解"两种方式。所谓"中立听者协议",是指当事人在中立听者的主持下,各自提交和解方案,中立听者根据当事人提交的方案拟定平衡方案,促成当事人达成和解;所谓"密歇根调解",主要在于惩戒要求过高的当事人,律师调解形成调解裁决书后,当事人都接受的可以将调解裁决书交付执行,任一方拒绝接受则可启动诉讼程序,判决结果如果对拒绝调解裁决一方不利,则该方当事人应当承担赔偿责任。推荐性ADR主要有"小型判决"和"简易陪审团审判"两种方式,这两种方式都是在尊重当事人意愿的基础上通过模拟庭审等方式帮助当事人预测诉讼前景,虽调解成果对当事人不直接具有约束力,但可以促进当事人达成和解。决定性ADR有"终局性提交裁决"和"出租法官"两种方式,其实都具有审判性质。"终局性提交裁决"是双方当事人都向法院提交自己的方案,由法院选择其中一个方案执行,这个过程双方当事人其实都不得不在自己的方案中与对方当事人妥协让步;"出租法官"是由当事人合意选择法官获得裁判的制度。多种ADR类型和方式反映出了ADR的灵活性。①

(三)ADR律师调解市场化运作的自治性

美国、英国等国律师主持调解并不是免费的,当事人要为此付出费用。律师调解的费用一般由市场来调节,公权力对此既不定性也很少提供资金支持。例如,JAMS公司的收费标准由各中立员自己决定,有以小时计算的,也有以天计算的。当然这些以时间计算的模式并不都是完全按照真实时间,实质上是衡量工作量的计量方式,如案件准备时间按2小时计,复杂的按1天计等。

(四)调解成果效力保障程序的自治性

域外当事人如果认同法院附设ADR模式下调解协议,可以在一定时期内放弃诉权使其自然生效,也可以通过法院的司法审查赋予其拘束力,使之成为强制执行的依据。调解协议效力保障以当事人的选择为准。

---

① 参见李静一:《司法附设ADR建构中的先行调解制度研究》,法律出版社2015年版,第184~186页。

五、对我国律师调解自治性构建的建议

(一)以审调分离为基本原则

为避免审判思维影响律师调解,律师调解必须以审调分离为基本原则,特别是当前法院的特邀调解制度。法院委派律师主持的调解与域外司法附设 ADR 先行调解制度较为相似,这一类调解一般不具有审判的性质,相当于基于当事人在诉前选择适用调解程序解决纠纷,本身与诉讼毫无关系。在该程序达成的合意也并非审判的成果,不宜用法院调解书的形式赋予其执行力。

(二)区分律师主导调解与律师协助调解

在审调分离基本原则的指导下,律师调解的构建应当注重区分诉讼外调解与诉讼内调解,区分律师主导型调解和法官主导型调解,区分民间性调解和司法性调解。律师调解的自治性构建更多是对律师主导型调解下的诉讼外调解而言的。

我国《民事诉讼法》第 95 条规定:“人民法院进行调解,可以邀请有关单位和个人协助。被邀请的单位和个人,应当协助人民法院进行调解。”这是最高人民法院推进法院特邀调解的法律依据,可以看出这明显是一种由法院、法官主导下的诉讼内调解。被邀请的单位和个人在调解中仅仅起到“协助”的作用,有关单位和个人所协助的调解是法院行使司法权的一部分,这样的调解明显具有司法性,不具有民间自治性。当前法院特邀律师调解大多数情况其实是由律师协助法院或法官进行调解,在本质上属于法院调解,具有司法性质,可以称为“律师协助调解”。因此,就法院特邀调解而言,我国尚未建立起法院附设律师调解的律师主导模式,而只有法院主导模式,并且法院主导模式下的司法性调解也并不纯粹,还掺杂了许多社会性因素。这样就明显地表现出最高人民法院当前的司法解释和各级人民法院的司法实践还未对两种模式加以区分,仍然是用法院调解的思维来构筑诉前调解。

法院立案前的调解应当坚持非司法性,律师在主持立案前调解时不应受到司法权的任何干涉,应当完全按照民间调解的模式,其调解成果的保障也应当与其他民间调解相一致。法院立案后的调解可以分为司法性调解和非司法性调

解,视律师在调解中的地位和司法权干涉的程度而定。需要强调的是非司法性调解应当严格与司法审判程序隔离,互不干涉,调解过程充分保密。

(三)完善律师调解程序及效力保障程序

1. 以“纠纷止于调解”为目的

根据ADR的发展理念,调解协议效力保障程序更需要依靠调解本身,使律师调解能够成为当事人信服的程序。至于司法确认程序、支付令程序等,只是司法给予的后续屏障。不能对其形成依靠,否则,调解就又成为公权力的从属。在调解过程中充分尊重当事人意思自治是基本要求,律师在调解过程也应发挥其专业特性,对当事人纠纷作一定的法律评估,使当事人理性地认识到自己能够选择的最佳方案。律师调解所要做的不应是将纠纷导向诉讼,而应当尽力使当事人放弃诉讼。这才是律师调解真正的价值体现,一方面促使当事人理性对待纠纷;另一方面又减轻了法院诉讼案件的压力。

2. 当事人自主选择律师调解员

让当事人自主选择调解员既利于保障当事人意思自治,以更加主动的心态参与调解,也能够给律师带来调解竞争压力,促进律师调解市场化运作。参照域外调解员选择模式,类似于仲裁员选择,当事人可以分别选任一名调解员,第三名调解员可以由当事人商定。如果商定不成,法院特邀调解的可以由法院指定,其他类调解由律师调解员名册制作主体指定。

3. 发展多样灵活的律师调解程序

与“纠纷止于调解”的律师调解程序目的相适应,我国律师调解程序设置应当吸收域外ADR多样灵活的律师调解实践经验,凸显出多样性与灵活性。具体而言,建议性ADR及推荐性ADR等域外ADR程序类型都是不错的选择;另外,私人调解公司的设立、多种商品化律师调解服务也与律师调解的自治性和市场化相合。这都有赖于律师群体用专业的法律服务经验和创造性的程序构思,帮助当事人制定最适当的纠纷解决方案。另外,要特别注重调解程序的实质保障,以保证调解程序实质有意义地进行。

4. 完善司法确认等效力保障程序

当然,后续的司法屏障也非常关键,就司法确认程序而言,还需要设置一定的救济途径。比如,统一调解协议司法确认的文书形式,一致使用“裁定书”,不再用“决定”,从而保障当事人对司法确认进行复议的权利,防范法院司法确认的误判。[1] 在审调分离的大原则下,司法确认等效力保障程序仅仅起到强化调解协议效力的作用,不应当“喧宾夺主”,过分注重司法确认等具有司法权威的程序,而使调解程序自身的价值损毁殆尽。

除此之外,“密歇根调解”方式也值得借鉴,让要求过高的当事人在之后的诉讼中承担赔偿责任。对拒不履行调解协议的当事人,设置较高的诉讼费用或者引入其他惩戒机制,促使其自觉履行调解协议,保障调解成果。

(四)市场化运作为主,公益服务为辅

摆脱公共救济的低效弊端,推进律师调解的市场化运作,公权力机关可以从以下几点入手:第一,允许设立专业的以纠纷解决服务为目的的商主体,如律师调解公司等,可以参考 JAMS 公司的运营模式;第二,律师调解的收费标准最好也由律师自己决定,这样能够充分发挥市场在资源配置中的决定性作用,当然,相关组织和国家机关应当适当监管;第三,允许多种律师调解服务产品交易,也可以对律师调解程序设计和产品服务项目提供专利化保障;第四,全力支持网络律师调解等新型调解模式的开拓等。

(五)完善律师调解激励机制

《扩大通知》提出“探索实行律师调解组织和律师调解员星级认定制度”,对律师调解员实行评先奖优、记录考核等制度。这些措施的出发点是好的,但不宜过分看重这种规制性举措,否则会适得其反。如果能够推进律师调解形成行业群体,由行业群体内部的自律规则进行规制应该会有更好的成效。当前公权力机关开展律师调解工作的重点应当是为律师调解的自治性提供各种条件,而不应用规制的思维“赶鸭子上架”,强力推行带有行政色彩的激励惩罚措施。评先奖优的制度可以保留,但记录考核制度实在没有必要。

---

① 陈团结:《律师调解:现实困境与应对之道——兼评〈关于开展律师调解试点工作的意见〉》,载《中国司法》2018 年第 8 期。

从美国诉微软案管窥数据管辖冲突

陆静怡*

摘　要:2018 年 3 月 23 日,美国《澄清域外合法使用数据法》(CLOUD 法案)获国会通过并生效,该法案明确了美国政府调取域外数据的权力。2018 年 5 月 25 日,欧盟《一般数据保护条例》(GDPR)正式生效,该法进一步加强了对个人数据的保护。与此同时,微软与美国政府之间一场历时 5 年的诉讼也因双方和解落下帷幕,但这场诉讼所反映的美欧数据管辖冲突却远未结束。我国作为人口大国及互联网大国,兼有个人数据保护需求与互联网企业发展需求,面对美欧数据管辖之争,我国应积极开展数据跨境流动国际合作,构建以数据控制者为中心,以数据活动决策为对象的数据管辖体系。

关键词:个人数据保护;数据跨境;地域管辖

Conflicts of Data Jurisdictions:
From the Angle of United States v. Microsoft Corporation

Lu Jingyi

Abstract: On March 23, 2018, the United States "Clarifying Lawful Overseas Use of Data Act" (CLOUD Act) was passed by Congress and came into force. The bill clarified the power of the US government to obtain extraterritorial data. On May 25, 2018, the European Union's "General Data Protection Regulations" (GDPR) came into force, which further strengthened the protection of personal data. At the

---

* 武汉大学法学院硕士研究生。

same time, a five-year lawsuit between Microsoft and the US government came to an end because of the settlement of the two sides, but the US-European data jurisdiction conflict reflected in the lawsuit is far from over. As a country with a large population and a large Internet country, China has both personal data protection needs and Internet enterprise development needs. In the face of US-European data jurisdiction conflict, China should actively carry out international cooperation on cross-border flows of data, and build data jurisdiction system with data controllers as the center and decision making of date activity as the object.

Keywords: Personal data protection; cross-border of data; geographical jurisdiction

2013 年 12 月，为调查一起毒品交易案件，美国纽约州南部地区法院法官依据《储存通讯法案》(Stored Communication Act, SCA)发布令状，美国政府根据该令状要求微软提供存储于微软云中与犯罪嫌疑人有关的邮件和账户信息。但微软声称，邮件内容存储在位于爱尔兰都柏林的服务器上，微软只能提供存储于美国境内服务器上的邮箱账户信息，无法提供邮件内容，因为美国法官对存储于海外的信息无权发布令状。① 由此，美国政府与微软就 SCA 令状的域外效力展开了近 5 年的拉锯战，案件上诉至美国最高法院，②最终以美国国会颁布《澄清域外合法使用数据法》③(Clarifying Lawful Overseas Use of Data Act, 以下简称云法案)，美国政府与微软达成和解结束此案。尽管本案的争议焦点集中于 SCA 令状域外效力的判定，但它却反映了互联网时代下，数据全球流动带来的数据管辖冲突。

一、SCA 令状的域外效力

(一) SCA 令状

SCA 令状是根据 SCA 第 2703 章发布的令状，该章规定了消费者通信或记

① Brief of petitioner United States, p. 6.

② Barnes Robert, "Supreme Court to Consider Major Digital Privacy Case on Microsoft Email Storage", *The Washington Post*. Retrieved October 16, 2017.

③ 115th Congress, H. R. 4943.

录的强制披露义务,并提供了令状(warrant)、法院命令(court order)以及行政传票(administrative subpoena)三种方式供行政机关调取信息。其中,“令状”则位于金字塔的顶端,它要求法院严格依照《联邦刑事程序规则》审查行政机关的请求,调取的信息最多。本案中,美国政府便是以“令状”为依据,要求微软披露相关通信。但微软却以通信内容(邮件内容)存储于域外,而SCA令状不具有域外效力为由拒绝了美国政府的要求。对于美国政府而言,在已有法律体系下,若微软成功推翻SCA令状,那么美国政府将只能通过双边司法协助协议,①向数据存储国请求帮助。这一过程不仅漫长而且充满着不确定性,更不必说,美国与许多国家之间并不存在双边司法协助协议。一旦开启先例,将为美国未来的执法工作带来无穷的困难。② 对于微软而言,若轻易向美国政府交出用户个人信息,不仅对微软的国内国际形象带来严重负面影响,也将微软置于违反爱尔兰隐私保护法律的风险之下。双方各持己见,互不相让,历时5年的诉讼由此拉开序幕。

(二)数据控制者标准

联邦地区法院(以下简称一审法院)认为,只要作为数据控制者的微软是美国公司,它便负有按照SCA令状的要求提供其所掌控的数据的义务。一审法院指出,SCA的通过至少在一定程度上承认了宪法第四修正案并不适用于网络世界。因为用户在网络世界里并没有物理意义上的“家”,③也没有任何隐私空间。进一步地,正因为第四修正案无法适用,SCA才创设了一系列“类似于第四修正案”的隐私保护机制,以规范政府调查员与拥有用户隐私信息的网络服务提供者之间的关系。④ 通过论证SCA与第四修正案的区别与联系,一审法院试图将“SCA令状”与第四修正案规定的“搜查令”区别开来,以进一步论述“搜查令不具有域外效力”这一规则并不适用于SCA令状。

---

① Microsoft Corp. v. United States, 829 F. 3d 197 (2d Cir. 2016), p. 221.

② US Petition, pp. 41 – 44.

③ 美国宪法第四修正案规定:“The right of the people to be secure in their persons, houses, papers, and effects, against unreasonable searches and seizures, shall not be violated, and no Warrants shall issue, but upon probable cause, supported by Oath or affirmation, and particularly describing the place to be searched, and the persons or things to be seized.”

④ In re A Warrant to Search a Certain E-Mail Account Controlled & Maintained by Microsoft Corp., 15 F. Supp. 3d 466, p. 472.

一审法院将 SCA 令状作为一个"结合物"(hybrid):一部分是搜查令,另一部分是传票。SCA 第 2703 章项下的"令状"比"传票"的要求更加严格,它要求政府提供"合理依据",而"传票"却不需要。所以,一审法院认为 SCA 令状已包含传票的权能,即要求相对人提供其所控制的一切信息,而不问该信息位于何处。①

(三)数据存储地标准

第二巡回法院(以下简称二审法院)认为 SCA 令状仅对存储于美国境内的数据适用,这便是数据存储地标准。

二审法院依据美国联邦最高法院确立的"域外效力双向测试"②,首先认定 SCA 不具有域外效力,因为法院没有发现强有力的证据证明国会认定 SCA 具有域外效力。③ 同时,法院认为"令状"是特定术语,其含义与第四修正案规定的搜查令相关联,而搜查令必须在特定的地域范围内保护隐私。④ 因此,法院认为将 SCA 令状定性为搜查令和传票的"结合物(hybrid)"是不恰当的,因为 SCA 令状与这两者存在区别,而且"结合物"这一词并没有适用的空间。⑤

此外,二审法院认为美国司法部依据 SCA 要求微软提供数据有违 SCA 保护隐私的立法目的。二审法院对 SCA 立法目的的判定依据在于:(1)SCA 是作为《电子通信隐私法案》的一部分被通过的,保护隐私的立法目的不言而喻;⑥(2)SCA在多个情形下对隐私进行了保护,而并不是美国政府所宣称的 SCA 的立法目的是辅助执法工作的顺利进行。⑦ 因此,既然 SCA 的立法目的是保护隐私,那么在爱尔兰的隐私利益也应受到保护,强制要求微软提供案涉数据会导致 SCA 的域外适用,而这一适用是非法的。

---

① In re A Warrant, p. 473.

② Microsoft, p. 210 (citing Morrison v. Nat'l Austl. Bank Ltd., 561 U. S. 247, 261 - 70 (2010)). 莫里森诉澳大利亚国家银行案中确立了域外效力双向测试,也被称为莫里森测试,即:(1)首先需查看法律文本自身是否具有适用于域外的明显意图;(2)如果并未找到此类明确表述,便查看是否存在导致相关法律适用于域外的事实。*See* Morrison, 561 U. S., pp. 261 - 270.

③ *See* Microsoft, p. 216.

④ *See* Microsoft, p. 212.

⑤ *See* Microsoft, p. 214.

⑥ *See* Microsoft, p. 217.

⑦ *See* Microsoft, pp. 217 - 218.

2016 年 10 月,美国政府申请二审法院对本案进行全院庭审,[①]庭审的结果仍然支持微软,但卡布拉内斯(Jose Cabranes)法官提出了异议,他认为这一判决不仅极大增加了政府的执法负担,[②]还为犯罪活动提供了便利,[③]妨碍了美国及其盟友的国家安全计划的实施。[④] 同时,Jose Cabranes 法官呼吁国会对 SCA 进行修订。

二、云法案下的数据管辖权

2018 年 3 月 23 日,美国云法案正式生效。这部附属于《2018 年综合拨款提案》,却与该提案没有丝毫关联的法案,从提出到通过仅一个半月,终结了耗时近 5 年的美国政府和微软在域外数据采集上的争议。云法案第 2713 章规定,无论通信、记录或其他信息是否存储在美国境内,只要其为服务提供者所拥有、监护或控制,服务提供者均应按规定进行保存、备份、披露。[⑤] 数据控制者标准正式确立,换言之,美国政府只要达到国内数据调取标准,即可向境内互联网企业调取其全球数据,而不问该数据存储于何处,数据主体是否为美国公民,数据所涉事项是否与美国有关。

云法案旨在加快跨境电子取证速度。各国执法机关日益增长的电子数据调取需求是云法案颁布的重要前提,已有的司法互助协议制度存在耗时长、程序烦琐和效率低下等问题,已无法应对急剧增长的跨境电子数据调取需求。[⑥] 因此,构建一种全新范式已成为必需。然而,在数据全球流动的当下,根据数据所在地确定管辖权是不现实的,因为执法机关在调取电子数据时,很难知晓该数据存储

---

① 即 en banc,与 panel 相对,指法院全体法官审理和裁决案件,区别于通常由法院部分法官审理案件的制度。美国最高法院和州最高法院的审理都属于全院庭审,而联邦和州上诉法院一般只委派三名法官主持上诉审,对于非常重要的案件,经当事人申请,上诉法院也会进行全院庭审,只是这种请求很少被批准。通常,上诉法院只在案件争议性很大或合议庭法官对主要法律问题意见不一致时,才会进行全院庭审。

② US Petition, pp. 125 – 126.

③ Ibid., pp. 125 – 127.

④ Microsoft, pp. 125, 127 – 128.

⑤ S. 2383. at § 2713.

⑥ U. S. Department of Justice, *Promoting Public Safety, Privacy, and the Rule of Law Around the World: The Purpose and Impact of the CLOUD Act*, April 2019, p. 1. *See*: https://www.justice.gov/dag/page/file/1153436/download, accessed 2 July 2019.

于何处,有时甚至网络服务提供商也无法提供确切的答案。可以说,云法案确立的数据控制者标准在数据全球流动的背景下是有积极意义的。

管辖标准上,美国司法部声称云法案没有改变美国必须对公司拥有属人管辖权才能要求该公司披露持有的信息的要求。① 这一管辖标准分为两个层面:一方面,对设立在美国的公司,美国能毫无争议地确立属人管辖;另一方面,对位于美国境外,但在美国提供服务的外国公司,美国法院可基于该公司与美国之间连接点的性质、数量和质量建立管辖。这与欧盟《一般数据保护条例》管辖思路基本一致,只是欧盟在对境外公司进行管辖时,对于连接点的阐述更为明确,而美国基于其判例法特点,赋予法院更多自由裁量权。

根据云法案第2713章,美国境内服务提供者有义务向美国政府提供其所拥有、监护或控制的所有数据。其中"拥有"和"控制"的定义采用的是《布达佩斯公约》解释报告第173段的规定,②它分为两个方面:(1)对命令作出国境内涉案数据的物理拥有;(2)若拟调取的数据在相对人物理拥有范围之外,但该相对人仍能在命令作出国境内自由控制数据的产生。此外,《布达佩斯公约》解释报告还排除了纯粹技术性的远程访问,即相对人通过网络链接远程访问并不在其合法控制之下的数据,不构成"拥有"或"控制"。因此,网络服务提供商基于云法案需向美国政府提供的数据,一是存储于美国境内的数据;二是该服务提供商可自行决定收集、处理、存储等数据活动的数据。

基于美国互联网公司的强大影响力,欧盟于2018年4月17日公布了《跨境调取电子证据条例(草案)》③(Proposal for Regulation on cross-border access to e-Evidence,以下简称《条例草案》)。《条例草案》第17段指出,当前,数据越来越不需要存储于用户设备,也越来越不需要在用户设备中进行数据处理,这些数据存储于云端设施,且可在任何地点被访问。因此,《条例草案》提出,为提供这些服务,服务提供者不必将服务器设于某一特定司法管辖区,但同时条例的适用也不应受限于提供者分支机构所在地、数据处理地或数据存储设备所在地。可见,

---

① U. S. Department of Justice, *Promoting Public Safety, Privacy, and the Rule of Law Around the World: The Purpose and Impact of the CLOUD Act*, April 2019, p. 8. *See* https://www.justice.gov/dag/page/file/1153436/download, accessed July 2, 2019.

② Ibid., p. 16.

③ See, https://eur-lex.europa.eu/legal-content/EN/TXT/?uri=COM%3A2018%3A225%3AFIN, accessed July 2, 2019.

欧盟不仅试图通过制定自己的跨境电子取证规则,与美国云法案分庭抗礼,而且其规制思路与美国的数据控制者标准基本一致。目前,该草案仍处于谈判阶段,谈判分两个层面:一是国际谈判①,包括与美国开展的双边谈判,以及有关网络犯罪的《布达佩斯公约》的谈判;二是成员国之间有关《条例草案》的内部谈判。② 可以预见,国际谈判,特别是美欧双边谈判将对《条例草案》产生深刻影响。

三、欧盟数据管辖权的扩张

欧盟在个人数据保护的立法上一直走在世界前列,2018 年 5 月 25 日生效的《一般数据保护条例》(GDPR)便是其中的代表。根据 GDPR 第 3 条,该条例适用范围包括:第一,在欧盟境内设有营业场所的数据控制者和处理者;第二,非设立于欧盟境内,但面向欧盟数据主体提供货物或服务,或对欧盟境内数据主体进行监控的数据控制者和处理者;第三,根据国际公法应适用的情形。

(一)营业场所的界定

对在欧盟境内设有营业场所(an establishment in the Union)的主体进行管辖,需明确何为"营业场所"(an establishment)。尽管 GDPR 第 4 条第 16 款对"主营业场所"(main establishment)进行了界定,③但这一定义主要用于决定 GDPR 第 56 条项下主管机关权力分配问题,④与 GDPR 第 3 条项下的"营业场所"应区别对待。GDPR 序言第 22 条对"营业场所"进行了解释,即"通过稳定的

---

① See https://ec. europa. eu/info/policies/justice-and-fundamental-rights/criminal-justice/e-evidence-cross-border-access-electronic-evidence_en#internationalnegotiations, accessed July 2,2019.

② See https://ec. europa. eu/info/policies/justice-and-fundamental-rights/criminal-justice/e-evidence-cross-border-access-electronic-evidence_en#internaleurulesproposaloneevidence, accessed July 2,2019.

③ 根据 GDPR 第 4(16)条规定,"主营业场所"是指:(a)对于在多个成员国有营业机构的控制者,其在欧盟境内的主要管理机构所在地被视为主营业场所;但如果个人数据处理的目的和方式是控制者在欧盟境内另一营业机构内决定的,并且后者有权执行该决定,则作出该决定的营业机构所在地为主要营业场所;(b)对于在多个成员国有营业机构的处理者,其在欧盟境内的主要管理机构所在地为主营业场所;如果处理者在欧盟境内没有主要管理机构,但其在本条例项下承担特定义务的,则其欧盟境内营业机构主要处理活动发生地为主营业场所。

④ WP29 Guidelines for Identifying a Controller or Processor's Lead Supervisory Authority(16/EN WP 244).

安排有效且真实地开展活动,而该等安排的法律形式(无论是通过分支机构或具有法律人格的子公司)并非判断其是否可以称为营业场所的决定性因素”。对于非欧盟企业,在判断其是否在欧盟境内设有营业场所,需综合考量“安排的稳定程度”和“所开展活动的有效性”。① 概言之,作为管辖连接点的“营业场所”涵盖面十分广,它不再拘泥于“注册行为”这一形式要件,任何开展真实有效活动的稳定安排,都可作为管辖依据。

(二)境内数据主体的界定

GDPR 第 3 条第 2 款规定,凡面向欧盟境内数据主体提供货物或服务,或对其进行监控的,应受 GDPR 管辖。那么何为“境内数据主体”? 举例来说,中国公民甲在欧盟境内旅游期间,欧盟公民乙在中国境内旅游期间,对他们个人数据的处理是否应受 GDPR 管辖?

根据 GDPR 序言第 14 条,条例适用于所有自然人,而不问其国籍或住所。欧盟数据保护理事会(EDPB)2018 年 11 月发布的《关于 GDPR 适用地域范围(第 3 条)的指南》(以下简称《指南》)进一步明确了这一点,即数据主体位于欧盟境内是 GDPR 第 3 条第 2 款适用的决定性因素,而数据主体的国籍或法律地位不能限制 GDPR 的地域适用范围。② 可见,GDPR 的适用范围以地域为连接点,而非以国籍为连接点。因此,对于在欧盟境内旅游的中国公民,对其个人数据进行的处理活动,也应受到 GDPR 的规制。

这无疑大大扩张了欧盟的数据管辖权。因此,EDPB 对此进行了限缩,要求数据处理的行为必须发生在该数据主体在欧盟境内期间。③ 此外,EDPB 还强调仅仅处理了欧盟境内自然人的数据,并不必然触发 GDPR 的管辖,数据控制者针对欧盟境内主体提供货物或服务或对欧盟境内主体进行监控,这一构成要件仍需满足。所以,一个开发推广中文 APP,仅面向中国用户提供网络服务的数据控制者,并不因其某一位用户在法国旅游期间使用其 APP 而受到 GDPR 的管辖。但若该 APP 提供法语界面,或内含法国地图,或通过收集用户

---

① Guidelines 3/2018 on the territorial scope of the GDPR (Article 3)-Version for public consultation, adopted on November 16, 2018, p. 5.

② Ibid., p. 13.

③ Ibid.

的位置数据来向用户精准投放附近法国餐厅的广告,则可理解为该数据控制者具有向欧盟公民或居民提供服务的意图,需要受到GDPR的管辖。GDPR对在欧盟境内旅游的中国公民,在满足一定条件的情况下予以适用。那么,对于在中国旅游的欧盟公民,GDPR是否适用呢?EDPB在《指南》中通过举例指出,只要数据控制者没有向欧盟提供货物、服务或进行监控的意图,则GDPR并不适用此种情形。①

概言之,GDPR的管辖权是围绕数据控制者确立的,这种管辖规则是合理的。因为无论是在欧盟境内设立营业场所的数据控制者,还是意图向欧盟市场提供货物、服务或监控的数据控制者,都是基于其自主选择的商业行为建立与欧盟之间的管辖连接点,数据控制者对其所受到的管辖是能够预见的。相反,以数据主体为中心的管辖规则,在信息、人员高速交互的今天,显得有些不合时宜。因为数据控制者既无法控制其用户国籍,也无法控制用户使用其服务的地点,以这些数据控制者无法预见、无法控制的要素作为管辖连接点,不仅带来司法管辖的不确定性,也对数据控制者不公平。

四、中国数据管辖权的构建

我国已积极着手进行个人信息保护与网络安全法律制度的构建。2019年5月21日,《网络安全审查办法(审查意见稿)》发布。2019年5月28日,《数据安全管理办法(征求意见稿)》(以下简称《管理办法》)发布。2019年6月13日,《个人信息出境安全评估办法(征求意见稿)》(以下简称《评估办法》)发布。2019年8月22日,《儿童个人信息网络保护规定》(以下简称《儿童保护规定》)发布,自2019年10月1日施行。但遗憾的是,上述文件关于数据管辖权的规定仍然模糊。

(一)围绕数据控制者建立数据管辖权

我国《网络安全法》第2条规定,其适用于“中华人民共和国境内”建设、运

---

① Guidelines 3/2018 on the territorial scope of the GDPR (Article 3)-Version for public consultation, adopted on November 16, 2018, p. 14.

营、维护和使用网络,以及网络安全的监督管理。《管理办法》第 2 条也规定其适用于“中华人民共和国境内”利用网络开展数据收集、存储、传输、处理、使用等数据活动。类似地,根据《儿童保护规定》第 3 条,其适用范围也是“中华人民共和国境内”通过网络开展数据收集、存储、传输、处理、使用、转移、披露儿童个人信息等活动。可见,我国数据立法侧重以境内数据活动作为管辖权基础。

但是,大数据时代下,数据是在全球范围内流动的,这给数据的地域界定带来很大困难。微软诉美国案中,二审法院在判定 SCA 的域外效力时,便是以数据具有地域性为前提的。但是,数据真的具有地域性吗?讨论地域性需要有两个前提:第一,该客体存在于一个可识别的、稳定的地点;第二,这个地点是重要的。① 然而,数据显然不具有这两个前提:一方面,数据在全球范围内快速流动,它经常碎片化地存储于成千上万的服务器之中;②另一方面,数据的使用者和数据所在的地方常常是分离的,这意味着即便这些数据有存在的地点,那么这个地点也是不重要的。因此,数据是非地域性的。

我国应考虑以数据控制者为规制对象,因为不同于数据与数据主体的流动性,数据控制者是相对固定的,其所在地在相对长的一段时间内是稳定的,由此构建起来的连接点也是相对稳固且确定的。因此以数据控制者为规制对象,可增加管辖的确定性。需要说明的是,此处的数据控制者,应是对数据活动的开展具有决定权的主体。许多跨国互联网公司在不同国家均设有分支机构,但这些分支机构却不一定能控制数据活动的开展,若仅对位于境内的分支机构进行监管,无法为我国公民提供完善的个人数据保护。

(二)将数据活动决策权控制在境内

中共中央网络安全和信息化委员会办公室 2019 年 6 月 13 日发布的《评估办法》第 20 条规定,收集境内用户个人信息的境外机构,应当在境内设立法定代表人或机构以履行相关责任和义务。这一规定对于落实我国个人信息保护和网络安全法律法规具有重要意义,这是值得肯定的。但仅要求境外机构在华设立履责主体仍然是不够的,要实现对数据产业进行全面监管,即事前预防、事中止损、

---

① Jennifer Daskal, The Un-Territoriality of Data, 125 YALE L. J. (2015), p. 329.

② Kerr, A User's Guide, p. 408.

事后赔偿的全环节监督,我国政府需将监管的对象转向更关键的数据活动决策权。

正如美国司法部所指出的,跨国互联网公司的收集、存储、处理等行为在全球范围内开展,且这些行为的位置随时可能发生变动。① 中国用户的个人数据在中国境内被收集,可能在爱尔兰被存储,随后在巴西被处理,并通过企业的美国总部被美国政府调取。由于这一系列数据活动的决定权在企业的美国总部,我国监管机关若想对企业的存储、处理、使用、披露等行为进行监管,便显得十分吃力。一旦隐私侵权事件发生,监管机关还将面临取证难题,因为境内分支机构并没有权限调取美国总部的决策性文件;一旦产生电子数据调取的需求,监管机关也无法有效调取相关证据,因为位于境内的分支机构很可能没有权限调取位于爱尔兰存储中心的个人数据。所以,我国应考虑将企业收集、存储、传输、处理、使用境内个人数据的决策机关控制在境内。这一做法对于提高执法效率、保护我国公民个人数据权利都具有重要意义。

(三)建立跨境电子取证白名单制度

2018年10月26日,我国颁布了《国际刑事司法协助法》(以下简称《司法协助法》)。其中第4条第3款规定,只有在我国主管机关同意后,境内的机构、组织和个人才能向外国提供证据材料和协助。这一规定的好处在于,可确保在境内企业接到美国政府依据云法案提起的数据调取令时,我国主管机关可及时进行监管,最大限度保障我国公民的个人数据权利不受侵害。但《司法协助法》在禁止企业直接提供数据的同时,却并未提供一个高效便捷的电子取证程序。根据《司法协助法》第5条和第6条,在开展刑事司法协助时,我国需通过司法部等对外联系机关,甚至需通过外交部进行对外联系,再由主管机关(国家监察委员会、最高人民法院、最高人民检察院、公安部、国家安全部等)审核外国提出的司法协助请求,审查通过后才会提供国际刑事司法协助。这一过程很可能是漫长且充满不确定性的。

鉴于电子数据的脆弱性和日益明显的全球流动性,我国应考虑与存在大量

---

① U. S. Department of Justice, *Promoting Public Safety, Privacy, and the Rule of Law Around the World: The Purpose and Impact of the CLOUD Act*, April 2019, p. 3. *See* https://www.justice.gov/dag/page/file/1153436/download, accessed July 2, 2019.

电子数据交换需求的国家或地区开展双边互惠安排,双方相互提供域外电子取证绿色通道,建立电子取证白名单制度,进一步简化域外电子取证程序,提高取证效率。

• 学术动态

人类命运共同体与新时代的中国法学*

佀连涛**

摘　要：人类命运共同体，植根于中国传统法律文化资源，与国际社会谋和平、求发展、促合作的共同愿望具有相同的价值目标，成为当下国际社会新秩序构建的话语体系。哲学、政治学领域等相关学科对人类命运共同体展开了广泛的研究，但是法学研究相对滞后。人类命运共同体可以也应当成为法学研究的新命题，从法学，尤其是法理学视角反思人类命运共同体的构建，是法理学研究者的时代使命。法学研究者不仅应当阐释人类命运共同体的法理意蕴，而且应当从法律的视角提出构建人类文明共同体的制度架构。

关键词：人类命运共同体；法理；新时代

The community of human destiny and the Chinese law in the new era

Si Liantao

Abstract: The human destiny community, rooted in the traditional Chinese legal cultural resources. It has the same value goal with the international community for the common desire for peace, development and cooperation. And it has become a discourse system for the construction of the new order of the international society. Philosophy, politics and other related disciplines have extensively studied the fate community of human beings. But the study of the human destiny community in law is lagging behind. The community of human destiny should also be a new proposition of

---

* 本文是国家社科基金后期资助的阶段性成果（项目编号 17FFX018）。

** 首都经济贸易大学法学院博士研究生。

the study of law. It is the mission of the researchers of jurisprudence to reflect on the construction of the community of human fate from the perspective of law, especially in the jurisprudence. The legal researchers should not only explain the jurisprudential meaning of the human destiny community, but also put forward the institutional framework of the construction of the human civilization community from the perspective of law.

Keywords: human destiny community; jurisprudence; new era

自从2011年《中国的和平发展》白皮书提出“命运共同体”这一命题,国家领导人在多种场合提到了“人类命运共同体”。2017年1月,国家主席习近平在联合国日内瓦总部发表演讲,系统提出并深入阐述了“构建人类命运共同体”这一重大命题。2017年9月,习近平总书记在党的十九大报告中明确提出,坚持和平发展道路,推动构建人类命运共同体。由首都经济贸易大学法学院和《法学论坛》编辑部共同主办、首都经济贸易大学法学院承办、北京市科技法学会协办的“人类命运共同体与新时代的中国法学”在首都经济贸易大学隆重举行。来自首都经济贸易大学、中国社会科学院、清华大学、中国人民大学、中国政法大学、《法学论坛》编辑部等全国高等院校、出版机构、科研机构、新闻媒体的30余名专家学者参加了会议。此次研讨会以“人类命运共同体与新时代的中国法学”为主题,旨在从法学的角度多维度、多层面回应“人类命运共同体”这个主题对于中国法学、对于中国法律、对于中国法治提出的新要求。

一、“人类命运共同体”内涵与外延的法理阐释

《法学论坛》主编吴岩教授阐述了自己对人类命运共同体的认识。在他看来,人类命运共同体的含义非常广泛,主要包括以下五个方面:第一,要相互尊重,平等协商,坚决摒弃冷战思维和强权政治,走对话而不对抗、结伴而不结盟的国与国交往思路。第二,要坚持以对话解决争端,以协商化解分歧,统筹应对传统和非传统安全威胁,反对一切形式的恐怖主义。第三,要同舟共济,促进贸易和投资自由化、便利化,推动经济全球化朝着更加开放、包容、普惠、平衡、共赢的方向发展。第四,要尊重世界文明多样性,以文明交流超越文明隔阂,文明互鉴

超越文明冲突,文明共存超越文明优越。第五,坚持环境友好,合作应对气候变化,保护好人类赖以生存的地球家园。

华东政法大学陈金钊教授探究了人类命运共同体的法理意蕴,他认为人类命运共同体不仅是一种外交修辞,而且是一种研究命题。人类命运共同体塑造需要法治。法理的核心就是法治之理,人类命运共同体的塑造,需要法治之理的指引。法治精神、契约精神、合作精神作为法治之理在构建人类命运共同体中发挥着重要作用,同时这些法治之理实现的方法对于人类命运共同体的构建也十分重要。国家行政学院刘恩东研究员揭示了人类命运共同体的科学内涵。首先,最根本价值就是维护世界人民的共同利益、整体利益和长远利益,坚持两个基本遵循,统筹国际国内两个大局,始终不渝地走和平发展道路,奉行互利共赢的开放战略。坚持三个核心理念,共建、共享、共赢。处理三个基本关系,分别是人类文明的多样性与统一性、资本主义与社会主义、当代中国与世界这三个基本关系。实现四个目标,分别是服务于实现两个一百年的奋斗目标,实现中华民族伟大复兴。其次,建设新型国际关系。再次,构建更加公正合理的国际秩序。最后,改革并完善全球治理体系。构建国际秩序需要坚持五个发展理念:创新、协调、绿色、开放、共享。国际秩序还要坚持五个基本原则:坚持和平发展,坚持平等公正,坚持开放交流,坚持包容互鉴,坚持合作共赢。其中命运共同体构建的基本内容有三个,分别是:利益共同体、价值共同体和责任共同体。这里面有五个载体,实现的五个载体分别是中华民族命运共同体、周边命运共同体、区域命运共同体、人类命运共同体和网络空间命运共同体。人类命运共同体要建立一个"五位一体",分别是建立伙伴关系,营造安全格局,谋求发展前景,促进文明交流,构筑生态体系。

南京大学周安平教授认为,目前学界在讨论人类命运共同体概念的时候,混淆了本体论意义和认识论意义,很多人用认识上的意义代替了本体上的意义。他主要从以下两个方面谈了人类命运共同体这个概念可能的意义。第一,人类命运共同体的形成方式。从共同体形成方式来看,主要包括了自生自发的共同体、建构的共同体和想象的共同体。人类命运共同体既不是组织意义上的,也很难说是自生自发的,应当属于想象的共同体范畴。第二,人类命运共同体的发展脉络。从历史发展来看,人类命运共同体经历了血缘共同体、利益共同体和价值共同体的历史发展脉络。人类命运共同体这个概念更多的是价值共同体。从个体和共同体的关系来看,可以分为两种情况:一种是重共同体而轻个体;另一种倾向是重个体而轻共同体。人类命运共同体就是重个体,这是本体论的解释。因此人类命运共同体如果一定有意义,凸显了人类对国家主权传统理论构成了挑战。为了消除冲突,周安平教授认为人类命运共同体的概念不可能是规范性的概念,或者很难成为一个规范性概念。赵玉增教授认为,人类命运共同体这个概念已经形成,但是我们对它的理解和认识还没有到一种比较理性的思考的程度,而是处于感性思考的阶段。赵玉增教授对人类命运共同体与国家发展多样性进行了辩证性思考,主要从以下四个方面阐述了自己的观点。第一,人类命运共同体构建的现实基础。一是自然的共同体或者地理的共同体。二是人类的经济共同体。各个国家和地区之间的经济来往日益密切,这对于建构人类命运共同体具有重要意义。三是信息共同体。信息时代的来临,信息技术、大数据、信息共享等信息共同体的形成促进了人类命运共同体的构建。四是人类组织共同体。联合国组织、东盟、APEC区域性组织对于人类命运共同体的构建具有重要作用,构建人类命运共同体离不开这些全球性或区域性的现实的组织共同体。五是人类文明共同体。从人类发展来看,整体倾向是从野蛮走向文明,无论哪个民族、哪个区域,都是逐渐从野蛮走向文明。第二,人类命运共同体国家主义视角。国家的概念仍然是目前人类思考问题的一个现实出发点。第三,人类命运共同体具有一种悲剧主义的色彩。我们人类面临的环境问题、气候问题或者是历史上曾经发生的战争伤害问题也会促使我们从坏的方面来考量。我们可以从个人角度反观人类,每一个个人都会走向死亡,人类命运共同体可能是悲剧主义色彩更利于我们从坏的方面思考或者人类也要从相侍而生来构建人类命运共同体。人类死亡会把命运联结在一起,然后再构建人类命运共同体。第四,人类命运共同体的法理基础。一是构建最低限度的法治。如果没有最低限度的法治,构建人类命运共同体很难实现,各个国家必须维护最低限度的法治,共享正义、自由、安全、秩序等这些法律的价值。二是还要考虑国与国之间关系的处理,我们要分析互信、包容、合作、共赢的国家关系观和共商、共建、共享的全球治理观。

二、人类命运共同体:天下主义与世界主义

人类命运共同体不仅要考虑天下主义,还应当考虑世界主义。天下主义是

中国文化的核心问题,也是儒家思想里很重要的问题,人类命运共同体在一定程度上应该说是天下主义的一种自然延伸,但是天下主义本身包含着伦理中心主义和专制因素,完全用天下主义构建人类命运共同体是值得商榷的。陈教授同时指出,世界主义体现了人类命运共同体的价值融合,世界主义里边的合理成分尤其对方法论和实现方法的重视同样具有重要的价值,人类命运共同体的建构需要融合天下主义和世界主义的共同合理因素。人类命运共同体还涉及国际主义,这里的国际主义不同于美国的国际主义,也不同于苏联共产主义模式的国际主义,国际主义需要从平等、合作等方面进行重新诠释人类命运共同体的作用场地。人类命运共同体不能仅仅当作外交策略,不仅涉及外交问题,而且实际上也是内政问题。对外要相互平等,对内更加应该追求平等,社会主义核心价值观可以作为构建人类命运共同体的指导思想。高其才主要从三个方面阐述了自己的观点。第一,构建人类命运共同体提出的中国语境。人类命运共同体的构建需要作出中国的解释,也要借鉴中国的资源。所以,构建人类命运共同体除了需要考虑世界主义,还需要立足中国的语境。第二,构建人类命运共同体可能离不开对人的基本认识,对人类、对人类命运以及对于人类命运共同体的认识。我们在思考构建人类命运共同体,从法学、法理角度进行思考的时候,中国固有社会的治理观可以成为我们的思想资源。第三,中国固有社会的一些治理观,治之道、治之术以及具体策略方面,跟人的善恶两性相连接在一起,不仅仅对于过去有意义,对于未来,对于我们今后的发展,还是值得我们总结、思考的。

《法学论坛》主编吴岩教授认为,人类命运共同体不止是中国提出的概念,也是新时代世界各国共同面临的基于需要各国共同合作才能解决的一些重大问题,比如持久和平问题、贫困问题、安全问题、经济危机问题、文明冲突问题以及生态环境问题等。这些重大国际问题,单靠一国是解决不了的,需要各国的通力合作。要解决这些问题,需要制定具有共同约束力的国际规则和国际法,并加强国际间的合作,切实执行已达成的国际条约、契约。首先,建立人类命运共同体不仅需要制定国际规则、国际法,加强国际法的约束力,更需要将国内法与我国已经批准的国际公约进行对接,在国际的立法、执法上,彰显我国对国际法履行的义务,充分体现人类命运共同的价值。其次,国内法治的完善治理经验也可以成为国际法有益的借鉴,对完善国际法也将发挥我国的影响力,贡献出我国的法治精神。最后,中国的命运和世界的命运是紧密地联系在一起的,中国的问题也是世界的问题,世界的问题也深刻地影响中国问题的解决。

三、人类命运共同体与道路自信

中国特色社会主义道路是中国五千多年悠久历史文明的传承,是民主革命、社会主义革命和建设的必然选择,更是40年改革开放经验的总结。党和国家领导人提出的人类命运共同体是道路自信的重要成果和体现。国家行政学院刘恩东研究员作了《推动构建人类命运共同体与道路自信》的报告。刘恩东研究员主要从三个方面进行了阐述。第一,人类命运共同体思想的理论基础和理论来源。首先,中国传统文化当中和而不同、和谐万邦等政治理念。其次,马克思主义的社会共同体理论。再次,党的几代领导人的国际战略思想。最后,中国特色社会主义理论体系。其中党的几代领导人的国际战略思想包括毛泽东等第一代领导人的三个世界国际战略思想、和平共处五项原则、不结盟战略和独立自主外交政策,邓小平第二代领导集体的和平与发展是时代主题的科学论断,江泽民第三代领导集体倡导的尊重世界的多样性、文明的多样性,建立国际政治、经济新秩序的理念,以及胡锦涛第四代领导集体和平发展、建设和谐世界的理念的继承和发展。第二,人类命运共同体的发展阶段。人类命运共同体经过了萌芽、形成和发展三个阶段。进入21世纪以来,中国开始倡导命运共同体理念。2007年,在党的十七大报告中提出了命运共同体概念,主要指的是大陆和我国台湾地区的关系,并不包括整个人类社会。2011年9月,国务院发表的《中国的和平发展》白皮书以及2011年我国关于促进中欧合作的论述、2012年胡锦涛同志在上海合作组织峰会的演讲、政府工作报告中都出现了相关的理念,这个阶段是萌芽阶段。尽管在党的十八大之前命运共同体已经初具意识萌芽,但是,这个思想并没有呈现一种轮廓、雏形,也没有进行系统化的、综合性的、全局性的深化、细化和实化。首次提出人类命运共同体的理念,标志着人类命运共同体思想的初步形成。中国共产党提出的打造人类命运共同体的命题经历了一个由外交政策的思路到外交战略的理念再到国际战略理念的过程。党的十八大以来,习近平总书记在多次演讲中对这个概念进行了丰富和发展,并辅助政策实践。2015年9月,在第70届联合国大会的一般性辩论讲话当中,他系统地提出了构建人类命运共同体"五位一体"的总布局和总路径,至此,人类命运共同体的理念正式形成,并开始走向世界。此后,在联合国社会发展委员会、联合国人权理事会以及联合国安理会的决议当中,都相继采纳了人类命运共同体的理念或者概念。这些表明中国所倡导的人类命运共同体的理念得到了国际社会的广泛的认同,正在形成广泛的国际共识,也体现了这个理念的普适性和价值的开创性。中国从过去人权上的被动局面,逐渐开始占据人类道义的制高点。过去被动的局面正在逐渐的扭转,也彰显了中国对全球治理的引领作用和独特贡献。党的十九大是习近平总书记人类命运共同体思想的进一步的发展和延伸,在党的十九大上,明确提出的将构建人类命运共同体列为新时代坚持和发展中国特色社会主义的基本方略之一,并且还将这个问题写入了修改以后的党章,对我们新时代中国的特色大国外交作了顶层设计,标志着人类命运共同体的思想有了新的跨越和发展,形成了一个科学、完整、内涵丰富、意义深远的思想体系和理论话语体系。第三,人类命运共同体的中国探索及道路自信。现在中国新时代正有三个关键阶段:从大国向强国迈进的重要阶段;处于全面建成小康社会的决胜阶段;处于实现中华民族伟大复兴的关键阶段。在这三个阶段上,中国与世界的关系正在发生着历史性的变化,中国站在一个新的历史起点上,概括来说,就面临着两个前所未有:前所未有的靠近世界舞台的中心;前所未有的接近民族伟大复兴的目标。应当说这个阶段已经进入了与国际社会深度互动阶段。

四、人类命运共同体与新时代法学研究

法学、法理学应当在解构人类命运共同体的基础上实现法律制度的建构,实现人类命运共同体政治话语向法学话语的转向。

首都经济贸易大学法学院喻中教授认为人类命运共同体作为一个命题,当下人类命运共同体与新时代被赋予了更多意义,在中外历史及马克思主义三个谱系当中都可以找到自己的思想渊源。新时代的中国法学应当吸取各种思想,以解释人类命运共同体,完善人类命运共同体的法学建构,这是新时代为我们提出的新问题。喻中教授同时指出对新时代,特别是对人类命运共同体作出学理上的回应是一个相对宽泛的议题。这个议题涉及法理学、宪法学、国际法学、法律史学,也涉及其他的部门法学,同时与国际政治、国际关系、思想史等学科也有紧密的联系。《法学论坛》主编吴岩教授认为,人类命运共同体,早在党的十八大

就已经提出了这个概念,并且被联合国组织多次写入联合国文件中,中国的制度方案也已经显现出来,但是法学界对人类命运共同体的回应较少,作为经世致用的法学学科应当对新时代的人类命运共同体这一命题作出回应。

首都经济贸易大学法学院陈寒非博士提出了算法及法律研究的新趋势:以色列历史学家尤瓦尔·赫拉利写了两本书《人类简史》和《未来简史》,描述了智能时代带来之后自由主义可能面临着三种威胁:第一种威胁是人类将会失去经济和军事上的用途,经济和政治制度不再继续认同人类有太多的价值;第二种威胁是社会系统仍然认为人类整体有价值,则个人没有价值;第三种威胁是社会系统仍然认为某些独特的个人有价值,而这些人会是超人类的精英阶层。未来系统可能就是掌握算法的神人控制,他们被描述为先从动物到上帝,再发展到从自然人到神人,神人就是掌握算法的控制者。未来有可能通过某种统一的算法消除制度差异或者文化之间的差异。通过算法实现法律的趋同化,为人类命运共同体的构建确定一种普适性的算法规则。

结 束 语

习近平总书记构建人类命运共同体理念符合当今世界发展的趋势,回应构建国际经济新秩序的时代要求,凝聚了世界各国人民的共识,为人类社会实现和平共处、共同发展、和谐稳定构建了美好的图景。人类命运共同体是中国对世界的智慧贡献,不仅有利于中国的和平发展,而且有利于促进世界的新秩序的建构。人类命运共同体的构建,全球文明治理秩序的形成需要包括法学在内的所有学科的共同贡献。法理学研究者应当从本土资源和外来资源、国内法治与全球视野等多种维度推动人类命运共同体的构建。

• 贸大法学院学生法律沙龙综述

第 13 ~ 15 期沙龙综述

吴　洁*

第 13 期沙龙综述："宝马男砍人反被杀"事件的法律分析

2018 年 8 月 27 日晚，江苏省昆山市震川路顺帆路交叉口发生一起刑事案件。事件当事人刘某某因交通纠纷与行人于某某发生争执，之后刘某某用砍刀攻击于某某时脱手，被于某某反击砍杀致死。最终，于某某反击刘某某的行为被公安机关认定为正当防卫，依法撤销案件。

2018 年 9 月 27 日，对外经济贸易大学法学院和《贸大法律评论》编辑部组织了"贸大法学院学生法律沙龙"之"'宝马男砍人反被杀'事件的法律分析"主题研习活动。本次活动的发言人有郑少杰、陈宇伦。

法学院 2016 级本科生郑少杰认为本案主要有两个争议点：一是于某某捡到砍刀后是否还存在不法侵害行为。于某某在捡到砍刀后迅速朝刘某某捅刺、砍击，在客观上具有持续性或连续性，应当评价为一体化的防卫行为。在当时的情况下，基于对不法侵害的愤怒、惊吓等原因，在刘某某暂时不具备危险性的短暂时间内，于某某持续实施防卫行为，属于人之常情，法律不能对于某某提出苛刻的要求。二是于某某在刘某某跑向宝马车的过程中追砍的两刀如何定性。刘某某朝宝马车跑去不能视为针对于某某的不法侵害已经结束。虽然事后了解到刘某某当时受伤严重，几乎不再具有侵害于某某的能力，但在当时情况下，于某某很难意识到不法侵害已经结束，进而停止反击。故于某某其后追砍的两刀不能

---

* 对外经济贸易大学法学院硕士研究生。

与其先前的防卫行为割裂开来,单独评价其为故意伤害未遂。

法学院2018级硕士研究生陈宇伦认为公安机关作出于某某属于正当防卫的认定是正确的。第一,从监控视频来看,鉴于于某某在当时情境下有足够的内心确信认为自己所受人身危险尚未脱离,因此对其在刘某某已经失去再侵犯能力之后的补刀行为无独立进行评价的必要。第二,于某某在仅仅受轻微皮外伤的情况下实施防卫行为并致使刘某某死亡,并无法律上或者道德上的义务考量这些因素,或者说只要于某某符合正当防卫构成要件就可以进行防卫,因为正当防卫条款的价值就是对严重犯罪行为的否定。第三,与邓某某案件相比,我们能看到司法的进步,公权力机关已经摒弃了纯客观归罪的原则,认识到事件的发生情景、当事人的主观认识等因素在认定是否构成正当防卫的重要作用,不再苛刻地限制防卫人的正当防卫权。

第14期沙龙综述:“明星逃税案”中的法律问题

2018年6月初,群众举报范某某“阴阳合同”涉税问题后,江苏省税务主管部门对范某某及其担任法定代表人的企业追缴税金、收取滞纳金、处以行政罚款合计8.83亿余元。

2018年11月1日,对外经济贸易大学法学院和《贸大法律评论》编辑部组织了“贸大法学院学生法律沙龙”之“‘明星逃税案’中的法律问题”主题研习活动。本次活动的发言人有杨海燕、吴若蘅。

法学院2018级硕士研究生杨海燕从互联网对税收违法行为的实施和规避的影响切入,探讨了如何更加合理地运用互联网这一中立的技术工具以保护国家税权。一方面,互联网在改造社会生活中体现出“二元多重性”,强调网络技术本身具有的理性意蕴。另一方面,互联网在个人和企业的税收违法行为中具有一定消极作用,增加了税收违法行为的隐蔽性和复杂性,给税务稽查工作增加了障碍,但对于税收违法行为的发现、取证工作也带来了便利。目前我国在收集网上证据工作中仍面临技术难题、人权保障困境和证据效力认定障碍,应当完善网络取证制度。在互联网放大社会舆论的背景下,税务机关自由裁量权与汹涌民意间的博弈关系微妙。税务机关的裁量权需要独立于网络舆论,但同时也应对民意作出及时回应,注重普法教育。

法学院2016级本科生吴若蘅主要从范某某逃税案中各主体间责任分担的角度，分析个人所得税扣缴义务人的认定与违法责任。她认为本案中明星工作室作为个体工商户不应成为明星个人所得税的扣缴义务人，讨论的对象应当为"以范某某担任法定代表人的涉事企业"。我国《税收征收管理法》第62条和我国《刑法》第201条对扣缴义务人的适用条件存在区别，《刑法》第201条第4款"不予追究刑事责任"条款应当及时修订完善，即应当根据具体案件中偷逃税款的数额大小、行为的社会危害性、裁判结果的社会示范性对该条款的适用作出限制，而非完全不追究刑事责任。

第15期沙龙综述：重庆万州公交车坠江事件的法律分析

2018年10月28日，乘客刘某在乘坐公交车过程中，与正在驾车行驶中的公交车驾驶员冉某产生激烈争执，双方发生互殴行为，致使双方所在公交车在万州长江二桥突然失控，与一辆红色轿车相撞后坠入江中，造成重大人员伤亡。

2018年11月29日，对外经济贸易大学法学院和《贸大法律评论》编辑部组织了"贸大法学院学生法律沙龙"之"重庆万州公交车坠江事件的法律分析"主题研习活动。本次活动的发言人有张婷婷、王沁雪。

法学院2018级硕士研究生张婷婷从请求权基础思维方面分析了重庆公交车坠江事件中民事法律责任的承担问题。她认为本案各方当事人主要存在合同上的请求权和侵权行为损害赔偿请求权两项可能的请求权基础。考察请求权能否实现应包括三个步骤，即请求权的成立、消灭和抗辩。她提出普通乘客家属可能根据我国《合同法》第302条要求公交公司承担损害赔偿责任，因为乘客与公交公司已订立客运合同，在运输过程中旅客伤亡，且伤亡不是由于旅客自身健康或故意、重大过失造成的。普通乘客家属可能根据《侵权责任法》相关规定要求公交公司承担侵权损害赔偿，因为司机作为公交公司的工作人员实施了侵权行为，给乘客造成了损害结果，侵权行为与损害结果之间具有因果关系，司机危险驾驶的行为存在过错，不存在免责事由。其中，由于公交司机与女乘客共同实施了侵权行为，由此造成了全车乘客死亡的损害后果，并且司机与女乘客的行为共同导致了坠江事件的发生，双方都具有过错亦不存在免责事由，因此死者家属无权额外主张精神损害赔偿,普通乘客家属可能根据《侵权责任法》相关规定让公交司机、女乘客家属承担侵权损害赔偿。此外,无论是否承认司机与女乘客构成共同过失侵权,两人都应承担连带责任。女乘客家属的请求权与司机家属的请求权亦可通过相同方法论证其成立的合理性。

法学院2018级硕士研究生王沁雪主要从法经济学的角度对重庆坠江事件提出了一些法律建议。她指出,本案发生后部分地方为减少和避免损害发生的影响出台了系列政策,对司机职业行为及操守提出较为严格要求,该类政策的法经济学效益并不如预期。但如果出台相应的政策来保障司机的安全行驶则会有不一样的效果,从而为公共交通工具的行车安全带来理想的法律效益。而此类政策的出台,应当基于大数据的分析及具体情形考量,从而作出最优选择。她认为,法律的制定也是一场博弈活动,法律往往能够将人们的行为约束和规范在一定的框架之内,并且能够有效地减少和避免不必要的损失,从而降低经济运行过程中产生的由于缺乏信任与保障而导致的社会成本增加。

第 16~17 期沙龙综述

郑少杰*

第 16 期沙龙综述:“电视剧中出现真实手机号码”的法律解读

张某的手机号在热播剧《爱情进化论》中出现,此后该手机被大量网友打爆,骚扰电话、微信不断,张某将电视剧出品方新丽公司以及网络播出平台爱奇艺公司诉至法院。

北京市海淀区人民法院经审理认为,新丽公司未尽审慎注意义务在涉案电视剧中披露张某手机号码,构成对张某个人隐私权的侵害。爱奇艺公司作为该剧的网络播放平台运营方,在收到起诉材料后对相关剧集进行排查并确认涉案画面已被删除,履行了相关义务。爱奇艺公司对于爱奇艺网站播放的具体内容是否构成侵权不具有事先审核的法定义务,因此,对于张某要求爱奇艺公司与新丽公司共同承担责任的诉请,法院不予支持。

2019 年 3 月 28 日,对外经济贸易大学法学院和《贸大法学》编辑部组织了“贸大法学院学生法律沙龙”之“‘电视剧中出现真实手机号码’的法律解读”主题研习活动。本次活动的发言人有程一帆、袁俊。

法学院硕士研究生程一帆认为个人信息权属于人格权,具有对世性,其权利客体为个人信息,权利内容包含了信息决定权、信息保密权、信息封锁权、信息删除权、信息报酬请求权等七项具体权能。同时,权利的行使在明确允诺他人处分、自行公开、国家和社会公共利益需要、教学科研需要和国家机关工作需要等

---

* 对外经济贸易大学法学院 2016 级本科生。

几种情形下应当得到合理限制。互联网环境下个人信息权侵权行为具有侵权环境特定性、主体多元化、内容多样化、行为隐蔽性的特点,当下个人信息权保护面临着立法碎片化、动态化、零散化的困境,缺少统一的个人信息保护法,在执法过程中也存在着执法主体、权责划分及执法标准不明的问题。她提出我国应当完善个人信息保护的法律体系,加快制定我国个人信息保护法,建立专门的个人信息保护机构。

法学院硕士研究生袁俊认为综观我国个人信息保护基础理论与立法模式,无外乎传统私法进路与公法规制两种模式,前述模式无法解决事后维权成本高、举证责任重和司法资源有限等问题,因此应当从架构理论进行再设计,引入"同意权代码化"的技术思路,基于区块链的智能合约,在其设定的自动执行程序里,预先嵌入设计代码,对数据控制者的数据利用行为进行控制、取证和追责等;应当在隐私设计中引入"嵌入式技术",区分个人敏感信息与个人一般信息,寓区块链技术于个人敏感信息事前、事中、事后保护全过程,保持敏感信息与一般信息的动态分类;同时,应当根据场景划分行业规则,引入智能合约,从而建立健全个人信息保护探索机制。

第17期沙龙综述:自然人姓名商标注册和使用的法律解读——基于"歌手邓某某解约事件"的个案分析

知名歌手邓某某宣布与经纪公司蜂鸟音乐有限公司(以下简称蜂鸟音乐)解约。由于蜂鸟音乐早在几年前已将"邓某某"这个艺名注册为商标,解约后邓某某能否继续叫"邓某某"的话题引发了公众热议。

2019年4月25日,对外经济贸易大学法学院和《贸大法学》编辑部组织了"贸大法学院学生法律沙龙"之"自然人姓名商标注册和使用的法律解读——基于'歌手邓某某解约事件'"主题研习活动。本次活动的发言人有张文博、徐嘉萱。

法学院2016级本科生张文博同学从人格权的商业化利用角度提出,人格要素财产化是现代社会将人作为终极目的的体现。姓名作为最容易进行商业利用的人格要素,法律对其的保护已经超越了人格权而跨入了财产权层次。歌手艺名是商业运作的产物,以服务歌手的演艺事业为目的,其不仅负载了人格权,更负载了财产权。对歌手艺名的保护,应当考虑演艺行业中歌手与经纪公司"共生共存"的特殊性,将艺名负载的财产权利与人格权利分开对待,实现对歌手与经纪公司的衡平保护。

法学院 2016 级本科生徐嘉营同学认为,姓名权已经成为兼具人格权和财产权属性的综合性权利,且姓名权的财产属性是属于积极属性,体现在姓名权人主动将自己的姓名用于获取经济利益,而非被他人盗用、冒用。与姓名用以指代特定个体类似,商标是用来区别商品、服务不同来源的商业性标志,申请注册的商标不得与他人在先取得的合法权利相冲突。通过对案例的检索和总结可以得知,我国法院目前在对待商标权侵犯在先姓名权的纠纷方面已经形成了一定的判定标准。从主观要件来讲,主要看商标申请人是否具有主观恶意或者不正当目的。从客观要件来看,一是要考察商标所涉及姓名的知名度,这是判断申请人是否具有"搭便车"故意的重要标准;二是考察争议商标涉及的领域和名人被人熟知的领域是否有关联性及关联性的密切程度。

图书在版编目(CIP)数据

贸大法学. 第4卷, 2019 / 石静霞主编. -- 北京 :
法律出版社, 2020
ISBN 978-7-5118-9822-7

Ⅰ. ①贸… Ⅱ. ①石… Ⅲ. ①法律-文集 Ⅳ.
①D9-53

中国版本图书馆CIP数据核字(2020)第012713号

贸大法学(第4卷·2019)
MAODA FAXUE (DI 4 JUAN · 2019)

石静霞 主编

策划编辑 陈 妮
责任编辑 贾方武
装帧设计 李 瞻

出版 法律出版社
总发行 中国法律图书有限公司
经销 新华书店
印刷 北京虎彩文化传播有限公司
责任校对 杨锦华
责任印制 吕亚莉

编辑统筹 法治与经济出版分社
开本 710毫米×1000毫米 1/16
印张 16.25
字数 300千
版本 2020年3月第1版
印次 2020年3月第1次印刷

法律出版社/北京市丰台区莲花池西里7号(100073)
网址/www.lawpress.com.cn
投稿邮箱/info@lawpress.com.cn
举报维权邮箱/jbwq@lawpress.com.cn
销售热线/400-660-8393
咨询电话/010-63939796

中国法律图书有限公司/北京市丰台区莲花池西里7号(100073)
全国各地中法图分、子公司销售电话:
统一销售客服/400-660-8393/6393
第一法律书店/010-83938432/8433 西安分公司/029-85330678 重庆分公司/023-67453036
上海分公司/021-62071639/1636 深圳分公司/0755-83072995

书号:ISBN 978-7-5118-9822-7
定价:86.00元
(如有缺页或倒装,中国法律图书有限公司负责退换)